新版
出版契約ハンドブック

Handbook for Publishing Agreements and Copyright

一般社団法人 日本書籍出版協会

はじめに

　2014年（平成26年）の著作権法改正は、出版権規定が創設以来80年を経て、初めてといってよい大規模な改正となった。従来紙媒体の出版物のみを対象としてきた出版権規定が、いわゆる電子出版物にも適用されることになったのである。

　この改正は、近時の改正のほとんどがデジタル・ネットワーク社会における著作物の流通・利用に対応したものであったのと同じく、出版物としての利用についてのデジタル化対応と位置付けることができるが、出版社側から見れば、ここ数年精力的に行われた「出版物に関する権利」獲得運動の結果得られたものということになる。

　「出版物に関する権利」として出版社側が求めてきたものは、レコード製作者の権利と同様の著作隣接権としての権利であった。この主張が、著作権者や利害関係者の十分な理解を得られなかったことは残念であるが、結果として得られた新しい出版権規定は、従来の紙媒体の出版と電子出版を、出版権の対象となるものとして同等に位置付けたものと理解することができる。出版社には、紙媒体だけでなく電子媒体まで含めた取り組みを主体的に行っていくことが期待されており、新しい出版権規定はその取り組みをサポートするもの、ということであろう。

　しかし、出版権は出版社に当然に与えられる権利ではなく、著作権者によって設定される権利である。出版契約の中で出版権が設定されることによって、出版社は出版権者となることができるのであり、出版権を活用しようというのであれば、適切な出版権を設定していかなければならない。

　日本書籍出版協会（書協）では、半世紀以上前から会員に対してのみならず広く出版契約の「ヒナ型」を提供しており、ヒナ型は出版環境の変化に応

じて随時改訂が行われてきた。この新しい出版権規定に対応する改訂ももちろん行われ、2015年版の出版契約書ヒナ型3種類（紙媒体と電子出版を同時に契約するもの、紙媒体のみ、電子出版のみの3種類、いずれも出版権設定が行われるもの）が一般に公開されている。

出版契約書ヒナ型は、契約当事者となる著作権者と出版社の合意内容に応じて適宜補足修正して使用することが予定されているが、適切にヒナ型を使用していくためには、「契約」についての基礎的な知識や、関連する著作権法などの法律知識、そして出版契約実務についての正しい理解が必要となる。書協では、これらの要請に応えるため、1997年に「出版契約ハンドブック」を公刊し、二度の改訂を経て、出版契約に関する基本的な資料として幅広く利用されてきている。

本書は、上記「出版契約ハンドブック」の新たな改訂版ということになるが、電子出版が出版の一形態として定着してきている状況、およびその状況を踏まえた80年ぶりの出版権規定の改正に対応するために、構成を一新し、全面的な改訂を行った。出版社入社数年目の特段の法律知識を有しない編集担当者を主な読者として想定し、2015年版書協ヒナ型の詳細な解説のほか、出版実務に即して、契約の基礎知識、著作権法などの法律知識、電子出版に関する実務的な知識、そしてデジタル環境下で深刻になりつつある権利侵害対策などについての解説を行っている。想定読者の設定および書協の編集物という性質上、出版社の視点での叙述となっているが、出版社の利益擁護に偏ることのないように注意を払っており、出版契約に携わる人すべてに有益な内容となっているのではないかと思う。

書協では、「出版物に関する権利」獲得に向けての取り組みのために、知的財産権委員会の下に権利WG（ワーキング・グループ）を設置しており、新しい出版権規定に対応した2015年版出版契約書ヒナ型も同WGにおいて作成された。本書および書協ホームページで公開されているヒナ型逐条解説は、同WGを中心として組成されたメンバー（奥付に記載）により分担して執筆されたものである。各自の執筆部分はメンバー間の議論を経て繰り返し検討された。また、校正段階で上野達弘早稲田大学教授に閲読していただき、有益な示唆を受けた。

出版を取り巻く環境は厳しく、またその変化は激しい。このような状況で、

出版事業において適切に契約を結び、運用していくことの重要性は増す一方であろう。本書がその一助として活用されることを切望する。

2017年5月

一般社団法人　日本書籍出版協会
知的財産権委員会幹事
権利WG座長
　　　　弁護士　　村瀬拓男

はじめに　3

第1章　出版契約を理解するために ── 11

第1節　環境変化に直面する出版界
第2節　出版契約の再認識と「新たな信頼関係」

第2章　出版契約のABC ── 19

第1節　契約(書)の基本事項
第2節　出版契約を結ぶ意義
第3節　出版依頼と出版契約
第4節　「出版契約」の種類と特徴

第3章　出版契約書ヒナ型を読んでみる ── 37

著作権法平成26年改正のポイント
出版権設定契約書ヒナ型1(紙媒体・電子出版一括設定用)
解説／(別掲)著作物利用料等について／
「出版契約書ヒナ型2(紙媒体)」および
「出版契約書ヒナ型3(電子配信)」の第3条(4)について

第4章　出版契約に関する実務 ── 71

第1節　出版契約で注意すべきこと
第2節　職務著作
第3節　関連する契約
第4節　二次出版
第5節　二次的利用

第5章 電子出版で注意すべきこと ― 99

- 第1節　紙の出版とは「行使する権利」が違う
- 第2節　「1号出版権」と「2号出版権」
- 第3節　電子出版を始めてみよう
- 第4節　配信事業者との契約
- 第5節　まだまだある諸問題
- 第6節　雑誌の出版権設定契約モデル

第6章 掲載許諾と著作物の利用 ― 121

- 第1節　他人の作品を使いたい
- 第2節　既発表の文章を利用したい
- 第3節　アリモノの図版を使いたい
- 第4節　他にもイロイロと使いたい

第7章 著作権制度を理解する ― 155

- 第1節　基本的な用語の定義
- 第2節　著作権の権利内容
- 第3節　著作権の制限規定
- 第4節　出版権
- 第5節　著作隣接権
- 第6節　権利侵害と罰則
- 第7節　関連する制度

> コラム　TPP協定に関連する法改正

第8章 契約上のトラブルと権利侵害 —— 191

- 第1節 出版契約上のトラブル
- 第2節 契約違反と著作権侵害
- 第3節 二重契約
- 第4節 デジタル海賊版対策
- 第5節 作品の盗用、第三者の権利侵害

付録資料 —— 207

- 付録資料1 関係団体名簿
- 付録資料2 日本音楽著作権協会（JASRAC）の著作権使用料規程より 第4節 出版
- 付録資料3 「部分使用」「極少使用」をめぐる確認書
- 付録資料4 電子出版物における歌詞使用の取扱いについて
- 付録資料5 日本文藝家協会著作物使用料規程
- 付録資料6 著作権関係条約締結状況
- 付録資料7 出版権に係る登録制度の概要
- 付録資料8 出版権情報の登録と利用方法
- 付録資料9 著作権者不明等の場合の裁定制度
- 付録資料10 権利者不明等の場合の裁定制度の見直しについて
- 付録資料11 著作権者不明等の場合の裁定制度が使いやすくなりました
- 付録資料12 「出版ADR」について
- 付録資料13 図書館の障害者サービスにおける著作権法第37条第3項に基づく著作物の複製等に関するガイドライン
- 付録資料14 学校その他の教育機関における著作物の複製に関する著作権法第35条ガイドライン
- 付録資料15 学校その他の教育機関における著作物等利用に関するフローチャート
- 付録資料16 読み聞かせ団体等による著作物の利用について
- 付録資料17 「お話会・読み聞かせ団体等による著作物の利用について」
- 付録資料18 出版権設定契約書ヒナ型1（紙媒体・電子出版一括設定用）
- 付録資料19 出版権設定契約書ヒナ型2（紙媒体出版設定用）
- 付録資料20 出版権設定契約書ヒナ型3（配信型電子出版設定用）

索引 —— 295

第1章

出版契約を理解するために

第1節　環境変化に直面する出版界

　出版社を取り巻く環境は依然として厳しさを増しつつ推移しています。
　紙媒体の出版物の販売額は1996年をピークとして減少傾向が続き、電子書籍を除く2021年の販売額は1兆2,080億円と、ピーク時の約55％減となっています（出版科学研究所）。経済産業省の報告等によれば、負のスパイラル型構造不況、消費動向の変化、読者の読書離れ、少子化、海賊版の横行、図書館での貸与態様などがその原因と指摘されています。

図1:出版界全体の売上推移

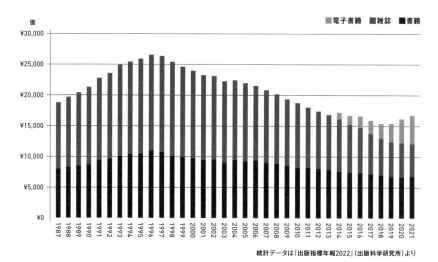

統計データは『出版指標年報2022』（出版科学研究所）より

　また、インターネットとSNSの急激な普及は、出版社による発行を前提にした従来の文化の伝達、「情報」流通の姿を大きく変えました。新旧の「情報」を問わず、時・場所を問わず、誰もが「情報」にアクセスし発信することが可能な「一億総クリエイター時代」と呼ばれる時代をもたらしたのです。そして、あらゆる「情報」はインターネット、SNSなどを通じていとも簡単に国境を越え、地球的規模で拡散していくこととなりました。まさ

に「多様な情報・知識を世界的規模で入手し、共有し、発信」する高度な「情報ネットワーク社会」が出現したのです。

　国内を適用範囲とするわが国の著作権法ルールも、時代環境の変化に大きく揺り動かされ、国内法的感覚では対処できない問題を抱えるにいたっています。著作権法ルールの国際的ハーモナイゼーションを求める声が一段と大きくなっている一因もここにあり、すでに具体的な対応策としても議論され始めており、出版界への影響も大きく、注視していく必要があります。

　こうしたなかで、紙の書籍を画像化した侵害ファイルがネット上に流出・拡散し、二次的利用をめぐるトラブルなども数多く発生しており、出版社にとって座視できない状況が続いているのです。平成25年の地方裁判所での著作権に関する民事訴訟は、知財関係のなかで20％を超えています。

　また、電子書籍の制作、配信などの市場には、これまでの出版界とは異なる契約慣行を有するアクターや、異なる契約制度（法文化）を背景にもつアクターが登場しています。先端技術の進化も著しく、AI技術の進展に伴い、ロボットが話し文章を記す時代がすぐそこまできています（著作権法の世界に創作性の有無という難題を投げかけています）。

図2：知財関係民事訴訟件数

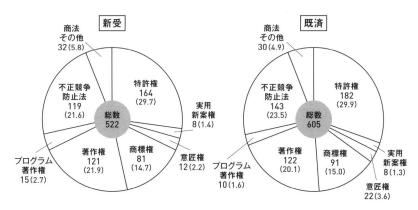

（注）（　）内の数字は、総数に対する百分比を示すものであり、小数点以下第2位を四捨五入している。
したがって、合計が100と一致しない場合がある。

地方裁判所（平成25年）

（出典：最高裁判所事務総局行政局「平成25年度知的財産権関係民事・行政事件の概況」法曹時報66巻10号104頁より）

出版界は、知の創造サイクルをいかに持続し発展させるかという大きな課題に直面しており、従来の慣行を越えた新たな対応が望まれているのです。

◆ 環境変化と出版契約

著しい技術の進歩や世界的規模での情報流通の只中にあって、出版文化を支えてきた伝統・慣習が大きく問われています。そのひとつが「出版契約」の在り方です。「口頭での約束」は著作者と出版社の「信頼関係」の象徴ともいわれ、出版界の実務に根づいてきました。しかし、上述のような環境変化や出版ビジネスの多様化を踏まえ、著作者も出版社もこれまでの慣行のままでは、思いもかけぬトラブルの芽となることから、出版契約（書）の締結に強い関心を持ち始めています。「契約」や「著作権」についても傍観者ではいられなくなりました。この流れを後押ししたのは平成26年著作権法改正です。従来の出版権規定が見直され、「出版権設定契約」により電子書籍にも出版権設定が可能となったのです（「出版権の拡張」）。電子書籍の制作や配信、さらにはその技術に関する知識に加えて「出版権設定契約」の知識が不可欠となりました（既に、日本文藝家協会では『著作権Q&A』を作成し、著作権や電子書籍、出版権の設定などについて積極的な啓蒙活動を行っています）。

これまでの「出版契約」の在り方を問い直す好機です。「出版契約」の正しい理解と適正な活用を通じて「新たな信頼関係」を醸成し、こうした変化に対応していくことがますます重要になっています。

第2節　出版契約の再認識と「新たな信頼関係」

「出版契約」に関する事柄は著作権法には規定されていません。著作権法には「出版権の設定」に関する規定と、著作権譲渡契約に関し、翻訳権、翻案権、二次的著作物の利用と原著作者の権利についての推定規定が見当たる程度です（著作権法61条2項）。こうした法制度は、諸外国でも少数派とい

われています。このような著作権法制と契約の成立には書面を要しない（諾成契約）という「出版契約」の特質が、「口頭での約束」と親和的であったために、出版の世界に「口頭での約束」による実務が浸透してきたものと思われます。

　しかし、先端技術の著しい進歩は、出版物の利用の多様化を招来し、他方でネット上の違法アップロードなど看過できない副作用を生じさせています。「出版契約」の対象や内容がより複雑になり、「出版契約」の方式や目的・内容の明確さが強く求められるようになりました。旧来の「口頭での約束」による信頼関係に頼るだけでは対応が困難になってきたのです。契約当事者である著作者と出版社が、「言った、言わない」「こんなはずでは」「知らなかった」といった稚拙な諍いをすることのないように「出版契約」の在り方を再認識し、「新たな信頼関係」を築いていく必要があるのです。

◆「新たな信頼関係」とは

　これまでの出版文化の伝統と慣習を育んできた旧来の「信頼関係」を、出版環境の変化に対応する「新たな信頼関係」に発展させていくためには次の4つの取組みが重要になります。

> ・口約束から書面合意へ
> ・明確な「出版契約書」の締結
> ・コンプライアンスに基づく「出版契約」
> ・重要事項についての「誠実な説明」

　この4つを出版実務の慣行として根付かせることが大切です。
　以下にそれぞれの意味について編集実務を踏まえて説明していきましょう。

◆ 口約束から書面合意へ

　著作者との口約束から出版交渉はスタートすることが多く、そのこと自体は全く問題がありません。問題は口約束の合意のみで出版に向けての準備をすすめてしまうことです。具体的な出版に向けての準備が進行するような場

合は必ず書面化をし、双方で確認をしておくことが重要です。特に「『いつまでに』という約束」「『支払の発生』する約束」「『役務（具体的な作業）の発生』する約束」「『第三者が関係』する約束（委託業務等）」などについては「確認書」「覚書」「念書」の類の書面を作成し、双方が安心をして出版に向けた準備ができるようにしなければなりません。こうした書面作成が困難な場合には、メール等で相互確認し保存しておくことが最低限必要なことです。

◆ 明確な「出版契約書」

　出版に向けての準備（構想・アイディアの練り上げ、資料準備など）が整った段階で、「出版契約書」を締結することを説明し合意を得ておくことが重要です。契約書締結の時期は出版業態や出版物の性格、契約の方式などによっていろいろと考えられますが、一般的に原稿受領時に締結するのが編集実務上または双方の利害に合致する場合が多いのではないかと推察されます。出版時に締結するケースも少なくありませんが、その場合は、原稿受領時に「出版時に契約書の締結をする」ことを双方で確認しておく必要があります。その内容も契約書サンプルとして提示しておくことが望ましいでしょう（出版の態様によっては、「仮契約」や「出版の予約」など異なる対応もあり得ます）。

　大事なことは「出版契約書」が明確な内容でなければならないということです。「利用許諾」なのか「出版権設定契約」なのか、あるいは「譲渡契約」なのかということは当然ですが、さらに出版の重要事項について明確になっていることが重要です（「利用許諾契約」「出版権設定契約」「著作権譲渡契約」については第2章を参照）。著作権者のどのような権原の利用許諾なのか、独占的契約なのかどうか、二次的利用権の許諾は規定されているのか、「出版権設定契約」の場合の「設定行為の範囲」が明確か、などです。印税なのか原稿料のみでの買取りなのか、支払期日・方法が明確になっているかなどについても当然明確にしておくべきです。電子書籍出版の場合には、IT技術や販売方法、原稿料計算方式などについて特別な「用語」が使われる場合があります。こうした「用語」については特に相互の理解に齟齬のな

いようにしておく必要があります（主要な用語について、契約書の中で「定義」条項を設け、相互の理解を明確にしておく方法もあります）。

◆ コンプライアンスに基づく出版契約

　わが国の企業にはコンプライアンス（法令遵守）の波が押し寄せています。人事・労務・財務などの領域に限らず、個人情報・マイナンバーの管理、顧客情報の管理、契約書の管理など企業活動のほぼ全般にわたってコンプライアンスが求められる時代になりました。

　出版事業を行う出版社も、著作権情報の管理、出版契約書の管理・保存、守秘義務事項の管理など、コンプライアンスに則った非常に重い法的・社会的責任を負っています。杜撰な契約書はもちろん、相手方に重要事項の説明を果たしていない契約（書）も厳しい目でみられるようになってきました。締結した契約書の管理・保存についても同様です。

　契約書がしっかりと管理・保存された出版社の編集者から、説明が尽くされ提示される契約書、言い換えればコンプライアンスに支えられた契約書は、相手方（著作者）に安心感を与え、信頼関係を醸成する最高のツールといえるのではないでしょうか。

　出版契約に直接関係していませんが、雑誌連載原稿料等に、消費税増税分を上乗せして支払うこと（消費税転嫁対策特別措置法3条1号後段）、書籍に付録をつける場合の規制（不当景品類及び不当表示防止法〔景表法〕4条ほか、消費者庁HP参照）、下請業者との契約に際しての書面の交付・保存（下請代金支払遅延等防止法〔下請法〕3条、公正取引委員会HP参照）、派遣契約にあたって労働基準法所定事項を書面で提示すること（労働基準法施行令5条等）など、関連業務においても厳しくコンプライアンスが求められる時代なのです。なお、反社会的勢力の排除という目的で、全国に「暴力団排除条例」が制定されています（東京都暴力団排除条例18条参照）。業務委託契約などの場合に注意を要します。

◆ 重要事項についての「誠実な説明」

　上述の明確な契約書とは、言い換えれば「解釈の余地の少ない契約書」と

いうことになります。そのうえで、契約書の規定する各条項について誠実な説明をすること、相手方の疑問に応えることなどが重要です。著作者のなかには契約や著作権の話を敬遠する人も多く、郵送されたものにただ署名をして送り返すという「出版社任せ」の処理をして済ませる人もいるようです。しかし、出版社に「誠実な説明」が求められると同様に、こうした著作者の対応も改善してもらう必要があります。現代の契約観からすると、契約当事者として「相手任せにする」ことや「契約の世界は面倒だ」といった消極的対応は好ましくありません。自らの著作権をビジネスツールとして利用する創作のプロとしては、契約について自ら理解をする姿勢を示すとともに、出版社にしっかりした説明を求めることが重要です。こうした要請に応えていくのが「誠実な説明」に他なりません。

　契約の世界では、契約書の各条項の丁寧な説明だけでは不十分で、相手方が知っていれば契約をしない、あるいは契約内容を変えていたはずだ、といえるような重要事項（不利益事項）を説明しない場合には、契約が解除されるといった例もあります。しっかりと取り組んでいきましょう。

第 2 章
出版契約の ABC

「新たな信頼関係」を築くために「誠実な説明」を行うことが重要です。そのためには、契約や著作権に関する知識は欠かせません。しかし、「著作者や編集者は必ずしも契約、著作権に通じているとは言えない」という指摘もなされています。そこでここでは、編集実務の点から知っておきたい基礎的知識として、契約・著作権の基礎（著作権法の制度の概要については、「第7章　著作権制度を理解する」をみてください）を説明します。「出版契約」を理解し編集実務を遂行していくうえで重要な、編集者にとっての共通知識ですので是非理解をしてもらいたいと思います。

◆ 契約の特徴

　まず、契約の基本をみておきましょう。契約にはいくつかの重要な特徴があります。

図3：契約の特徴

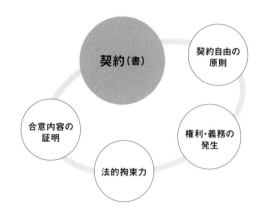

（1）**契約は、「契約自由の原則」のもとで、契約当事者同士の合意によって成立します。**「契約の自由」には相手方を選択する自由、内容や方式についての自由も含まれます。ただし、公序良俗に反する契約や強行規定違反の契約、行政規制違反の契約などは無効や取消しになってしまいます。

（2）**当事者間に権利義務を発生させます。**たとえば、「著作者は出版社に、契約締結後1年以内に完全原稿を引き渡す」「出版社は著作者に、出版後3

カ月以内に原稿料を支払う」という内容の契約の場合、「完全原稿」の授受については、出版社は「1年以内に完全原稿の引渡しを求める権利」を有し、著作者は「1年以内に完全原稿を引渡す義務」を負うことになります。また「原稿料」の授受については、出版社は「出版後3カ月以内に原稿料を支払う義務」を負い、著作者は「出版後3カ月以内に原稿料の支払を求める権利」を有することになります。このような権利を「債権」、義務を「債務」といいます。

（3）**法的な拘束力**が生じます。「契約が破られた」という意味は、義務（債務）を負う者がその義務（債務）を履行しないということに他なりません。前述の例でいえば、「出版後3カ月以内に原稿料を支払う」という義務（債務）が履行されない場合です。このことを法律の世界では「債務不履行」といいます。債務不履行が生じると、強制的な履行をかけられたり、損害賠償や契約の解除を求められたりします。こうした義務（債務）の強制を促す仕組みが国の制度として用意されています。こうした仕組みの強制力のことを「法的拘束力」があるといいます。

（4）**当事者間の合意内容の証明になり、トラブルの解決指針・準則となります**。売買契約や賃貸借契約、請負契約など通常の契約は、民法で「典型契約」として規定されており（全部で13種類あります）、杜撰な契約（重要なことが取り決められていない場合や、取り決めが不明確な場合など）でトラブルが起こった場合には、民法がトラブル解決の準則として機能してくれます。しかし、民法に「典型契約」として規定されていない契約の場合は、民法が充分機能してくれません。「出版契約」（ライセンス契約、リース契約、派遣契約なども）は、民法に規定されていません（このような契約を「非典型契約」といいます）。このような契約では契約当事者間の合意内容がトラブルの解決指針・準則として「決め手」になります。出版契約は口頭で成立しますが（諾成契約）、当事者間の合意内容の証明として明確な契約書の締結に努めることが重要です。

第1節　契約（書）の基本事項

　ここまで説明してきました契約の特徴に加え、ここでは少し立ち入って編集実務の観点から具体的な契約の基本事項を確認しておきましょう。
　契約（書）はその目的によっていろいろな事項で成り立っています。しかし多くの契約に共通の基本的で重要な事項があります。

（1）契約当事者

　既知の著作者、取引のある法人・団体の場合は問題ありませんが、初めて契約をする相手方の場合は慎重さが求められます。契約を締結する権限を有しているか、現住所や所属先、法人の場合（職務著作や編集業務の委託などの場合）は代表者の確認などが重要です。最近ではマイナンバーの提示を求めることも欠かせません。その上で、当事者に権限のあることを「表明保証」（権限があり、このことが真実であることの表明と保証）させておくことが重要です。著作者側から出版社に対して、「Change of Control条項」（法人の支配権が合併などで移動する場合の規定）を求められることもあるようです。出版物の管理にも影響する場合があり、検討する価値はあるでしょう。
　契約当事者が複数の場合、たとえば、著作者が複数いる場合（共同著作）の契約当事者は著作者全員ですから、基本的には全員と契約をする必要があります。編集実務上は、「甲1（著作者A）、甲2（著作者B）、甲3（著作者C）」と「乙（出版社）」の契約となり、著作権者欄は、甲1、甲2、甲3の連名とし、各自1通を保有するという方式がとられることが多いようです。
　実務上、各著作権者の中から代表者を決め、その代表者と契約することもあります。
　なお、契約書においては、当事者は「甲、乙」といった略字で表記されます。甲と乙を間違わないようにしなければなりません。甲が著作権者、乙が出版社の場合、乙のところを「私」に置き換えて読み直してみることもミスを防ぐ方法としてよく行われています。「私」にどんな権利（債権）や義務（債務）があるのか明瞭になります。

（2）契約の目的

　通常、契約書では、売買契約であれば、「第1条（目的）甲は本契約に基づき、乙所有の別荘Ｋを購入するものとし」とか、業務委託契約であれば、「第1条（目的）甲は本契約に基づき、甲が行っているＳ業務を乙に委託し」といった形で、「契約の目的」が規定されています。何のための契約かが一目でわかる内容になっており、また契約の性質が明確になっています。上記の最初の例では売買契約、後の例では業務委託契約であることがわかります。単に「下記の取り決めをする」といった表現の契約も稀に見受けられますが、「契約の目的」を達するために双方の合意を条項化するのが「契約」ですから、明確に表現することが望まれます。

（3）契約の内容

　契約書の基幹部分にあたります。契約の目的を達成するために契約当事者が、それぞれどのような権利（債権）を有し義務（債務）を負っているのかが具体的に規定されます。上記の売買契約でいえば、別荘の引渡し時期、代金支払時期と方法、別荘の所有者・所在地・担保権などの確認のための登記情報の提示、解除や損害賠償などについて規定します。出版契約でいえば、出版権の設定や範囲、完全原稿の受領と対価の支払、発行条件、再許諾、二次的利用などです。契約の種類や相手方によって重要な基幹部分は変わります。

（4）条件・期限

　「条件」は、不確定な将来のリスクを回避し契約の目的を達成する基本的な条項です。想定される出来事が起こったときに、契約の効果をどうするのかを当事者間で合意しておくことは、トラブルの芽を摘む効果的な方策です。最も基本的な2つの「条件」について理解しておきましょう。「製作部数が1万部を超えた場合に、原稿料を支払う」という条項のように、ある条件が発生したときに法律効果が発生する条件を停止条件といいます。また、「現行制度の改正が行われた場合は本書の販売を停止する」という条項のように、

ある条件が発生したときは法律効果が消滅する条件を解除条件といいます。覚えておきましょう。

　条件は将来発生するかどうか不確実ですが、将来発生することが確実な場合の取り決めは「期限」によることになります。「原稿料は年度末に支払う」「契約締結日から6カ月後に刊行する」といった条項が「期限」といわれるものです。「期限」を設定する場合には、期限経過後のリスクについても検討しておく必要があります。原稿料を期限までに支払わなければ遅延損害金を払わなければならなくなることもあります。

(5) 解除

　「解除」について双方の合意を得られている契約は、決定的ダメージからの離脱を保証した仕組みともいえるので、どのような場合に、どのような手続き（催告など）で行われるかをしっかり理解しておくことが重要です。

　解除には、法律（民法）で規定されている「法定解除」と、一定の事由が生じたときに解除できることをあらかじめ当事者間で定めておく「約定解除」があります（なお他に、契約継続中に当事者間の合意で解除をする「合意解除」があります）。

　契約の相手方が、契約に定められた債務を履行しない場合に、催告をし、それでも債務が履行されない場合（債務不履行）に、民法の規定によって契約を解除できます。これが「法定解除」です。民法に規定がありますので、契約書に盛り込む必要はありません。他方、あらかじめ当事者間の合意で、一定の事由が生じた場合に解除ができるのが「約定解除」です。通常の解約手付条項や社会的・経済的信用喪失の場合の解除などがその例です。「法定解除」は、催告を要しかつ相手方に落ち度（「責めに帰すべき事由」）がある場合ですので、直ちに解除をするということはできません。そこで、あらかじめ当事者の合意によって一定の事由が発生したときには催告を要せずに解除（無催告解除）ができる規定を置くという方法がとられます。催告とは単なる督促ではなく、債務の履行を迫る最終通告書といえるもので、通常は内容証明郵便によることになります。

　なお、出版権の設定と同時に出版権設定者（著作権者）は、出版権の「消

滅請求権」をもつことになります。原稿引渡し後6カ月内に出版・配信を行わない場合、継続して頒布・配信を行わない場合などに行使することができるとされています。解除と同様の法的効果を生じさせる仕組みで、著作権法で規定された強行法規です。

(6) 専属的合意管轄

　管轄とは、当事者間で紛争となった場合、どこの裁判所に訴訟を提起することができるかという問題です。この管轄を当事者間で取り決めなかった場合は、民事訴訟法の規定によることになりますが、当事者は第一審に限り、合意で管轄裁判所を決めることができます。単なる合意管轄よりも「専属的合意管轄」の合意の方が明確で好ましいとされています。たとえば、著作権紛争の場合は「東京地方裁判所を専属的合意管轄裁判所とする」といった条項が一般的な例だと思われます。

(7) 「用語」の意味と使い方

　法律（契約）の世界では日常使用される「用語」が特別な意味をもって使われます。ここでは基本的で重要ないくつかの「用語」の使い方（原則）について説明をします。契約書の条項を作成する際に、また契約書や条文を読み解くときに参考にしてください。

①「及び」「並びに」

　いずれも複数の事項を並列して表現する際の用語ですが、法律の世界では特別な使い方がされています。「及び」は最も小さい結びつきに使用され、「並びに」は大きな結びつきに使用されます。たとえば同じ階層で単に併記する場合、「自動四輪車及び自動二輪車」「自動四輪車、自動二輪車及び大型自動車」という使い方になります。異なる階層で併記する場合には、最も小さな階層に「及び」を、それより大きな階層には「並びに」が使われます。「自動四輪車並びに一級小型船舶及び特殊小型船舶」（自動車と船舶の大きな区分に「並びに」、船舶の中の「一級」と「特殊」の小さな区分に「及び」を使用）、「第2条1項、同条2項及び同条3項並びに第3条」

（第2条と第3条の大きな区分に「並びに」、第2条の中の各項の小さな区分に「及び」を使用）といった使い方です。

② 「又は」「若しくは」

いずれも複数の事項から選択をする際に表現される用語です。複数の事項から単に選択をするという場合の表現は、「自動四輪車又は自動二輪車」「自動四輪車、自動二輪車又は大型自動車」というように「又は」が使われます。異なる階層で表現される場合、最も大きな階層に「又は」が使われ、それより小さい階層には「若しくは」が使われます。「自動四輪車若しくは自動二輪車又は一級小型船舶若しくは特殊小型船舶」（「自動車」と「船舶」の区分に「又は」、四輪車と二輪車の区分に「若しくは」を使用）、「出版権を目的とする質権の設定、移転、変更若しくは消滅又は処分の制限」（「質権の設定・移転・変更・消滅」と「処分の制限」の区分に「又は」、設定・移転・変更と消滅の区分には「若しくは」を使用）といった使い方がされます。

③ 「推定する」「みなす」

この「推定する」と「みなす」も間違いやすい用語です。

著作権法にも、「著作物の原作品に、又は著作物の公衆への提供若しくは提示の際に、その氏名若しくは名称（以下「実名」という。）又はその雅号、筆名、略称その他実名に代えて用いられるもの（以下「変名」という。）として周知のものが著作者名として通常の方法により表示されている者は、その著作物の著作者と推定する」（14条）とか、「次に掲げる行為は、当該著作者人格権、著作権、出版権、実演家人格権又は著作隣接権を侵害する行為とみなす」（113条1項本文）と規定されています。それぞれの条文の意味は第6章または第7章に説明がありますので、この用語の意味と使い方だけを説明します。

著作権法になじみのない人もいますので、以下の例で説明をしましょう。民法に、「妻が婚姻中に懐胎した子は、夫の子と推定する」（772条1項）、「未成年者が婚姻をしたときは、これによって成年に達したものとみなす」（753条）と規定されています。婚姻中に懐胎し生まれた子供は夫の子であ

ることが一般的・常識的です。民法はこうした通常の判断に基づき「夫の子」と法律的評価をしたわけです。しかし、DNA鑑定などで事実が覆りますと、この推定も覆ることになります。つまり「推定」には反証の可能性があるわけです。他方、婚姻をした未成年者は、実年齢とは関係なく成年者として取り扱われます。成年と未成年者は法律的には異なる性質ですが同一に取り扱うというのが「みなす」の意味です。「みなす」と判断された以上覆ることはありません。

④「遅滞なく」「速やかに」「直ちに」

　この3つのことばを早い順に並べるとどうなるでしょうか。正解は、直ちに＞速やかに＞遅滞なく、の順となります。たとえば道路交通法では「交通事故があったときは、……運転者は……直ちに車両等の運転を停止して、負傷者を救護し……」と規定されています。切迫感があります。まさに「すぐに」という感覚です。これに対して借地借家法では「……借地権設定者が遅滞なく異議を述べたときは、この限りではない」と規定され、借地権設定者の具体的事情を斟酌した感じが出ています。また「速やかに」は、この両者の中間に位置しています。児童虐待防止法では「児童虐待を受けたと思われる児童を発見した者は、速やかに、これを市町村、都道府県の設置する福祉事務所に……通告しなければならない」と規定しています。

　契約を作成して提示する場合、あるいは相手方から提示される場合であってもこのような「ことば」には注意をする必要があります。本当は「直ちに報告」してほしいケースを「遅滞なく」としてしまうと大変です。契約上トラブルを防止するには、このような表現を使用するよりも期日や期限を具体的に設定する方が好ましいかもしれません。

⑤ 期間の計算法

　法律の専門家でもついうっかり間違えてしまうのがこの計算法といわれています。

　今、2016年6月6日午後3時です。契約交渉を行っています。相手方から「今日から30日後を支払期限としましょう」と提案されたとき、いったい

いつが期限の最終日となるでしょうか。7月5日でしょうか、7月6日でしょうか。

　正解は6日です。民法の規定では、「初日不算入の原則」がありますので、6月6日は算入せず、翌日7日からの計算となり、6月7日から30日目の7月6日が最終日となります。ただし、「本日を起算日として30日後」と契約に明確に規定すれば、6月6日を算入し7月5日が最終日となります。

※（7）については、法制執務用語研究会・条文の読み方（2012年　有斐閣）を参考。

第2節　出版契約を結ぶ意義

　前節で編集実務上重要な契約の基本について触れました。この基本を頭に入れて、この節では「出版契約」について説明をします。出版契約についての基本的な理解を得ることは、契約という形で表された出版ビジネスモデルを理解することです。同時に、相手方に十分な説明が可能になることです。たとえば著作者から、「出版契約では何を取り決めればよいのか」「出版権とはどういう権利なのか」「『著作物利用許諾契約』と『出版権設定契約』はどうちがうのか」といった基本的な質問がされることがあります。こうした質問にも入社7〜8年目の編集者はしっかりと対応することが求められます。また、「ヒナ型」を利用する場合にも、「ヒナ型」の各規定の意味や想定しているケースをしっかり理解し、ただ署名を求めるだけでなく丁寧な説明を行い、「新たな信頼関係」を築いていくことが望まれます。

◆ ある編集者の交渉現場

　出版契約の説明をする前に編集現場をみておきましょう。出版の業態やビジネス慣行、書籍の種類、著作者の知名度によって、あるいは著作者の実績や貢献度によって契約交渉の仕方や内容は異なります。ここでは比較的契約意識の高い著者を相手に編集活動を行っている出版社の現場をひとつの参考事例としてみてみましょう。交渉内容は出版のための基本的な事項で共通す

るところも多いと思います。

　Y社の編集者の主たる仕事は、企画を練り上げ、社内会議を通すことから始まります。社内会議でOKがでれば、予定する著者に依頼に行くことになります（もちろん、著者と編集者の日常の親交のなかから企画が発意され会議にかけられる場合もあります）。この依頼の際には、企画要綱というものを持参します。この要綱には、「企画のねらい」「読者対象をどこにおくか」などに加えて、「原稿締切日」「執筆分量」「判型・予価」「発行予定時期」「発行予定部数」「印税率・支払時期・方法」「献本部数等」「電子書籍化への同意」などが記されております。

　これらの事項に最初からすべて納得されるケースはほとんどありません。「この企画趣旨では執筆意欲が湧かない」「共著ではなく単独で執筆したい」「締切日を2年後に延ばして欲しい」「この分量では少ない」「印税率を上げられないのか」といった要望が容赦なく出されます。交渉を重ね企画概要が整い執筆を引き受けてもらった段階で「企画要綱（確定版）」もしくは「契約書」を用意します。自社企画の保護、電子書籍化の優先権（予約）、発行までの企画内容についての守秘などを目的としています。

　完全原稿受領までの苦難の道（編集者としての）を経た後、発行までの間に新たな問題が生ずることがあります。著者側から、「校正中だが全面的にリライトしたい」「電子書籍化には非独占で許諾する」「1年後に中国語版を出す予定」などの要求が出されたり、校閲プロセスで極まれに引用なのか転載なのかに迷ったり、剽窃（ひょうせつ：他人の著作物の盗用）の疑義が生じたりします。刊行までの交渉事項や対応事項は多く、刊行までの道のりは実に険しいのです。

　また、最近のグローバル化に伴い、外国人著者に依頼をすることもあります。日本的慣行で引き受けてもらう場合もありますが、多くの場合、ロイヤルティ（印税）とアドヴァンス（前払い金）、年度実売部数の報告義務が必ず問題になります。執筆依頼の段階で、ロイヤルティとして、たとえば、初版8％、5,000部超は10％、10,000部超12％といった提示をします。さらにアドヴァンスとして、執筆依頼の段階で初版印税の20％の支払い、原稿引

渡し時に残額80％の支払いといった提示を行います。こうした事項について合意が得られれば、Agreement（合意書）を締結します。最終的には詳細な大部の契約書になり、ついつい「Trust me！」と思ってしまいますが、向こうからすればビジネスルールを提示できない相手は信頼できない相手ということになるのかもしれません。

　一例にすぎませんが、編集現場で苦闘する編集者像が垣間見えたと思います。

第3節　出版依頼と出版契約

◆ 著者にアプローチ

　企画やアイディアが具体化すれば、いよいよ著者との交渉です。著者との交渉の第一歩は、どのような出版の依頼をするのかです。

　出版社や業態によって、依頼の態様はさまざまですが、概ね以下のような出版物を依頼するケースが多いのではないでしょうか。ここではその際に、編集実務上どのような契約をイメージして交渉すればよいかについて説明します。

> A　新原稿の執筆を依頼する（書き下ろし）
> B　未公表著作物の出版（電子書籍を含む）を依頼する
> C　公表された著作物を利用し出版を依頼する（二次出版）
> D　既刊書籍の翻訳・ダイジェスト版を出版する（二次的利用）

　Aのケースでは、まだ著作物が存在しませんので、著作物が創作されるまでは著作権法は機能しません。当事者間の取り決めによることになります。通常、書籍の原稿完成は長期間を要し、「原稿締切日」の設定がなかなか難しいのが実情です。そのため（出版物によりますが）、出版事情を考慮し、

1年後の夏とか、2年後の年末を目途にといった締め切りの設定が行われます。また、未完成原稿が部分的に創作される場合もあります。このような場合では、すべてを受領した段階であっても「完全原稿」（質量の面で）とはとてもいえる状況ではありません。編集実務的には、「完全原稿」を受け取るのが基本ですが、未完成の場合には、著者校終了段階でようやく「完全原稿」と評価すべき場合もあります。いずれにしても「完全原稿」を受領するまでには、トラブルの芽が少なからず潜んでいますので、依頼から完全原稿受領時までの取り決めは確認の文書として必ず残し、さらにすすんで可能ならば、覚書や「要綱」など著者と出版者の合意できるものを作成するのが好ましいでしょう。「言った、言わない」や「こんなはずではなかった」という事態が生じないようにすべきでしょう。この期間に約束（義務）違反が生じ、著しい損害が生じた場合は「信義則上の義務」違反として法的責任を負う場合がありますので注意を要します。

　Bのケースでは既に著作物が存在しますので、著作権が発生しています。したがって、この著作物を出版（あるいは電子出版）するためには、著作権の利用許諾を受けるか（複製権、譲渡権、公衆送信権の利用権原を許諾してもらう）、出版権の設定を受けるか（複製権、公衆送信権）、著作権の譲渡を受けるか、をしなければなりません。ここが交渉のスタートラインになります（この3つの方式については後述します）。

　Cのケースの典型例には以下のものがあります。

- 他社発行の単行本を自社で文庫化する。
- 他社発行の雑誌連載を自社で単行本化もしくは文庫化する。
- 他社発行の著作物を利用して自社でアンソロジーを出版する。

　こうした利用は一般的に「二次出版」といわれています。著作権法上の「二次的利用」とは異なります（詳細は第4章第4節参照）。場合によっては著者と出版社の交渉舞台に、原作の出版社、原作者が登場することもあり

ます。著者との交渉だけでなく、原作出版社、原著作者との交渉も必要になるのです。他社発行の著作物に出版権が設定されている場合や独占的許諾がなされている場合などもありますので、それぞれの関係に配慮し大きなトラブルが生じないように留意する必要があります。

なお、他社の出版物に出版権が設定されているかどうかを調べるには、文化庁の「著作権等登録状況検索システム」で検索することになりますが、不明の場合は、出版社、著作権者、日本出版インフラセンター（JPO）に問い合わせることになります。（→付録資料1、8）

Dのケースが、「二次的利用」といわれるケースです。既刊書籍を自社で翻訳・ダイジェスト等の出版を行う場合は、著作権者から新たに「翻訳権・翻案権」の利用権原の許諾が必要となります。出版権の設定は、複製権、公衆送信権を権原としておりますので、翻訳権の利用権原の許諾がない場合は翻訳による侵害には対抗できません。契約書のなかで明確に二次的利用の取り決めをする必要があります。なお、他社が自社の書籍を二次的利用する場合は、他社と著作権者の交渉に任せてしまうのではなく、優先的交渉権あるいは窓口交渉権を確保し（著作権者の委任を受けて）、出版条件等について交渉が可能になるようにしておくことが重要です。

第4節　「出版契約」の種類と特徴

第2節、第3節では、編集者が難題に直面する現場と、編集者のスタート（著者に何を依頼するか）について解説しました。この節では、編集実務上どのような契約タイプを利用するのが適切かという観点から、「出版契約」の種類とその特徴について説明をしましょう。

紙媒体による出版を行うための複製権・譲渡権、電子書籍を広く配信する公衆送信権といった権原をもっているのは著作権者です。著作権者の利用許諾なしに複製、公衆送信することは許されません。契約書の表題にみられる

「著作権利用許諾契約」という表現は、こうした利用権原の許諾を著作権者から得るための契約という意味を表しています。

利用権原の許諾を得る契約の種類として利用されている契約は「著作権（物）利用許諾契約」ですが、他に、著作権の譲渡を目的とする「著作権譲渡契約」、著作権法の規定する「出版権設定契約」があります。

◆ 著作権（物）利用許諾契約

契約自由の原則のもと、当事者の合意事項を契約として構成することができます。この「利用許諾契約」のメリットは当事者間で自由に取り決めができる点です。デメリットは、当事者間にしか効力が及ばないこと、侵害行為に対して法的対処が困難なことです。著作権者はA社とも、B社とも、C社とも、一般的な「利用許諾契約」を結ぶことが可能です。非独占的なビジネスでよい、ということであればこの契約で十分かもしれません。たとえば、他社の単行本を文庫化する場合、A社からも、B社からも文庫が発行されるという状況を許容するということです。

◆ 独占的利用許諾契約

この単行本は自社で独占したい、このような場合に締結されるのが「独占的利用許諾契約」です。著作権者が他社と契約するのを防ぎます。第三者の侵害行為に対しては十分ではありませんが、契約条項として「著作者の差止請求権行使義務」を設けるのが有効とする有力な考え方があります。侵害がなされた場合は、出版社自ら差止請求はできませんが、この条項に基づき債権者に代わって行使するという考え方です（債権者代位と呼ばれています）。

◆ 著作権譲渡契約

この他に、利用権限許諾ではなく著作権そのものを譲渡してもらうといった契約もあります。「著作権譲渡契約」といわれる契約です。自然科学書の一部などで利用されています。ただ、著作権の譲渡にはやや複雑な問題があることに注意しなければなりません。この譲渡を受けた場合、複製権、公衆送信権などは自らのものとして自由に利用できるのですが、「著作者人格

権」（公表権、氏名表示権、同一性保持権を内容とします。詳細は第7章第2節参照）は「心」の問題とされ、譲渡されることはありません。したがって著作権を相応の対価で譲り受けても、利用にあたって「著作者の氏名を表示しない」「著作物の内容を勝手に変更する」といったことを行うと著作者人格権の侵害を問われます（もちろん譲渡の場合だけでなく「利用許諾契約」「出版権設定契約」の場合も著作者人格権は尊重されることになります。「出版契約」には「著作者人格権を尊重する」という条項は必ず設けられています）。

　このような場合に、「著作者人格権の不行使特約」条項を設けて対処することがあります。ただ、不行使特約の範囲については、著作者と協議することが実務的には望ましいと思われます。想定外の改変行為で人格を傷つける場合や、改変後に著作者名を変更する場合などは、不行使特約の範囲を超えているともいえるので、慎重を期したいところです。

　なお、著作権譲渡契約を行った場合でも、二次的利用の翻訳・翻案権の譲渡について取り決めをしないと、著作権者にこの権利は留保されることになりますので注意が必要です。（→P.165）

◆ 出版権設定契約

　上述のような利用許諾契約、著作権譲渡契約とは異なる重要な方式があります。著作権法が規定する「出版権の設定」という方式です。「著作権（物）利用許諾契約」は、契約当事者の合意による契約ですから、契約当事者だけにしか効力は及びません（これを債権契約といいます）。しかし、「出版権」は（準）物権という性質の「強い」権利として法定されています。この「出版権」は、著作権者が出版者に対して設定を行います。この設定行為によって出版者は「第三者の侵害行為」に対して直接自ら「差止請求」をすることができます。平成26年改正でこれまで対象外であった電子書籍に対して設定が可能になりました（平成26年改正については第3章参照）。

　重要事項についてみておきましょう。

① **当事者**……出版権設定契約の当事者は、複製権、公衆送信権を有する者です（「出版権設定権者」といいます。出版・公衆送信を引き受ける者は「出版権者」といいます。）。前述の出版依頼のケースでは主にB、Cのケースでこの契約方式を利用することになります（Aのケースでは完全原稿完成時に出版権の設定を行うことが重要）。当然、複製権、公衆送信権の権原を有する者であることはしっかり確認しなければいけません。同時に、他社で出版権設定がなされていないことの確認も重要です。
② **目的・内容**……契約条項で「出版権の設定」を明確に規定しなければいけません。また「設定の範囲」についても明確かつ具体的に規定すべきです。特に平成26年の改正で、電子書籍にも出版権の設定が可能になりましたので、電子書籍が対象なのかどうかについて明示しなければいけません。
③ **出版権者の義務の発生**……出版権者には原稿受領後6カ月以内に出版行為（著作権法81条1号イ）あるいは公衆送信行為（同81条2号イ）を行う義務、慣行に従い継続して出版または公衆送信を行う義務があります（同81条1号ロ・2号ロ）。出版権者がその義務に違反した場合には、複製権等保有者は出版権者に通知をして出版権を消滅させることができます（同84条1項）。
④ **二次的利用の注意点**……出版権は「原作のまま」複製や公衆送信を行う権利ですから（同80条1項1号・2号）、たとえば、小説の出版権の内容として映画化を含めるなど、二次的利用について出版権を設定することはできません。出版権とは別に契約で映画化を定めることが必要です。
⑤ **出版権の二重設定（二重契約）**……著作権法では「出版権の設定は登録しないと第三者に対抗できない」と規定されています（著作権法88条）。著作権の二重譲渡と登録（同77条）と同趣旨の規定です。たとえば、著作権者Xが、出版者Yに出版権の設定を行った後に、出版者Zに対しても出版権の設定を行った場合を考えてみましょう。X・Z間で、事情を知ったうえで（悪意で）かつYを害する目的で行

われた場合は、Yに登録がなくてもZに対抗することができます（背信的悪意者。自分の方の設定が優先する）。しかし、Xもうっかりし、出版者Zもまったく事情を知らないとき（善意のとき）は、Y・Z間の優先関係は、登録のある方（早い方）が優先するということになり、登録のない方は出版権の設定を主張できません。二重設定を行ったXは、民事責任や刑事責任を問われることがあります。

⑥ **出版権の存続期間**……設定行為で自由に定められます（著作権法83条1項）。ただし、期間に定めがないときは、出版権は3年で消滅することになっています（同83条2項）。

⑦ **出版権者と侵害対抗措置**……出版権設定のメリットは出版権者自ら差止請求、損害賠償請求を行えることです。

第3章

出版契約書ヒナ型を読んでみる

著作権法平成26年改正のポイント

　平成26年著作権法改正は、旧著作権法以来、約80年間にわたって存続してきた「出版権」の規定に大きく変更を加えるものとなりました。文化庁はその改正趣旨を「近年、デジタル化・ネットワーク化の進展に伴い、電子書籍が増加する一方、出版物が違法に複製され、インターネット上にアップロードされた海賊版被害が増加していることから、紙媒体による出版のみを対象としている現行の出版権制度を見直し、電子書籍に対応した出版権の整備を行う。」ものであるとしています。
　見直しのポイントは、以下の3つとなります。

①出版権の設定（第79条関係）……著作権者は、従来の紙媒体出版だけでなく、パッケージ型電子出版や配信型電子出版を行う者に対しても出版権の設定を行うことができるとすること。

②出版権の内容（第80条関係）……出版権者は、契約内容に応じて、紙媒体についての複製権に加えて、パッケージ型電子出版物としての複製権、配信型電子出版での公衆送信権の全部又は一部を専有すること。

③出版の義務・消滅請求（第81条、第84条関連）……出版権者は、設定された出版権の内容に応じて、専有している権利に基づく紙媒体出版や電子出版を一定期間内に行う義務（出版義務）、一旦開始した出版を慣行に従い継続して行う義務（継続出版義務）を負うこと、及び出版権者がこれらの義務に違反した場合には、義務違反のあった範囲の出版権を消滅させることができるとすること。

　これらの改正は、ひとことで言えば、これまで紙媒体にのみ設定が可能であった「出版権」を電子書籍等の電子媒体でも設定を可能とした、ということです。
　その結果、出版社が作品を紙媒体でも電子媒体でも出版しようとするとき、

媒体によって契約内容を変えざるを得ない場合があったところが、統一的な契約内容での契約を行いやすくなりました。

　現行著作権法において、出版するときに「出版権」の設定を著作権者から受けることが、出版社の権利を確保する最も有利な方策であることから、以下で説明する書協の出版契約書ヒナ型は、いずれも平成26年改正法に対応し、紙媒体でも電子媒体でも「出版権」を設定する構成を採用しています。

　なお、改正趣旨にも述べられているとおり、平成26年改正はいわゆるデジタル海賊版対策を目的としているものであり、電子媒体の出版に際して出版権を設定することは、一定程度海賊版対策に役立つものとなり得ます。

　平成26年法改正により、出版社は紙媒体と電子媒体とで、統一的な契約処理を行いやすくはなりましたが、媒体の性質上同様には扱えないところも多く、契約書の作成・運用にあたっては注意を払わなければなりません。具体的な注意事項や問題点については、以下のヒナ型の解説でふれていますので、よく理解して契約実務に取り組んでください。

出版権設定契約書ヒナ型1（紙媒体・電子出版一括設定用）
一般社団法人 日本書籍出版協会作成 2017

出版契約書

著作物名
著作者名
著作権者名

（以下「甲」という）と（以下「乙」という）とは、上記著作物（以下「本著作物」という）に係る出版その他の利用等につき、以下のとおり合意する。

　　　　　　　　　　　　　　　　　　　　　　　　　　　年　月　日

甲（著作権者）
住　所
氏　名　　　　　　　　　　　　　　　　　　　　　　　　　　　印

乙（出版権者）

住　所

氏　名　　　　　　　　　　　　　　　　　　　　　　　印

第1条（出版権の設定）
（1）甲は、本著作物の出版権を乙に対して設定する。
（2）乙は、本著作物に関し、日本を含むすべての国と地域において、第2条第1項第1号から第3号までに記載の行為を行う権利を専有する。
（3）甲は、乙が本著作物の出版権の設定を登録することを承諾する。

第2条（出版権の内容）
（1）　出版権の内容は、以下の第1号から第3号までのとおりとする。なお、以下の第1号から第3号までの方法により本著作物を利用することを「出版利用」といい、出版利用を目的とする本著作物の複製物を「本出版物」という。
　① 紙媒体出版物（オンデマンド出版を含む）として複製し、頒布すること
　② DVD-ROM、メモリーカード等の電子媒体（将来開発されるいかなる技術によるものをも含む）に記録したパッケージ型電子出版物として複製し、頒布すること
　③ 電子出版物として複製し、インターネット等を利用し公衆に送信すること（本著作物のデータをダウンロード配信すること、ストリーミング配信等で閲覧させること、および単独で、または他の著作物と共にデータベースに格納し検索・閲覧に供することを含むが、これらに限られない）
（2）　前項第2号および第3号の利用においては、電子化にあたって必要となる加工・改変等を行うこと、見出し・キーワード等を付加すること、プリントアウトを可能とすること、および自動音声読み上げ機能による音声化利用を含むものとする。

(3) 甲は、第1項（第1号についてはオンデマンド出版の場合に限る）の利用に関し、乙が第三者に対し、再許諾することを承諾する。

第3条（甲の利用制限）
 (1) 甲は、本契約の有効期間中、本著作物の全部または一部と同一もしくは明らかに類似すると認められる内容の著作物および同一題号の著作物について、前条に定める方法による出版利用を、自ら行わず、かつ第三者をして行わせない。
 (2) 前項にかかわらず、甲が本著作物の全部または一部を、甲自らのホームページ（ブログ、メールマガジン等を含む。また甲が所属する組織が運営するもの、あるいは他の学会、官公庁、研究機関、情報リポジトリ等が運営するものを含む）において利用しようとする場合には、甲は事前に乙に通知し、乙の同意を得なければならない。
 (3) 甲が、本契約の有効期間中に、本著作物を著作者の全集・著作集等に収録して出版する場合には、甲は事前に乙に通知し、乙の同意を得なければならない。

第4条（著作物利用料の支払い）
 (1) 乙は、甲に対し、本著作物の出版利用に関し、別掲のとおり発行部数等の報告および著作物利用料の支払いを行う。
 (2) 乙が、本出版物を納本、贈呈、批評、宣伝、販売促進、業務等に利用する場合（　　部を上限とする）、および本著作物の全部または一部を同様の目的で電子的に利用する場合については、著作物利用料が免除される。

第5条（本出版物の利用）
 (1) 甲は、本契約の有効期間中のみならず終了後であっても、本出版物の版面を利用した印刷物の出版または本出版物の電子データもしくは本出版物の制作過程で作成されるデータの利用を、乙の事前の書面による承諾なく行わず、第三者をして行わせない。

（2）前項の規定は、甲の著作権および甲が乙に提供した原稿（電磁的記録を含む）の権利に影響を及ぼすものではない。

第6条（権利許諾管理の委任等）
（1）本著作物が以下の方法で利用される場合、甲はその権利許諾の管理を乙に委任する。
　① 本出版物のうち紙媒体出版物の複製（複写により生じた紙媒体複製物の譲渡およびその公衆送信、ならびに電子媒体複製等を含む）
　② 本出版物のうち紙媒体出版物の貸与
（2）甲は、前項各号の利用に係る権利許諾管理については、乙が著作権等管理事業法に基づく登録管理団体（以下「管理団体」という）へ委託しその利用料を受領すること、および管理団体における著作物利用料を含む利用条件については、管理団体が定める管理委託契約約款等に基づいて決定されることを、それぞれ了承する。
（3）乙は、前項の委託によって乙が管理団体より、本著作物の利用料を受領した場合は、別掲の記載に従い甲への支払いを行う。

第7条（著作者人格権の尊重）
　乙は、本著作物の内容・表現または書名・題号等に変更を加える必要が生じた場合には、あらかじめ著作者の承諾を得なければならない。

第8条（発行の期日と方法）
（1）乙は、本著作物の完全原稿の受領後　ヵ月以内に、第2条第1項第1号から第3号までの全部またはいずれかの形態で出版を行う。ただし、やむを得ない事情があるときは、甲乙協議のうえ出版の期日を変更することができる。また、乙が本著作物が出版に適さないと判断した場合には、乙は、本契約を解除することができる。
（2）乙は、第2条第1項第1号および第2号の場合の価格、造本、製作部数、増刷の時期、宣伝方法およびその他の販売方法、ならびに同条同項第3号の場合の価格、宣伝方法、配信方法および利用条件等を決定

する。

第9条（贈呈部数）
（1）乙は、本出版物の発行にあたり、紙媒体出版物（オンデマンド出版を除く）の場合は初版第一刷の際に　部、増刷のつど　部を甲に贈呈する。その他の形態の出版物については、甲乙協議して決定する。
（2）甲が寄贈等のために紙媒体出版物（オンデマンド出版を除く）を乙から直接購入する場合、乙は、本体価格の　％で提供するものとする。

第10条（増刷の決定および通知義務等）
（1）乙は、本出版物のうち紙媒体出版物の増刷を決定した場合には、あらかじめ甲および著作者にその旨通知する。
（2）乙は、前項の増刷に際し、著作者からの修正増減の申入れがあった場合には、甲と協議のうえ通常許容しうる範囲でこれを行う。
（3）乙は、オンデマンド出版にあっては、著作者からの修正増減の申入れに対しては、その時期および方法について甲と協議のうえ決定する。電子出版物（パッケージ型を含む）についても同様とする。

第11条（改訂版・増補版等の発行）
　本著作物の改訂または増補等を行う場合は、甲乙協議のうえ決定する。

第12条（契約の有効期間）
　本契約の有効期間は、契約の日から満　ヵ年とする。また、本契約の期間満了の3ヵ月前までに、甲乙いずれかから書面をもって終了する旨の通告がないときは、本契約は、同一の条件で自動的に継続され、有効期間を　ヵ年延長し、以降も同様とする。

第13条（契約終了後の頒布等）

（1）乙は、本契約の期間満了による終了後も、著作物利用料の支払いを条件として、本出版物の在庫に限り販売することができる。
　（2）本契約有効期間中に第2条第1項第3号の読者に対する送信がなされたものについて、乙（第2条第3項の再許諾を受けた第三者を含む）は、当該読者に対するサポートのために本契約期間満了後も、送信を行うことができる。

第14条（締結についての保証）
　甲は、乙に対し、甲が本著作物の著作権者であって、本契約を有効に締結する権限を有していることを保証する。

第15条（内容についての保証）
　（1）甲は、乙に対し、本著作物が第三者の著作権、肖像権その他いかなる権利をも侵害しないことおよび、本著作物につき第三者に対して出版権、質権を設定していないことを保証する。
　（2）本著作物により権利侵害などの問題を生じ、その結果乙または第三者に対して損害を与えた場合は、甲は、その責任と費用負担においてこれを処理する。

第16条（二次的利用）
　本契約の有効期間中に、本著作物が翻訳・ダイジェスト等、演劇・映画・放送・録音・録画等、その他二次的に利用される場合、甲はその利用に関する処理を乙に委任し、乙は具体的条件について甲と協議のうえ決定する。

第17条（権利義務の譲渡禁止）
　甲および乙は、本契約上の地位ならびに本契約から生じる権利・義務を相手方の事前の書面による承諾無くして第三者に譲渡し、または担保に供してはならない。

第18条（不可抗力等の場合の処置）
　地震、水害、火災その他不可抗力もしくは甲乙いずれの責めにも帰せられない事由により本著作物に関して損害を被ったとき、または本契約の履行が困難と認められるにいたったときは、その処置については甲乙協議のうえ決定する。

第19条（契約の解除）
　甲または乙は、相手方が本契約の条項に違反したときは、相当の期間を定めて書面によりその違反の是正を催告し、当該期間内に違反が是正されない場合には本契約の全部または一部を解除することができる。

第20条（秘密保持）
　甲および乙は、本契約の締結・履行の過程で知り得た相手方の情報を、第三者に漏洩してはならない。

第21条（個人情報の取扱い）
　（1）乙は、本契約の締結過程および出版業務において知り得た個人情報について、個人情報保護法（個人情報の保護に関する法律）の趣旨に則って取扱う。なお、出版に付随する業務目的で甲の個人情報を利用する場合は、あらかじめ甲の承諾を得ることとする。
　（2）甲は、乙が本出版物の製作・宣伝・販売等を行うために必要な情報（出版権・書誌情報の公開を含む）を自ら利用し、または第三者に提供することを認める。ただし、著作者の肖像・経歴等の利用については、甲乙協議のうえその取扱いを決定する。

第22条（契約内容の変更）
　本契約の内容について、追加、削除その他変更の必要が生じても、甲乙間の書面による合意がない限りは、その効力を生じない。

第23条（契約の尊重）

甲乙双方は、本契約を尊重し、解釈を異にしたとき、または本契約に定めのない事項については、誠意をもって協議し、その解決にあたる。

第24条（著作権等の侵害に対する対応）
　第三者により本著作物の著作権が侵害された場合、または本契約に基づく甲または乙の権利が侵害された場合には、甲乙は協力して合理的な範囲で適切な方法により、これに対処する。

第25条（特約条項）
　本契約書に定める条項以外の特約は、別途特約条項に定めるとおりとする。

　（別掲）著作物利用料等について著作物利用料部数等の報告、支払方法およびその時期本出版物について実売部数1部ごとに

保証部数　　　　部
保証金額　　　　円

保証金の支払いについて
保証分を超えた分の支払いについて
本出版物について発行部数1部ごとに
電子出版について
第6条の利用について　乙への本著作物に係る入金額の

　　　　　　　　　　　　　　　　　　　　　　　　以上

2017.6

一般社団法人　日本書籍出版協会
2017年版「出版契約書」（ヒナ型1）
解　説

> **第1条（出版権の設定）**
> (1) 甲は、本著作物の出版権を乙に対して設定する。
> (2) 乙は、本著作物に関し、日本を含むすべての国と地域において、第2条第1項第1号から第3号までの記載の行為を行う権利を専有する。
> (3) 甲は、乙が本著作物の出版権の設定を登録することを承諾する。

　書協の出版契約書ヒナ型は「出版権設定契約」として作成されています。出版権設定契約とは、著作物を出版する際に、著作権者と出版社とが締結する出版契約のスタイルとして、著作権法が用意しているものです。
　第1条（1）は、著作権法の規定に沿った契約スタイルで、出版契約を結びますという意味です。
　第1条（2）は、この出版契約によって出版社が持つことになる権利は、第2条（1）に書かれたものとなることを示しています。「日本を含むすべての国と地域において」とは、本出版物の流通範囲を意味していると理解してください。また、「専有する」ということは、著作権者から見れば、第2条（1）の出版利用を、契約相手の出版社のみに委ねるということを意味します。
　この契約に基づく出版権は、文化庁で登録することができますので、その登録作業を出版社が行えるように、あらかじめ著作権者の承諾をいただくのが第1条（3）となります。（付録資料7）

> **第2条（出版権の内容）**
> （1）出版権の内容は、以下の第1号から第3号までのとおりとする。なお、以下の第1号から第3号までの方法により本著作物を利用することを「出版利用」といい、出版利用を目的とする本著作物の複製物を「本出版物」という。
> ①紙媒体出版物（オンデマンド出版を含む）として複製し、頒布すること
> ②DVD-ROM、メモリーカード等の電子媒体（将来開発されるいかなる技術によるものをも含む）に記録したパッケージ型電子出版物として複製し、頒布すること
> ③電子出版物として複製し、インターネット等を利用し公衆に送信すること（本著作物のデータをダウンロード配信すること、ストリーミング配信等で閲覧させること、および単独で、または他の著作物と共にデータベースに格納し検索・閲覧に供することを含むが、これらに限られない）

　第2条（1）では、出版社が行うことのできる出版行為の内容を定めています。①の紙媒体出版物は単行本や文庫本といったあらゆる判型の紙の書籍のことです。「複製し、頒布する」とは「印刷し、販売する」ことだと理解してください。②で規定されているのは、パッケージ型の電子ブックや、あらかじめ何種類もの辞書辞典が内蔵された電子辞書などを指します。③はKindleやkoboやKinoppyといった電子書店で販売されている電子書籍のことです。インターネットを通じて読者に電子書籍を販売し、データを提供することを、「インターネット等を利用し公衆に送信すること」という表現で定めています。なお電子書籍の世界では、日々新たなサービスが誕生しています。読み放題サービスもその一つです。カッコ内の規定は例示であり、そうした新たなサービスも含めてあらかじめ対応するための文言です。

> (2) 前項第2号および第3号の利用においては、電子化にあたって必要となる加工・改変等を行うこと、見出し・キーワード等を付加すること、プリントアウトを可能とすること、および自動音声読み上げ機能による音声化利用を含むものとする。

　第2条（2）は、電子書籍を実際に制作、販売するにあたって生じる様々な問題に対処するための文言です。電子書籍は従来の紙の書籍とは全く異なる点があります。たとえば文字の大きさを自由に変えることができるのは、もっともわかりやすい特徴のひとつです。しかし文字の大きさを自在に変えることができるということは、固定したレイアウトがないということでもあります。短歌や俳句といった文字組みにこだわる文学作品であっても、レイアウトが固定されません。他にも表示できる漢字の種類が限られたり、文中の図表の位置がずれたりといったようなことが起こります。そういった軽微な変更については、あらかじめ著作権者に了解いただきたいという文言です。紙の書籍で可能だったことが、電子書籍でもすべて可能なわけではありません。逆に紙の書籍で不可能であったものが、電子書籍で可能になったものもあります。
　また電子書籍の再生環境によっては、プリントアウトや自動音声読み上げ機能が搭載されている場合もあります。こうしたサービスに対応するために、契約書で著作権者から承諾をいただいておくことにしました。

> (3) 甲は、第1項（第1号についてはオンデマンド出版の場合に限る）の利用に関し、乙が第三者に対し、再許諾することを承諾する。

　本項の再許諾とは電子書籍の販売にあたって必要なものです。電子書籍は、電子書店（プラットフォーマー）が出版物の複製、公衆送信を行います。この場合、出版社から電子書店に複製、公衆送信する権利を再許諾することが

できないと、電子書籍を流通させることができません。ただし紙の書籍を除いたのは、二次出版に関して多様な契約形態が存在しており、ヒナ型で画一的に定めることが妥当でないと考えられるためです。

第2条（1）の利用のすべてが、出版社だけで行うことができるわけではありません。たとえば、あらかじめ電子辞書やタブレット端末等に著作物を内蔵したり、オンデマンド出版したりといった場合には、通常、出版社ではなくメーカーや書店等が複製を行いますし、電子書籍の販売は多くの場合、電子書店が著作物を複製、公衆送信することではじめて成立します。

第2条（3）は、このように第三者の力を借りることが不可欠な場合に、著作権者から設定された出版権に基づく利用を第三者に再許諾することを、あらかじめ承諾いただくための条項です。著作権法では、出版権に基づく再許諾は著者の「承諾を得た場合に限り」認められていますので、本条項に同意をいただかないまま、出版社が勝手に出版利用を再許諾することはありません。

なお、本ヒナ型では、紙の書籍の文庫化、復刊等の二次出版に関してだけは、事前の承諾の対象から除外しています。著者にとってはどの出版社と二次出版を行うかは重大な関心事であり、このような包括的な契約のみによって、出版社が再許諾先を決定することがなじまないと考えたためです。紙の書籍の二次出版においては再許諾によらない商慣行がすでに確立されていることも考慮し、あえて本ヒナ型で事前に承諾をいただくことはせず、改めて著作権者と出版社が話し合うべき事項として位置づけました。（第4章第4節を参照）

第3条（甲の利用制限）
（1）甲は、本契約の有効期間中、本著作物の全部または一部と同一もしくは明らかに類似すると認められる内容の著作物および同一題号の著作物について、前条に定める方法による出版利用を、自ら行わず、かつ第三者をして行わせない。

著作権者は、出版社に著作物の出版に関して独占的・排他的な権利を付与しているわけですから、著作権者といえども勝手に出版利用を行うことはできません。ただし制限といってもごく常識的な範囲のもので、著作権者の権利を不当に侵害するものではありません。

　第3条（1）は、著作物の二重契約を規制するものです。著作権者は契約期間中、この著作物と完全に同一の場合はもちろんのこと、ほぼ同じ内容の著作物を別の出版社から出版することはできません。どこまでが同じ内容の著作物にあたるのか、ということについては絶対的な基準はありません。ただ明らかに類似する内容であったり、同一のタイトルであったりするものが同時に市場で流通していれば、著作物の販売に影響があるだけではなく、読者の混乱を招くおそれがあります。この点に十分留意しつつ、当事者間で話し合う必要があります。

（2）前項にかかわらず、甲が本著作物の全部または一部を、甲自らのホームページ（ブログ、メールマガジン等を含む。また甲が所属する組織が運営するもの、あるいは他の学会、官公庁、研究機関、情報リポジトリ等が運営するものを含む）において利用しようとする場合には、甲は事前に乙に通知し、乙の同意を得なければならない。

　著作権者自らの利用について制限されるということは、自身のホームページやブログ、メールマガジンに掲載したいという場合もあてはまります。こうした利用に際しては、事前に出版社にご相談いただくことになります。また近年、大学や公共団体に所属している場合は、その著作物を大学や公共団体のホームページ等で公開することを義務づけられることがあります。こうした情報発信は社会的な要請でもありますが、これについても、出版社としてはその範囲や影響等を勘案して判断することになります。

> (3) 甲が、本契約の有効期間中に、本著作物を著作者の全集・著作集等に収録して出版する場合には、甲は事前に乙に通知し、乙の同意を得なければならない。

　第3条（3）は、全集に関する扱いです。著作権法では出版契約の存続期間中であっても、最初の発行から3年が経過した場合、著作権者の意思で全集の出版を行うことができることになっています（第80条2）。ただし、著作権法では別に定めがあればこの権利を制限することができることになっています。そこで全集についても、出版社の同意なく自由に出版することはできないという規定を加えました。

> 第4条（著作物利用料の支払い）
> （1）乙は、甲に対し、本著作物の出版利用に関し、別掲のとおり発行部数の報告および著作物利用料の支払いを行う。
> （2）乙が、本著作物を納本、贈呈、批評、宣伝、販売促進、業務等に利用する場合（＿＿部を上限とする）、および本著作物の全部または一部を同様の目的で電子的に利用する場合については、著作物利用料が免除される。

　第4条（1）は、いわゆる印税（著作物利用料）の支払いに関する規定です。その支払い方法については、出版社や出版の形態によってまちまちなので、本ヒナ型では別掲の表に記載する方法を採用しました。なお念のため、第2条（1）に定めた出版利用の形態については、それぞれ支払い方法を定めておくことが望ましく、出版時期が未定で支払い方法が決まっていない場合にも、未定であることを明記するべきです。

　第4条（2）は、著作物利用料の支払いが免除されるケースについて定めています。具体的には納本（国会図書館への納本）、贈呈（献本や寄贈）、

批評（書評用見本）、宣伝、販売促進、業務（増刷見本）等に利用する場合がこれにあたります。

> 第5条（本出版物の利用）
> （1） 甲は、本契約の有効期間中のみならず終了後であっても、本出版物の版面を利用した印刷物の出版または本出版物の電子データもしくは本出版物の制作過程で作成されるデータの利用を、乙の事前の書面による承諾なく行わず、第三者をして行わせない。

　出版にあたっては、紙の本であれば版面が、電子書籍であれば端末で再生可能なデータなどが作成されます。さらに出版可能な状態になるまでには、さまざまな中間データ等も作成されます。それらはすべて、確定したものであっても修正途上であっても、出版社のコストにより作成されていますから、契約の有効期間内かそうでないかにかかわらず、たとえ著作権者であっても出版社に無断で利用することはできません。
　たとえば、版面を使って勝手にオンデマンド出版や復刻出版を行ったり、出版社が作ったデータを勝手にインターネットにアップロードしたり、他社の企画へ流用したりする行為は、いずれも出版社のコストへの「フリーライド」（ただ乗り）と見なされ、この契約で禁止されています。

> （2） 前項の規定は、甲の著作権および甲が乙に提供した原稿（電磁的記録を含む）の権利に影響を及ぼすものではない。

　第5条（1）は、あくまで出版社のコストがかかったものについての取り決めであり、第5条（2）では、（1）の取り決めが、作品それ自体の権利や原稿の所有権などには影響を及ぼさないことを確認しています。

たとえば、原稿をある出版社に提供したとしても、その出版社のコストがかかった版面やデータを流用しない限りは、契約終了後に同じ原稿を他の出版社に提供して、出版させることができます。

第6条（権利許諾管理の委任等）
（1）本著作物が以下の方法で利用される場合、甲はその権利許諾の管理を乙に委任する。
① 本出版物のうち紙媒体出版物の複製（複写により生じた紙媒体複製物の譲渡およびその公衆送信、ならびに電子媒体複製等を含む）
② 本出版物のうち紙媒体出版物の貸与
（2）甲は、前項各号の利用に係る権利許諾管理については、乙が著作権等管理事業法に基づく登録管理団体（以下「管理団体」という）へ委託しその利用料を受領すること、および管理団体における著作物利用料を含む利用条件については、管理団体が定める管理委託契約約款等に基づいて決定されることを、それぞれ了承する。
（3）乙は、前項の委託によって乙が管理団体より、本著作物の利用料を受領した場合は、別掲の記載に従い甲への支払いを行う。

出版物のコピーやレンタルは日常的に行われており、その一つひとつの利用申請に著作権者が対応することは現実的に不可能です。このため、著作権等管理事業法に基づく登録管理団体が、権利の集中処理を請け負うことによって、権利者の権利擁護と利用者の利便性とのバランスをとった運用がなされています。

現在行われている出版物の利用形態は、主にコピーとレンタルです。コピーは写真コピーだけでなく、スキャンしてデジタルデータ化することも含まれています。

これらの利用形態について、出版社が窓口となり、各登録管理団体に対し出版物（および出版物に掲載されている著作物）の利用許諾権限を委任する

ことを規定したのが第1項です。第2項では、委任にあたって、その委任事務の具体的な内容および著作物利用料等が、登録管理団体が定める権利契約委託約款、使用料規程、分配規程等の規定に定められた手続きによって決定されることを、著作権者は承諾する旨が定められています。出版社はこれらの権利を各団体に委任する場合には、約款等の主要な内容を著作権者に説明することが求められます。

　第3項は、出版社が窓口を務めることについて、著作物利用料の受領権限を出版社に授与し、出版社は著作権者との合意に基づいて分配する旨が定められています。分配割合等に関しては、できる限り具体的に記載するようにしてください。本ヒナ型では別掲の著作物利用料等についての表の中に、「第6条の利用について」という欄を設けています。ここに「乙（出版社）への本著作物に係る入金額の○○％」といった記載を行うことになります。

　なお、特にコピー利用について、現状では、著作物を特定しない包括利用許諾の場合、管理団体から窓口出版社への利用料分配が行われるときであっても、どの著作物のコピー使用料なのか明示されません。このような利用料について、登録管理団体によっては、出版社を通した分配金を著作権者が受領するのではなく、著作権者と出版社が合意の上、著作権者が指示する著作者団体等に登録管理団体から直接支払いを行う、という方法をとることもできるようになっています。

第7条（著作者人格権の尊重）
　乙は、本著作物の内容・表現または書名・題号等に変更を加える必要が生じた場合には、あらかじめ著作者の承諾を得なければならない。

　著作者は、他人が自分の作品を勝手に改変することを禁止する権利、すなわち同一性保持権を著作者人格権のひとつとして持っています（→P.166）。この権利はどんな契約を結んでも著作者以外に移転することはありません。そのため、出版社は作品の内容、表現はもちろん、著作者が決めた書名、作

品のタイトルについても、変更を加える必要がある場合には、著作者の了承を得ることが必要になります。

　なお、この契約を締結する著作権者と作品を創作した著作者とが同一であれば問題ないのですが、万が一異なる場合は、実務的には著作権者と著作者の両方に連絡をとり、改変の了承を得ることが求められます。

第8条（発行の期日と方法）
（1）乙は、本著作物の完全原稿の受領後＿＿ヵ月以内に、第2条第1項第1号から第3号までの全部またはいずれかの形態で出版を行う。ただし、やむを得ない事情があるときは、甲乙協議のうえ出版の期日を変更することができる。また、乙が本著作物が出版に適さないと判断した場合には、乙は、本契約を解除することができる。

　出版社と著作権者との間で出版期限を約束するための条項です。著作権法では原稿等の引き渡しを起算点として6ヵ月以内とされていますが、契約によってそれ以外の期間にすることが可能です。紙媒体は何ヵ月以内、電子配信は何ヵ月以内といった形で、出版形態によって期間を変えることもできます。また、原稿の受領という起算点にこだわる必要はなく、具体的な出版期日が決まっているのであれば、それを直接記載してもよいでしょう。

　なお、原稿を受け取った出版社は必ず出版をしなければならないのかといえば、決してそうではありません。依頼した当初に期待していた作品とあまりにも食い違っており、書き直し等によっても改善がみられない場合には、出版社は最終的に、出版しないという判断を下すこともできます。当然ですが、出版社が出版しないという判断をした後は、著作権者はその原稿を他の出版社に持ち込んで自由に出版させることができます。

（2）乙は、第2条第1項第1号および第2号の場合の価格、造本、製作部

数、増刷の時期、宣伝方法およびその他の販売方法、ならびに同条同項第3号の場合の価格、宣伝方法、配信方法および利用条件等を決定する。

　出版社としての責務を適切に果たすため、本やパッケージ型電子出版物として流通させる場合には価格、造本（仕様）、製作部数、増刷時期、宣伝、販売方法を、電子的に配信する場合には、コンテンツの価格、宣伝、配信方法、どの配信事業者とどのような条件で契約をするかに至るまで、出版社は主体的に判断し、決定する必要があります。
　もちろん、これらは著作権者との意見交換を経て決まることも多いと思われますが、最終決定権が出版社にあることを確認するための条項と考えてください。

第9条（贈呈部数）
（1）乙は、本出版物の発行にあたり、紙媒体出版物（オンデマンド出版を除く）の場合は初版第一刷の際に＿＿部、増刷のつど＿＿部を甲に贈呈する。その他の形態の出版物については、甲乙協議して決定する。

　献本（無償での本出版物の提供）について定めています。紙媒体出版物については、従来どおり、各出版社の基準において献本を行うので、その部数を記入することになります。一方、この契約のなかで認められている「その他の形態の出版物」については、その形態等によって献本が可能な場合とそうでない場合が想定されるので、協議事項としています。オンデマンド出版についても、献本が困難な場合もあるので「その他の形態の出版物」の一つとして紙媒体出版物からは除き、協議事項の範囲に含めています。

> (2) 甲が寄贈等のために紙媒体出版物（オンデマンド出版を除く）を乙から直接購入する場合、乙は、本体価格の＿＿＿％で提供するものとする。

　第9条（1）が無償での本出版物の提供を定めているのに対して、第9条（2）は有償での本出版物の提供、いわゆる「著者買上」について定めています。なお、この契約では税別ということを想定していますが、必要に応じて相手方と事前に確認してください。

> 第10条（増刷の決定および通知義務等）
> （1）乙は、本出版物のうち紙媒体出版物の増刷を決定した場合には、あらかじめ甲および著作者にその旨通知する。

　紙媒体出版物の増刷の決定について、出版社の通知義務を定めています。通知すべき相手は、甲＝著作権者と著作者の両方になっていますが、これは、著作権者と著作者が異なる場合に備えているためです。なお、オンデマンド出版と電子出版物については、第10条（3）に別の定めがあるので、この通知義務の対象からは除かれています。

> （2）乙は、前項の増刷に際し、著作者からの修正増減の申入れがあった場合には、甲と協議のうえ通常許容しうる範囲でこれを行う。

　第10条（1）での増刷通知を受けて、著作者に修正増減を申し入れる権利があることを定めています。修正増減の申入れができるのは著作者のみであり、一方で、修正増減の内容、分量が増刷の費用やスケジュールに影響することがあり得るため、著作者と著作権者が異なる場合は、甲＝著作権者と出

版社で協議するように定めています。

> （3）乙は、オンデマンド出版にあっては、著作者からの修正増減の申入れに対しては、その時期および方法について甲と協議のうえ決定する。電子出版物（パッケージ型を含む）についても同様とする。

　紙媒体出版物のうちのオンデマンド出版と、電子出版物の場合の修正増減の扱いについて定めています。オンデマンド出版や電子出版については、著作者からの修正増減の申入れについて、いつ、どのような方法で対応することが適正、妥当なのか、現時点では判断が難しいため、協議事項としています。

> **第11条（改訂版・増補版等の発行）**
> 　本著作物の改訂または増補等を行う場合は、甲乙協議のうえ決定する。

　改訂・増補について定めています。専門書や学術書などの分野では改訂や増補が多く行われますが、その場合、流通上は旧版とは別のISBNコードを割り当て、造本や定価等も改められるケースが通常で、旧版の契約を修正する覚書を交わす、あるいは新規に契約を締結し直す、ということが想定されます。

> **第12条（契約の有効期間）**
> 　本契約の有効期間は、契約の日から満＿＿＿ヵ年とする。また、本契約の期間満了の3ヵ月前までに、甲乙いずれかから書面をもって終了する旨の通告がないときは、本契約は、同一の条件で自動的に継続され、有

> 効期間を＿＿ヵ年延長し、以降も同様とする。

　この契約の有効期間を定めています。契約する当事者の間で個別に定めることになりますが、「出版契約に関する実態調査」（書協、2011年）によると3年または5年というケースが6割以上を占めています。「また、」以下の部分では、期間が満了しても引き続きこの契約が継続できるよう、自動延長、自動更新を定めています。

> **第13条（契約終了後の頒布等）**
> （1）乙は、本契約の期間満了による終了後も、著作物利用料の支払いを条件として、本出版物の在庫に限り販売することができる。

　第13条（1）は、契約満了後であっても、書籍などの在庫に限っては販売を続けられるという条項です。すでに印刷済みの書籍などの在庫を売ることができなくなると、書店からの返品分も含めて出版社は作った費用を回収できなくなってしまいます。そこで、著作物利用料を支払うことを条件に、在庫に限って販売を認めるというものです。出版においては委託販売制度が主流ですので、通常は必要となる条項と言えます。

　なお、在庫は「物（有体物）」だけが対象となります。したがって、電子書店で売られている電子書籍は「物」ではありませんし、オンデマンド出版は都度印刷されるため「在庫」にはなりませんので、これらは対象になりません。

> （2）本契約有効期間中に第2条第1項第3号の読者に対する送信がなされたものについて、乙（第2条第3項の再許諾を受けた第三者を含む）は、当該読者に対するサポートのために本契約期間満了後も、送信を行うこ

> とができる。

　第13条（2）は、契約満了後であっても、電子書店から購入した電子書籍の読者であれば、同一電子書籍の継続的な利用を認めるという条項です。多くの電子書店では、購入後の読者サポートとして再ダウンロードを認める運用が行われていますので、これに対応できるようにしました。

> **第14条（締結についての保証）**
> 　甲は、乙に対し、甲が本著作物の著作権者であって、本契約を有効に締結する権限を有していることを保証する。

　出版契約は契約時点での著作権者と結ぶことになりますので、契約相手がその権利を持っていることを出版社に対して保証するという条項です。著作権の譲渡や相続によって、著作権者と著作者が異なっている場合などもあるからです。

> **第15条（内容についての保証）**
> （1）甲は、乙に対し、本著作物が第三者の著作権、肖像権その他いかなる権利をも侵害しないことおよび、本著作物につき第三者に対して出版権、質権を設定していないことを保証する。

　第15条（1）は、出版する著作物が第三者の権利を侵害していない内容であることを著作権者が出版社に対して保証するという条項です。他人の著作権を侵害していないこと、他人の名誉やプライバシーを侵害していないことなどが含まれます。合わせて、出版権や質権をすでに設定していないことも

保証していただきます。

> （2）本著作物により権利侵害などの問題を生じ、その結果乙または第三者に対して損害を与えた場合は、甲は、その責任と費用負担においてこれを処理する。

　第15条（2）は、万一権利侵害などによって他人に損害を与えてしまった場合は、著作権者が費用負担も含めて責任を負うという条項です。とはいえ、出版社は侵害の可能性について著作権者任せにするのではなく、発行者としての注意義務があることを認識する必要があります。そもそもこの条項は著作権者と出版社の間での契約ですので、万一他人から侵害があるとの通知があった場合、出版社は発行者としての責任を持って対応する必要が生じます。その結果として、出版社に注意義務違反があると認められた裁判例が多くあります。

> **第16条（二次的利用）**
> 　本契約の有効期間中に、本著作物が翻訳・ダイジェスト等、演劇・映画・放送・録音・録画等、その他二次的に利用される場合、甲はその利用に関する処理を乙に委任し、乙は具体的条件について甲と協議のうえ決定する。

　著作物を二次的利用することになった場合、出版社が窓口となることを定めた条項です。翻訳書を出版したい場合、論文を要約して出版したい場合、映画化したい場合、テレビドラマ化したい場合など、さまざまな二次的利用が想定されます。この希望者は、著作権者や出版社自身の場合もありますが、第三者の場合もあり、いずれの場合も具体的な条件や進め方については、出

版社が著作権者と協議し決めることとしています。結果として、出版社が二次的利用の当事者や仲介者となる場合は、著作権者や第三者との契約を交わした上で進めることになります。

なお、「二次的」とは、本著作物（原作）そのままではなく翻訳化や映画化などのように新しく作られた著作物を指していることに注意が必要です。本著作物を原作のまま他社が文庫本化するなどの場合は「二次出版」にあたり、この条項は該当しません。

第17条（権利義務の譲渡禁止）
　甲および乙は、本契約上の地位ならびに本契約から生じる権利・義務を相手方の事前の書面による承諾無くして第三者に譲渡し、または担保に供してはならない。

出版契約は、著作権者と出版社との間の信頼関係に基づく契約ですから、契約の途中で当事者が交替したり、第三者が関与したりすることは、一般的に好ましいとは考えられません。著作権法も、出版権の譲渡や質入れは著作権者の承諾を要すると定めています。なお、著作権者が死去した場合、相続について本条の適用はありません。

第18条（不可抗力等の場合の処置）
　地震、水害、火災その他不可抗力もしくは甲乙いずれの責めにも帰せられない事由により本著作物に関して損害を被ったとき、または本契約の履行が困難と認められるにいたったときは、その処置については甲乙協議のうえ決定する。

著作権者、出版社の双方に責任がない天災地変によって、出版前に原稿が

無くなったり、出版後であれば在庫が滅失したりすることにより、契約通りの出版が困難な状況が生じた場合を想定した規定です。互いに責任がないことが前提ですので、善後策を協議することを定めています。

第19条（契約の解除）
　甲または乙は、相手方が本契約の条項に違反したときは、相当の期間を定めて書面によりその違反の是正を催告し、当該期間内に違反が是正されない場合には本契約の全部または一部を解除することができる。

　契約違反があった場合、相手方に是正を求め、是正されない場合には契約を解除できる、というのが民法の原則であり、本条は原則通りの規定となっています。「相当な期間」は違反の種類によって異なりますが、著作物利用料の支払い遅延であれば、2週間程度で相当な期間ということができるでしょう。

第20条（秘密保持）
　甲および乙は、本契約の締結・履行の過程で知り得た相手方の情報を、第三者に漏洩してはならない。

　第20条は、契約の守秘義務について定めたものです。契約では、当事者の経済状況や住所、本名（ペンネーム使用の場合）などの個人情報などが交わされることになりますが、これらはみだりに公開されてよいものではありません。なお、個人情報については第21条でやや詳しい規定を置きました。

第21条（個人情報の取扱い）

> （1）乙は、本契約の締結過程および出版業務において知り得た個人情報について、個人情報保護法（個人情報の保護に関する法律）の趣旨に則って取扱う。なお、出版に付随する業務目的で甲の個人情報を利用する場合は、あらかじめ甲の承諾を得ることとする。
> （2）甲は、乙が本出版物の製作・宣伝・販売等を行うために必要な情報（出版権・書誌情報の公開を含む）を自ら利用し、または第三者に提供することを認める。ただし、著作者の肖像・経歴等の利用については、甲乙協議のうえその取扱いを決定する。

　第21条は、個人情報の取扱いについて出版社に義務を負わせる条項です。第21条（1）が対象とする個人情報は、顧客情報（読者カードで集める情報もこれにあたります）と、著作者・著作権者自らの情報となります。これらの情報を集めて利用する際には、利用目的を明示することと、集めた情報を適切に管理することが、個人情報保護法が求める原則となりますので、それを守ることが出版社には求められます。
　ただ、出版活動において通常必要となる情報については、第21条（2）で著作権者から包括的な承諾を得ることにしてあります。もっともこの場合でも、著作者の写真や経歴などについては、著作者側の事前の了解が必要となります。

> **第22条（契約内容の変更）**
> 　本契約の内容について、追加、削除その他変更の必要が生じても、甲乙間の書面による合意がない限りは、その効力を生じない。

　契約書は、当事者間の約束の証拠となるものです。せっかく契約書を作ったのに、その変更が口頭でもかまわないとなると、書面化した意味が大きく損なわれてしまいますので、変更についても書面化が必要であるとしました。

> 第23条（契約の尊重）
>   甲乙双方は、本契約を尊重し、解釈を異にしたとき、または本契約に定めのない事項については、誠意をもって協議し、その解決にあたる。

　本条は契約の信義誠実の原則を確認する条項です。日本の契約書にはよくある条項です。

> 第24条（著作権等の侵害に対する対応）
>   第三者により本著作物の著作権が侵害された場合、または本契約に基づく甲または乙の権利が侵害された場合には、甲乙は協力して合理的な範囲で適切な方法により、これに対処する。

　権利侵害にはさまざまな態様があります。盗作等は典型的な著作権侵害であり、盗作が見つかった場合は、著作権者は自己の著作権に基づいて差止請求などの権利行使をすることができます。出版社はそれについて必要な協力を行うことになります。

　出版物を無断でスキャンされデジタルデータを作られた「デジタル海賊版」のような場合は、著作権者の権利が侵害されているのはもちろんのこと、出版社が出版によって得られる利益も侵害されていることになります。このような場合は、出版社は出版権に基づいて差止請求などの権利行使をすることができます。

　侵害への対策は、さまざまな方法があり、特にデジタル海賊版による侵害行為は、インターネット環境の変化に対応して、目まぐるしくその姿を変えて行われているため、対策も日々工夫をしていかなければなりません。このため、個別の出版契約で具体的な対応を記述することは実務上あまり現実的ではないという判断から、本ヒナ型では対応の幅を広く許容する書き方とし

ています。

> **第25条（特約条項）**
> 　本契約書に定める条項以外の特約は、別途特約条項に定めるとおりとする。

　本ヒナ型は、ワード形式のファイルでも提供されているため、適宜書き換えて使用することができますが、条文の追加や修正は、特約条項として本条に書き加える形でも行うことができます。本ヒナ型では、原稿の締切日や、出版社が受領した原稿等の保管・返却についての条項は用意していませんので、これらを特約条項として追加するといった使い方が考えられます。

（別掲）著作物利用料等について

記載例
解説

著作権利用料	部数等の報告、支払方法およびその時期
●本出版物について 実売部数1部ごとに定価の○% この欄は、実売部数印税方式を採用している場合に使用します。 保証部数　△△△△部 保証金額　○○○○円 保証部数や保証金額を設定している場合は、ここに書き込むようにしてください。	この欄は、実売部数印税方式を採用している場合に使用します。 ●保証金の支払いについて 刊行月の末日に一括して指定口座に振り込む。 支払い日や支払い方法について記載します。 ●保証分を超えた分の支払いについて 毎年○月及び○月末締めで、出荷冊数の○割を実売部数とし、翌月末日に振り込む。 実売数確定方法、支払い日、支払い方法について記載します。
●本出版物について 発行部数1部ごとに定価の○% この欄は、発行部数印税方式を採用している場合に使用します。	この欄は、発行部数印税方式を採用している場合に使用します。 発行の都度、○日以内に指定口座に振り込む。 支払い日や支払い方法について記載します。
●電子出版について 1ダウンロードごとに、希望配信価格×○% （みなし価格方式を採っている場合） 配信事業者からの入金の○% （レベニューシェア方式を採っている場合） 印税の計算方式を書き込んでください。	毎年○月及び○月末に締め、翌月末日に振り込む。 支払い日、支払い方法について記載します。
●第6条の利用について 乙への本著作物に係る入金額の	
この欄は、オンデマンド出版、パッケージ型電子出版に関する印税の、計算方法、支払い日、支払い方法について記載します。 契約時に刊行が予定されているが詳細が決定していない場合（例、将来の文庫化、電子出版が遅れて予定されている、等）は、都度事前に協議決定する旨を書くようにしてください。	

「出版契約書ヒナ型2（紙媒体）」および
「出版契約書ヒナ型3（電子配信）」の
第3条（4）について

※ヒナ型2とヒナ型3の他の条項については、ヒナ型1の解説をご参照ください。

【出版契約書ヒナ型2（紙媒体）第3条（4）】
「本著作物の電子出版としての利用については、甲は乙に対し、優先的に許諾を与え、その具体的条件は甲乙別途協議のうえ定める。」

【出版契約書ヒナ型3（電子配信）第3条（4）】
「本著作物の紙媒体出版としての利用またはDVD-ROM、メモリーカード等の電子媒体（将来開発されるいかなる技術によるものをも含む）に記録したパッケージ型電子出版としての利用については、甲は乙に対し、優先的に許諾を与え、その具体的条件は甲乙別途協議のうえ定める。」

　紙媒体出版は行うが、電子出版を行うかどうか決めていないといった場合、また電子出版を先に行い、売れ行きをみてから紙媒体出版を検討するといった場合には、これらのヒナ型を使用することが推奨されていますが、このような具体的計画がない利用について、出版社の優先権を確保するための条項です。他の出版社からその利用について著作権者に申入れがあった場合には、著作権者は本契約を締結している出版社に通知し、その出版社に対して出版を行うかどうかを優先的に判断させなければなりません。通知を受けた出版社は合理的な期間内にその判断を行わなければなりません。

第4章
出版契約に関する実務

第1節　出版契約で注意すべきこと

　「〇〇著」として刊行される書籍や電子書籍を想定した場合、表示される著者と出版社とが結ぶのがいわゆる「出版契約」です。
　出版契約の対象となる権利は「著作権」です。著作権の制度や内容については本書第7章で詳しく説明しますが、著作権は、著者の創作活動によって作品が生み出された瞬間に発生する権利であり、契約や文化庁への登録によって発生するものではありません。著者は作品すなわち「著作物」を創作したので、著作権法の言葉で言えば「著作者」となり、同時に著作権を持つ「著作権者」となります。このため、出版社の出版契約の相手方は、著作権者＝著作者となるのが原則です（なぜ原則というのかは、後で説明します）。
　出版契約を締結する際、注意すべき点は本章で詳しく説明しており、また第3章では書協で提供している「ヒナ型」について解説を行っていますので、ぜひ熟読してください。

◆ 出版契約のバリエーション

　出版契約の基本的な形は、著作者1名、著作物1つで一冊の書籍となる場合です。書協「ヒナ型」もこの基本的な形を想定して作成されています。
　しかし、書籍でもその作られ方にはさまざまなバリエーションがあります。たとえば、

> ①著作物は一つで、共著者または原作者がいる場合
> ②絵と文というように著作物自体はそれぞれ単独著作だが、1冊の出版物に共存している場合
> ③2名ないし数名の著作者によるアンソロジーの場合
> ④詩集・句集・歳時記等の場合
> ⑤百科事典や各種辞典の場合

はどう考えるとよいのでしょうか。

上記のうち①は、出版契約が、著作物の利用をその目的とするものであり、その著作物は一つとなる場合ですから、可能な限り一つの契約書に連署してもらう形をとることが望ましいでしょう。②については、それぞれ別個に出版契約を締結することも考えられるでしょうが、絵本のように常に出版物としては一体として扱われるものは、①に準ずる形をとるとよいでしょう。もっとも、その著作物利用料や支払方法を別々に管理しておきたい場合には、別個の出版契約とすることもやむを得ないところです。ただ、別個の契約とする場合でも、契約期間や更新に関する条項、解除に関する条項などで齟齬が生じないような注意が必要です。

　③および④については、収録作品の選択、配列、構成に創作性が認められれば全体として編集著作物（法12条1項）となるため、個別の収録作品の著作者とともに、出版物の編者・選者も著作者となります。（→P.160）このため出版契約は、個々の著作者および編者・選者とそれぞれ締結することになりますが、編者・選者と収録作品の著作者との間に、当該出版物以外での継続的な関係、たとえば同じ学問領域での師弟関係等がある場合は、編者・選者を代表者として出版契約を締結し、個別の著作者は出版契約の締結を編者・選者に委任してもらう形をとることも考えられます。

　⑤は、多数の著作者により分担して作られるものですが、③および④と異なり個別の項目が独立して流通するものはなく、出版物全体としてデータベース的に利用されるものです。出版契約は、編者を代表者として締結し、個別の著作者（各項目の執筆者）との契約は、ここで言う出版契約の形ではなく、各項目の著作権を出版社に譲渡してもらう形をとることがよいように思われます。

◆ 誰を契約の相手方とすべきかを迷う場合

　作品を創作した者が著作者であり、同時に著作権者になるということが、著作権の世界共通のルールですが、具体的な処理に迷う場面は数多く存在します。

| ①著作者が亡くなっている場合

②著作者の個人事務所がある場合
③著作者が会社等の組織に所属している場合
④外部の編集プロダクションに編集等を委託した場合
⑤ゴーストライターを起用した場合
⑥講演や対談をまとめた場合

といったケースでは、どう考えればよいでしょうか。

著作権は、それ自体が経済的な価値を持つ財産権という性質を持っています。したがって、著作権者が死亡した場合には相続の対象となりますし、生前であっても他人に譲渡することができます。

上記①は相続が発生しているケースです。相続した人がたとえば子供一人というのであれば交渉プロセスは明解なのですが、遺言もなく相続人が多数いる場合は、多数の相続人によって著作権が共有されている状態となりますので、出版するためには全員の承諾を得なければなりません。このような共有状態の著作物は、交渉が煩瑣になりますので、著作権の権利行使に関する代表者を決めてもらうという対応が一般的です。

②の場合、著作者が自分の事務所に著作権を譲渡していることがあります。このようなケースでは、著作者から事務所扱いにしてほしいというような要請がなされますので、その要請に従い、事務所を著作権者として出版契約を締結することになります（税務上少々注意するところがありますが）。

③の場合、会社員が余暇を利用して小説を書いたというのであれば、まったく問題はありませんが、新聞記者や雑誌記者が所属する媒体に書いた記事をまとめるというような場合には注意が必要です。組織（使用者）の業務として創作した著作物の著作権はその組織に帰属する「職務著作」というルールが存在するからです。職務著作が成立する場合は、上の例だと新聞社や雑誌出版社が著作者であり、かつ著作権者となって、記者自身には権利はありません。なお職務著作の成否はその判断が難しいことも多く、著作権の取り扱いについて特別のルールを作っている組織もありますので、よく確認する必要があります。職務著作については、本章第2節で詳しく説明します。

④のケースについても、本章第3節で詳しく説明します。編集プロダク

ションを利用する場合は、関わる著作権者が多いこと（編集プロダクション自身も著作権者となる場合があります）が大半でしょう。編集プロダクションに委託する最大のメリットは、中身をまとめてもらうことですから、権利についてもまとめてもらう（たとえば、編集プロダクションで、著作権者から権利の譲渡や、権利処理の委任を受けてもらい、出版社として、編集プロダクションとの契約だけで出版利用できるようにする）ことを志向すべきでしょう。

　タレントや政治家、実業家の本を作るとき、⑤のゴーストライターを起用するケースはよくあります。これについても本章第3節で説明します。

　ゴーストライターの起用と似ている部分もありますが、⑥のケースにもよく出会います。ベースとなる講演や対談の著作権が話者にあることは明らかですが、それをまとめた文章の著作権が誰に発生するのかはまとめ方次第です。発言そのままを文字化するのではなく要領よくきれいにまとめられている場合には、まとめ役の編集者・ライターにも著作権が生じることもあり得ます。

◆ 雑誌の出版契約

　雑誌も紙媒体出版物の一つであり、同じように出版契約の対象として考えることができます。しかし、実務は、書籍についての出版契約とは異なる形で行われています。いろいろ理由はありますが「流通期間が事実上限定されていること」という側面が大きいでしょう。

　出版契約は、第3章で解説した書協ヒナ型でも明らかなように、もっぱら出版後の流通において著作権者と出版社との利益の調整を行うことがその目的だと言えます。しかし雑誌の場合は、あらかじめ発売日が決まっており、また出版物として流通する期間も決まっています。さらに原稿料や掲載料が発行部数や販売部数と連動せず、一定の基準で一括払いされているケースがほとんどです。そうすると取り決める必要がある項目は、「いつまでに入稿するのか」ということが中心となりますし、流通期間も限定されるため、記事などが再利用されたり、まとめられて書籍化されたりすることがあっても、そのときにはすでに雑誌が市場にないことがほとんどです。このため掲載が

「独占的」なのか「非独占」なのかということはあまり問題となりません。

雑誌掲載にあたっての締切日や原稿料といった約束事は、書面化されないケースが多いですが、雑誌の場合は締め切りという時間的制約もあるため、必ずしも書籍のような出版契約書の締結でなければならないと考える必要はなく、メールで執筆や掲載に関する項目（締切日、分量、原稿料等）を文章化しておけばよいでしょう。

◆ 出版契約だけでは、仕事は終わらない

ここまで、出版物に「著者」と表記される著作者の著作物について、どのように契約を結んでいけばよいかを説明してきました。しかし、ほとんどの場合、出版物はその著作物だけで構成されているわけではありません。文中で他の著作物を使ったり、図版や写真を参考資料として掲載したりすることだけでなく、解説を入れたりカバーに絵を使用したり、というように、出版物として完成させるために、さまざまな素材（使われるのは著作物に限られません）の利用が必要となります。これらについても、適切に対応していかなければならないことは言うまでもありません。

◆ 権利性の有無が問題となる場合

これらの素材の権利処理については、第6章で詳しく説明します。同章では、すでに存在している素材についての利用許諾に関して説明していますが、新規に制作を依頼する場合も注意すべき点は同じです。

注意しておかなければならないのは、これらの素材を出版物で利用する許諾を得る場合、単に許諾をとっただけでは、当該出版物のみに限定した許諾となることです。単行本出版時に許諾を得た場合は、特段の合意がない限り、文庫化したり、また電子出版物として出したりする場合に、改めて許諾を得ることが必要となります。逆に言えば、最初の出版時にさまざまな媒体で展開することが予定されている場合は、将来的な利用の全部を含めた包括的な利用許諾を得るか、または著作権等の権利譲渡を受けておくか、といったことについても検討しておかなければなりません。

◆ 書影について

　書籍出版物の装画や挿絵として用いられる絵画、写真、イラストが利用許諾の対象となることは言うまでもありません。

　利用許諾にあたって、書籍の書影（表紙、カバー）については注意を要します。紙の書籍が販売される場合、装画を含めた書影が新聞広告等に用いられ、またアマゾン等のインターネット書店においても使われることが一般的ですが、このような使い方は、装画の性質上当然ともいえる使い方であり、装画家はこれも含めてその装画の利用を認めていると考えて差し支えありません（法47条の2「美術の著作物等の譲渡等の申出に伴う複製等」の規定により、インターネット書店でのサムネイル使用は、画素数3万2400以下の画像であれば許諾自体不要となります）。しかし問題となるのは、電子出版物の配信にあたって、底本となる書籍の書影を、電子出版物の「書影」（電子出版物自体には使われていないことが多い）として配信サイトに表示したり、端末での「本棚」で表示したりするケースです。このような使用方法は、読者にとって、紙の書籍と電子出版物との編集内容の同一性を示しているようなものであり、一定の合理性があるものだと言えますが、現行法で適法とするような権利制限規定は存在しない（紙の書籍と電子出版物とは同じ商品とは言えないため、法47条の2には該当しないと考えられる）ため、書影の使用について、意識的に許諾を得る作業を行うべきでしょう。

◆ 著作権以外の権利にも目配りを

　利用しようとする素材が、著作権法で保護されるもの（著作物）と言えるのかどうかも問題となるところです。著作物でなければ、著作権法は適用されませんので、当然著作権の利用許諾も不要となります。もっとも、第6章でも説明しますが、著作物でなければ常に自由に利用してよいかというと、そうではありません。他の知的財産法（商標法、意匠法、不正競争防止法あたりが問題となります）のルールに抵触していないか、また民法の不法行為に当たらないかについても検討しなければなりません。

◆ 出版契約・利用許諾の記録を残す

　ここまで述べてきた、出版契約、利用許諾については、その記録を作成し保管することが、実務上きわめて重要です。紙媒体の書籍では、奥付で著作権者の表記などが行われ、奥付や扉に近接するページで翻訳権に関する表記や、主要な使用素材の権利者に関する表記が行われています。電子出版物についても同様に、奥付等の表記を行っていくべきでしょう。

　もっとも、行われた許諾に関する作業のすべてが、必ず奥付等に表記されているというわけではありません。また、書面による出版契約書の作成比率は向上しているものの、出版契約書が作成されるのはメインの著作者についてのみの場合がほとんどであり、出版物中で使用されている写真や図版、イラスト等の素材の利用については、書面の作成がなく、使用料の支払いだけが行われていることが大半でしょう。しかし、このような素材として利用した著作物の許諾に関する情報を出版物と関連させて記録・保管しておかないと、電子出版での利用やその他の新しい利用のチャンスが生じたときに、誰に対してどのような許諾申し出を行うべきかを迅速に探索することができません。担当者の頭の中や、手帖等には記録があるかもしれませんが、担当者が退職してしまったりしていると、連絡をとること自体たいへんな作業となります。実際、過去の出版物を電子出版物化する際に最も障害となっているのが、この問題です。

　電子出版を含めて、将来的な利用方法や範囲がある程度想定されているのであれば、その利用を可能とする許諾の獲得を、すべての権利者（厳密な意味での著作権者に限られない）に対して行わなければなりません。しかし、出版時点には想定できなかった利用も生じる可能性があり、それに対処するためには、出版時点での権利処理の詳細を正確に把握しておくことが必要です。権利許諾に関する情報の記録・保管は、出版社にとって欠くべからざる作業となると考えるべきでしょう。

第2節　職務著作

◆ 職務著作とは

　出版物を作るときに、編集者が書いた文章や社員カメラマンが撮影した写真を使うことはよくあります。これらの文章や写真の著作権は誰のものなのでしょうか。

　日本の著作権法にはこのような場合についてのルールが定められています。「職務著作」と呼ばれるものがそれであり、社員編集者や社員カメラマンが自社の出版物用に文章を書いたり写真を撮影したりした場合に、このルールが適用され、実際に創作活動を行った社員編集者や社員カメラマンは著作者とはならず、その使用者である出版社が著作者・著作権者となるというものです（法15条）。

　出版社として、社員が創作したものであっても、自社の著作物として利用できれば便利ですし、社員も文章を書いたり写真を撮ったりすることは仕事の一環であり、給料も支払われているわけですから、ことさらに自分の作品だと主張する理由もなさそうです。

　このように、一見当たり前のようなルールですが、ルールが適用される場面かどうかはっきりさせておかないと、思わぬトラブルが生じる可能性があります。たとえば、雑誌の有名編集長が自分の雑誌に署名原稿を多数書いており、出版社はそれらの原稿を含む雑誌記事を書籍化しようと企画していたとします。ところが、その編集長が退職し、「私の書いた記事は私に著作権があるから、勝手に本にしてもらっては困る」と言い出したらどうでしょうか。職務著作が成立していれば、編集長の言い分は通りませんし、成立していなければ編集長の言い分通りとなります。このようなトラブルを起こさないためにも、しっかりと職務著作制度を理解しなければなりません。

◆ 職務著作の成立要件

　法が職務著作成立の要件としてあげているのは、「使用者の発意」「使用

者の業務に従事する者」「職務上作成されたもの」「使用者の名義の下に公表するもの」「契約、勤務規則その他に別段の定めがない」という5つです。

「使用者の発意」は、使用者からの具体的な指示・命令がなくても、雇用関係等から見て使用者の間接的な意図のもとに創作をした場合も含むというように、柔軟な解釈がなされています。雑誌の場合、その内容は通常、雑誌内部の編集会議を経て編集長が決するものであり、編集長は必ずしも使用者ではないのですが、出版社は編集長に雑誌内容決定の権限を委ねているため、掲載記事や写真について編集長の指示は「使用者の発意」によるものである、ということができます。

「使用者の業務に従事する者」は、正社員に限られません。契約社員や嘱託といった身分であっても、実質的な雇用関係にあれば、使用者の業務に従事する者ということができます。外部フリーランサーであっても、編集部と専属契約があるような場合には、職務著作が成立しうると理解すればよいでしょう。

「職務上作成されたもの」には、具体的に命令された内容だけを指すのではなく、職務として期待されているものも含まれます。期待の範囲は、職場での地位や待遇等も総合的に考慮して、判断されることになります。このため、勤務時間外または職場以外で行われた創作行為であっても、この要件を満たすことはあり得ます。

◆ 署名記事の取り扱い

職務著作の成立要件の4つ目は「使用者の名義の下に公表するもの」です。文字通り読むと、署名記事は使用者の名義とは言えませんから職務著作は成立せず、書いた社員編集者に著作権があると言えそうです。しかし、たとえば雑誌や新聞の場合、全体としては使用者である出版社の名義で公表されたものと考えることは可能であり、署名記事は単に社内における分担を示しているだけで、職務著作は成立するという解釈もありうるところです。出版物の種類、形態、表記などから個別に職務著作の成否を判断することになります。

◆ 契約でカバーする

職務著作の成立要件の5つ目となる「契約、就業規則その他に別段の定めがない」は、他の要件を満たしていたとしても、雇用契約や就業規則などに「職務上の著作行為であっても、従業員に著作権が留保される」といった規定があれば職務著作は成立しない、ということです。

　このように、職務著作の成否は、最終的には当事者間での契約で決まることもあるわけですが、ここまでの各要件で見てきたように、職務著作の成否は個別具体的に判断しなければならない部分があり、著作権の所在に関する判断には難しいところがあります。特に署名記事などが想定される場合には、雇用契約（専属契約等も含む）や就業規則で、著作権の所在についての規定を置くことが望まれます。

第3節　関連する契約

　編集者として実際に出版業務を進める上で、著者とは別の第三者の手を借りるケースはよくあることです。もちろん手を借りる程度にもよりますが、多くの場合、本章第1節で述べたように、その第三者との間できちんと契約を締結し、利用許諾を得ておくことが必要になってきます。ここではその典型的な例として、「編集プロダクション」および「ゴーストライター」との契約について説明します。あわせて、これらの契約の場合に問題となる「下請法（下請代金支払遅延等防止法）」の規定について説明します。

図4:編集プロダクションとの仕事の流れと契約関係

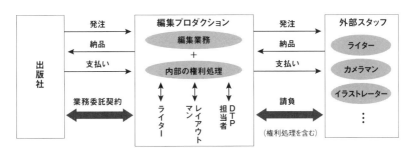

◆ 編集プロダクションとの契約

　いわゆる「編集プロダクション」についての定義は、明確に定められてはいませんが、一般的には、「自らは出版物を発行せず、出版者の委託を受けて企画から編集制作に到る業務の一部または全部を請け負う編集制作集団」と理解されています。略称して「編プロ」は、1970年代から1980年代にかけて急増し、かつては1000社を超えるとも推定されましたが、現在の正確な数は明らかではありません。ちなみに、1983年に設立された一般社団法人日本編集制作協会（AJEC、現在の名称）の加盟社は約40社とされています。

　いずれにしても、著作者や著作権者と編集者（＝出版社）との間に編プロという第三者が介在することになると、そこからさまざまなトラブルが生じる可能性があります。

　たとえば、当該出版物を出版した後で二次利用の機会が出てきたとき、編プロへの利益配分の有無や比率をめぐって争いになる。あるいは、出版物が完成した後で編集制作予算をオーバーしていたことが判明した場合、どちらが負担するのか。また、編プロにいわゆる「完パケ発注」したが、内容が依頼どおりになっていない、あるいは質的に劣っていたなどの場合、どこまでやり直しを要求できるのか、などなど。こうしたトラブルを避けるためには、第1節「出版契約で注意すべきこと」で強調したように、編集者（＝出版社）は編プロとの間でも、最初から契約を交わしておくことが不可欠であると心得てください。

　ただし実務においては、編集者と編プロの関係は千差万別ですから、この項では、いくつかの典型的なパターンを場合分けした上で、契約を交わす際や業務遂行の過程で留意すべきポイントを整理することにします。

1. 委託する業務の程度から見た分類
a）進行管理や校正など限定的な作業のみを委託する場合

　単行本などで多くみられるパターンで、編プロ側に著作行為が発生しないことが一般的です。著作者から原稿などの素材を受け取り、校了、もしくは

初刷りの段階で委託業務の履行が終了します。したがって、ブックデザインや印刷所との関係、著作者との契約は出版社側が行う必要があります。また、写真、イラスト、音楽など、第三者が権利を持つコンテンツを使用する場合は、権利関係や制作費にも影響が出てきますから、その都度、編集者への報告と許可を義務づけ、編集者自身が内容を把握しておく必要があります。

b）完パケ発注する場合

単行本まるまる一冊、文庫本のシリーズもの、あるいは雑誌の連載ページ、枠組みが決まったシリーズ企画など、まとまった企画について立案から著作者への依頼、編集、校正、刷了まで、完成した形での納品を委託するケースも多くみられます。こうしたケースでは、出版社側の編集責任者が、編プロとの企画会議などで編集方針についてしっかり確認し、場合によっては指示を出して、出版社としての出版意図を明確に伝えておくべきでしょう。

c）a）とb）の中間的な業務委託の場合

委託された企画に沿って、原稿やビジュアルなどの素材を揃えて納品するケースで、ブックデザイン、全体の編集、校正などは出版社サイドが受け持つことになります。また、ライター、カメラマン、イラストレーターなどが会社組織の編プロ形態になっていて、依頼を受ける案件ごとに執筆や製作を行う場合もあります。いずれの場合も、委託する業務の内容に従って、次項の「契約にあたって注意すべき点」を十分考慮に入れて編プロとの契約を交わしてください。

2. 契約にあたって注意すべき点

① 契約内容を明らかにする

まずは、編プロに委託する業務の範囲と内容を明確にしておく必要があります。とくに前項cの場合には、千差万別のケースが考えられますから、業務内容を具体的に明記しておくことが肝心です。

② 権利関係を明確にする（その1）編プロと出版社の権利関係

とくに前項bのかたちをとる場合、編プロ側に編集著作権を含めて著作権が発生することが考えられますので、契約の段階であらかじめ著作権の帰属

を明記しておく必要があります。実務上は、編プロに著作権がある場合にも委託業務終了後には出版社に権利が移転するように契約を交わしておくことが、出版ビジネスを円滑に進める上で大事なポイントになります。

たとえば、ムック化・電子化・翻訳出版などコンテンツの再利用の機会が生じた際に、権利の帰趨が問題になります。権利関係があらかじめ明確になっていない場合、話し合いで決着することもありますが、訴訟になった場合には、著作権が出版社側に移転していることを出版社が自ら立証しなければなりません。

③ 権利関係を明確にする（その2）編プロと外部著作者の権利関係

編プロが編集者（＝出版社）から委託された業務を進める過程で、第三者の作家、評論家、フリーライター、漫画家、イラストレーター、カメラマンなどの「寄稿家」に新たに執筆、制作もしくは撮影を依頼する必要がある場合、編集者は編プロに対して、以下のことを履行させる必要があります。

- ○まず編プロは寄稿家への依頼に際して、あらかじめ編集者の承諾を得なければならないこと。
- ○その上で、依頼した寄稿家が執筆、制作、撮影した原稿、画稿、写真などの「依頼素材」の著作権を編プロに譲渡させる契約を、寄稿家との間で締結すること。
- ○さらに権利処理などの費用は、出版社が編プロに支払う対価に含まれること（また紛争が起きたときの処理責任などについても別途、編プロとの契約で定めなければなりません）。

④ 権利関係を明確にする（その3）編プロ内部の権利処理

編プロ内部の権利関係についても、留意しておく必要があります。この場合の「内部」とは、当該委託業務に従事する編プロの取締役や社員・契約社員などの従業員、あるいはまたライター、デザイナー、レイアウトマン、DTP要員などとして本業務に直接携わる関係者である「制作要員」のことです。そして編プロは、あらかじめ契約を交わすなどの方法で、請け負った

業務の成果物に関して、内部関係者が著作者人格権を主張しないことを出版社に対して保証するよう定めておくことも必要な措置です。

⑤ 報酬支払いの明確化

　出版社から編プロへの報酬支払いは、全体の委託金額を定めるのが一般的ですが、単行本では実売部数（もしくは発行部数）に応じて印税方式で支払う場合もあります。また、雑誌などではページ単価を決めて支払うケースもあります。

　次に、取材費、編集費（作家、外部のライター、カメラマン、イラストレーター、ブックデザイナー、モデルなどへの支払い、音楽・映像著作権使用料など）といった経費を、どちらが負担するかも、あらかじめ決めておくべきです。

　さらに、再利用による収益の分配についても決めておいた方がいいでしょう。権利は出版社に移転するが、再利用による収益については一定額を編プロに支払うという約束によって、編プロ側のモチベーションが上がる可能性もあります。

　支払いについてはもう一つ、「下請法」による制限（たとえば「3条 書面の発行」「60日以内の支払い」）などについても留意しておく必要があります。

⑥ その他の注意点

　当該著作物に利用したコンテンツの権利関係、著作に関わった権利者の情報などについて、きちんと記録や関係資料を残すことを、編プロサイドに義務づけることをお勧めします。というのも、そこがしっかりしていないと、後にさまざまな不都合が生じる危険性があるからです。たとえば、そもそも編プロに権利意識が欠如していて著作権者などとの間で明確な合意をしていなかったことが後になって判明する、再利用の機会が生じたときに権利処理すべき相手が見つからない、編プロ自体が倒産もしくは解散して許諾契約の内容が不明……といった事態などです。

◆ ゴーストライター行為に関する契約

　「ゴーストライター」という言葉は、人気テレビドラマの主題にもなったりして、とくに書籍編集の現場ではごく一般的に使われている用語です。辞書には、「単行本などで、著者として名のあがっている本人に代わって陰で文章を書く人。代作者」（デジタル大辞泉）などと解説されています。しかし、著作権法上の解釈となると、少なからず厄介な概念なのです。

　そこでまず、法律には「ゴーストライター」という概念がどのように規定されているか、そして現在の出版界の実情に即して考えた場合、どのような解釈が妥当、もしくは可能か、という順で話を進めることにします。その上で、「ゴーストライター」「署名上の著者」「出版社」の関係をパターン分けして、それぞれについて契約上の注意点を指摘することにします。

図5:ゴーストライターとの契約関係

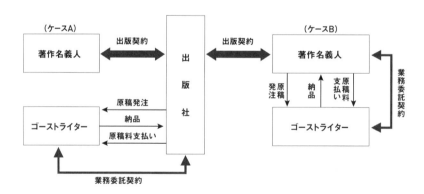

1. 著作者の認定と「ゴーストライター行為」の妥当性

　そもそも「著作者」とは誰を指すのでしょうか。過去の判例や学説を参考にすると、次のように言うことができます。「その著作物の表現上の本質的な特徴部分について、具体的表現を実質的に行った者」が著作者であり、著作者であるか否かは客観的事実によって決まるのであって、「（実際に著作した人と名義上の著者といった）当事者の間の合意によって定めることはで

きない」とされているのです（加戸守行著「著作権逐条講義」〈六訂新版〉P149）。

　さてそれでは、実質的に出版物の著作を行った者と異なる者の氏名を著作者名として掲げる、いわゆるゴーストライター行為は、違法なのでしょうか。結論から言えば、著作権法が定める規定の本来的な意図や、現状の出版ビジネスの円滑な発展を促すためには、ゴーストライター行為は基本的に認められるべきです。ただし、著作権法121条には出版物を頒布した者（つまり出版社）に「著作者名詐称の罪」が規定されていて、出版社があえて読者を欺く行為を行った場合には違法性が認められることもある、と覚えておいてください。

2.「ゴーストライター」契約の際の注意点

　実際にゴーストライターを使って出版するよくあるケースとしては、有名人の自伝やタレント本、実用書などの単行本、あるいは雑誌の連載や特集記事などが考えられます。いずれの場合も、注意すべき点はほぼ共通しているので、次の三つの側面に集約して契約上で考慮すべきポイントを整理します。

① **契約当事者について**
a）出版社がゴーストライターに執筆依頼する場合（図5のケースA）
　出版社としては、著作名義人との間で出版契約を締結するとともに、ゴーストライターとの間でも業務委託契約や請負契約を交わす必要があります。
b）著作名義人自身がゴーストライターに依頼する場合（図5のケースB）
　編集担当者がゴーストライターの存在を知らないケースもありますが、編集者には知らされていて直接、ゴーストライターと著作の内容について打ち合わせながら編集業務を進めるケースもよくあります。そうした場合には、編集者としては著作名義人とゴーストライターとの契約がどのようになっているのかをチェックして、知っておくべきでしょう。ただし、編集者（＝出版社）は著作名義人とゴーストライターとの契約関係には関与していないので、契約上は単に著作名義人を著作者・著作権者として出版契約を交わすだけで、問題はありません。

② 権利関係について

　気をつけなければならないのは、著作物が出来上がった時点では、実際に執筆したゴーストライターに著作権が帰属しているという点です。あるいは、著作名義人の過去の著作やインタビューの一部などが混在している場合には、著作名義人とゴーストライターとの共同著作となるケースもあります。

　いずれにしても、上記aのケースで単行本などの場合には、ゴーストライターの著作権を著作名義人に移転するよう、ゴーストライターとの契約で定めておく必要があります。雑誌記事の場合には、出版社自体が名義人の場合が多いので、同様に出版社への権利移転が必要です（連載記事などの場合には、後に単行本化する可能性も少なくないので、そのことも想定した契約を交わしておくのが得策でしょう）。

③ 報酬の支払いについて

　ゴーストライターへの報酬の支払いについては、ケースバイケースでさまざまなパターンがありますから、あらかじめ双方が納得した上で定めておく必要があります。もちろん契約書の形でその旨を残せば万全ですが、とくに雑誌などの場合にはそこまでしている時間的な余裕がない場合もあります。そうした場合にも、覚書やメールでのやり取りなど文章化したものを残してください。単なる口約束では、後々トラブルになる危険がありますから、避けましょう。

　一般的な報酬支払いのパターンとしては、

○原稿料の名目で一括して定額を支払う
○単行本の場合は印税の形で定率を決めて支払う
○原稿料の定額に加えて印税も併用して支払う

などが考えられます。

　また、②で述べたようにゴーストライターから著作権の移転を受けた後でも、翻訳出版や文庫化などの二次利用の機会が生じた時に、一定の著作権使用料に相当する額を支払うよう定めておくことで、ライターのモチベーショ

ンを高める効果も期待できます。

　最後にもう一つ注意点として、「守秘義務」についても合意を得ておくことをお勧めします。たとえば、ゴーストライターの存在が明らかになると、著作物そのものや著作名義人への評価や信頼が損なわれる、といったケースも少なくありません。そうしたことが予想される場合は、ゴーストライターに対して著作権の移転だけではなく厳重な守秘義務を課す契約を、文書の形で残しておくことが肝要です。それとは反対に、タレント本などでよくあることですが、ゴーストライターが書いていると容易に想像しうるケースでは、守秘義務は課さず、むしろ「あとがき」に謝辞を載せるなどして、ライターとの友好関係を演出するのも有効な方策でしょう。

◆ 下請法とその対象範囲

　下請法（下請代金支払遅延等防止法）は、親事業者による下請事業者に対する優越的地位の濫用行為を取り締まるために制定された法律です。
　出版社に関しては、書籍・雑誌等の出版物の印刷・製本を印刷・製本会社に製造委託することに加え、情報成果物の作成委託や役務の提供委託なども下請法の対象となります。

1. 情報成果物の作成委託の範囲等

　出版物の内容である著作物は、特定の出版社の出版物への掲載以外にも広く利用されるなど汎用性が高く、かつ、作成を委託する際に出版社が定める仕様に基づいて作成を委託しているわけではないものもあり、このような著作物は情報成果物の作成委託に該当せず、下請取引の対象外として取り扱われます。たとえば、作家（執筆者）が創作する小説、随筆、論文等、および美術、写真、漫画等の作品等がこれにあたり、原則として下請法の対象にはなりません。
　現実には、下請法の対象となるかどうかについては、悩むことも少なくないかもしれませんが、判断のポイントとしては、その著作物等の情報成果物が、他の出版物でも使えるかどうか、すなわち汎用性の有無が決め手となり

ます。

　すなわち、汎用性が少なく、特定の出版社の出版物以外に利用されないもので、作成依頼時に「給付に係る仕様、内容等を指定して」発注される次のようなものは、概ね下請取引の対象として取り扱われます。

○出版社が発行する書籍、雑誌の作成を、編集プロダクション等に委託すること
○出版社が発行する出版物のために、装幀、表紙デザイン、レイアウトの作成を委託すること
○出版社が、特定の仕様・内容を指定して原稿の作成を委託すること
○通常自社の書籍、雑誌の広告物を作成している出版社が、広告物の作成の全部又は一部を他の事業者に委託すること

　また、下請法の対象となる役務提供には、委託する事業者が**専ら自ら利用する役務**を他の事業者に委託することは含まれません。出版社において、出版物の作成に必要な、取材（編集者等の指示・同行による写真取材も含む）、紙面整理、割付、校正等役務の提供を他の事業者に委託する場合がありますが、これらは役務提供委託の対象にはなりません。一般的に出版社が読者（顧客）に役務の提供をするケース（＝下請法の対象となる）というのはあまり例がないと思われます。

2．親事業者の義務

　他者に依頼した業務が下請法の対象である場合、発注者である出版社は、「親事業者」として、同法で定める次のような義務を負うことになります。

（1）書面の交付義務（法3条）

　親事業者は、発注に際して3条書面の具体的記載事項を全て記載している書面を直ちに、下請事業者に交付しなければなりません。また、書面に代えて、下請事業者の承諾を得て、電子メール等の方法で提供することができます。

(2) 支払期日を定める義務 (法2条の2)

　親事業者は、下請事業者との合意の下に下請代金の支払期日を、物品等を受領した日から起算して60日以内でできる限り短い期間内で定めなければなりません。この起算日については、「校了又は責了」をもって、下請事業者にこの日を通知することにより、「支払期日」の起算日とすることができます。

(3) 書類の作成・保存義務 (法5条)

　親事業者は、下請事業者に対し製造委託等をした場合は、給付の内容、下請代金の額等について記載した書類等（5条書類等）を作成し2年間保存しなければなりません。なお、3条書面および補充書面に5条書類等の必要事項を記載することで、これに代えることができます。

(4) 遅延利息の支払義務 (法4条の2)

　親事業者は、下請代金をその支払期日まで支払わなかったときは、下請事業者に対し、物品を受領した日から起算して60日を過ぎた日から実際の支払日までの期間について、その日数に応じ当該未払金額に年率14.6％を乗じた額の遅延利息を支払わなければなりません。

　なお、書面の交付方法、親事業者の禁止行為等については、日本書籍出版協会作成の「出版社における改正下請法の取扱いについて」および「改正下請法に関するQ&A」（ともに書協ホームページからダウンロードできます）をご参照ください。

第4節　二次出版

◆ 二次出版とは

　同じ作品（著作物）を、最初に刊行した出版社とは別の出版社が刊行することを、出版界の慣例用語として「二次出版」といいます。同一の出版社から、版型を変更して新たに出版する場合も二次出版ということがありますが、ここでは、異なる出版社から刊行される場合についての説明を行います。

　なお、同じような言葉として「二次的利用」（第5節で説明します）という言葉がありますが、その典型例は翻訳出版や映像化利用です。これは、原作（原著作物）に基づいて作られる著作物（翻訳や映像化はこれにあたります）を著作権法で「二次的著作物」ということに起因する用語であり、区別して使うようにしましょう。

◆ 二次出版の形

　単行本として作品が発行された後、しばらくしてから他の出版社で文庫本が発行されるのが二次出版の典型例です。全集の出版も二次出版ですし、電子出版もすでに他社から紙媒体の出版が行われていた場合は、二次出版にあたります。

　この二次出版の契約実務については、さまざまな方法がとられ、あまり契約書を作成してこなかった出版界の状況もあいまって、あいまいな契約関係が残っている領域です。当協会では、1990年に二次出版時に使用することを推奨する契約書ヒナ型をいくつかのパターンに分けて公表してきました。

　また、平成26年の法改正により、最初に出した出版社（親本出版社）が著作権者との間で出版権設定契約を結んで出版権者となっていた場合、著作権者が承諾すれば、親本出版社から直接二次出版社に対し、出版許諾や電子出版許諾を行うことができるようになりました。出版社は著作権者との出版契約において、二次出版についての包括的な承諾を得ておけば、親本出版社は二次出版を希望する出版社に対しての出版許諾を出すことができるという

ことです。

　しかし、このような親本出版社が二次出版社に対して出版許諾を行うという契約スタイルは、二次出版が紙媒体の出版物である場合には問題があると考え、書協の2015年版の契約書ヒナ型（第3章参照）では採用していません。この契約スタイルをとった場合の最大の問題は、二次出版社と著作権者とが直接の契約関係に立たないことにあります。仮に親本出版社と著作権者との出版契約が終了した場合に、二次出版社が出版を継続する権限や、著作権者への印税支払などについて、トラブルが生じる可能性が高くなるためです。上記のとおり、二次出版を行う場合の契約にはいろいろなパターンがありますが、二次出版社と著作権者との間で、契約関係が発生する契約スタイルで行われるべきでしょう。

◆ 二次出版の実務手続き

　以下、文庫化を例にとって、二次出版の実務手続きを説明します。

(1) 著作権者との契約

　既存出版物の文庫版の発行も新たな出版行為を行うことであり、したがって新作を出版する場合と同様に、著作権者と出版契約を締結しなければなりません。また、作品中で利用されている第三者の著作物等についても改めて許諾を得る必要があります。

　著作者に対しては訂正や加筆の有無、最新データへの反映の可否などを確認します。まったく手が入らない場合でも著者校はとるようにしてください。

　没後刊行等の理由で著作者による確認が不可能な場合には、差別的表現などがないか（時代によって差別意識の対象や表現の許容範囲が異なるため）をチェックしてください。問題があると判断したケースについては該当部分について、たとえば註の形で、編集部としての見解を明記するなどしてください。また犯罪報道などに関する記述で実名が明記されている場合、その後の捜査や司法判断において執筆当時と事実認定が異なっていることがあります。その場合は著作権者（没後刊行の場合には遺族）の了解をとった上で仮名に置き換えるなどの措置が必要です（経緯についての編集部註を忘れず

に）。軽微な犯罪で刑期を終えている場合も同様です。

（2）親本出版社の了解

文庫版の元になる作品が他の出版社から発行された書籍である場合には、著作者・著作権者が文庫化を希望している旨を伝えることを含めて、親本を発行した出版社に対して一定の連絡をとることが行われています。もっとも文庫化に際しては、実にさまざまなケースがあり、交渉が難航することもあります。以下、いくつかの状況に応じた判断を見ていきます。

a）親本が品切れの場合

言うまでもなく、出版物の継続出版は著作者・著作権者に対する出版社のもっとも大きな義務の一つです。親本が十分な在庫を持っているかどうかは文庫版刊行にあたっての条件を考える際の重要な考慮要素になります。

●長期間の品切れ

出版物を数年以上にわたって品切れの状態のままにしておいた場合、出版社は義務を怠ったわけであり、自身の持っていた当該出版物に係る権利を主張する根拠がなくなります。とは言え、文庫版の刊行に際しては、親本を発行した出版社に対して、事前の挨拶は必要でしょう。

●短期的な品切れ

一概に品切れと言っても、ジャンルによっては一定の品切れ期間をはさみながら定期的な復刊を行うビジネスモデルもありますし、ちょうど親本の増刷を検討中というケースもあります。相手先の出版社に連絡をとって具体的な予定がないようであれば、著作者・著作権者の意向を尊重する見地からも、文庫版の刊行には特段の問題はないと考えられます。

b）　親本の刊行が継続中の場合

親本が通常の流通ルートで容易に入手可能であれば、親本を発行した出版社からの了解をとることが求められます。親本が増刷直後であるような場合は、他社から文庫版を刊行されると親本の売れ行きに大きな影響が出ることが予想されます。文庫版の刊行にあたってはお互いに誠意をもって交渉する

よう心がけてください。

● 刊行後一定期間以内

作品ジャンルによってまちまちですが、親本の発行からそれほどの年限を経過していなければ、親本出版社は他社による文庫化を拒否できる立場にあると考えられています。それでも文庫版の刊行を急ぎたい場合は通常よりも良い条件を上回る条件を提示するなどして交渉することが必要です。

● 刊行から一定期間経過後

親本の発行から（作品ジャンルによりますが）一定の年限が経過している場合でも、親本の出版社自身に文庫版刊行の計画がある場合は、親本の出版社による文庫化が優先されるべきであるとされています。

親本の出版社から文庫化の了解を得るのに際して、条件として一定の金額を親本出版社に納めることが行われています。出版権に基づく刊行差し止めの不行使などの名目が使われますが、要は親本を世に送り出したことに対してリスペクトを表す趣旨の慣行です。文庫版の刊行から一定の期間を定めて、文庫版の定価と発行部数に応じた額を支払う例が多いように思われます。親本の在庫状況によっては文庫版の刊行時期を遅らせるよう交渉することもあります。

c）その他の考慮要素

文庫化に際して大幅に加筆されて、親本の倍近くのボリュームになってしまったとか、おびただしい訂正が入った結果、半分以上が親本と異なってしまったような場合は、文庫版と親本は別の著作物であると評価することも可能です。

いずれの場合であっても著作者・著作権者の意向を第一に考えるとともに、読者の利益も考慮して、将来の出版活動に資する方向で交渉に臨むことを希望します。

第5節　二次的利用

　書協ヒナ型では、「二次的利用」は「翻訳・ダイジェスト等、演劇・映画・放送・録音・録画等、その他二次的に利用される場合」（第16条）と規定しています。つまり、出版契約の対象となっている著作物をもとにして、映画等の新たな著作物が作られるような利用方法です。翻訳も他の言語による著作物ですから、新たな著作物となります。出版契約は、対象となる著作物そのものを出版物として出すことを目的とする契約であり、二次的利用についての取り決めは、出版契約とは別個独立した約束事となります。なお、出版契約で版型が限定されていたときに、他の版型での利用を別途協議する（最初の契約では単行本のみの許諾であったところ、文庫本についての許諾を得る場合、また、紙の出版物のみの許諾であったところ、電子出版についての許諾を得る場合などが考えられます）ときにも二次的利用という言葉が使われることがありますが、これは本来の出版契約における利用範囲の問題なので、二次的利用という言葉は使わないほうがよいでしょう。

◆ 出版契約での二次的利用の合意

　上記のとおり、二次的利用の合意は本来の出版契約とは独立した合意です。しかし、映像化を例にとって考えてみると、出版と映像ビジネスが相互にプラスの影響を与えることが期待されているものであり、出版社としては積極的に関与するメリットがある領域だといえるでしょう。著作者の側から見ても、日本では出版エージェントという代理人システムがほとんど存在しないため、出版社に代理人を務めてもらう必要性はあるといえそうです。特に新刊の出版物については、著作物の内容を最も熟知しているのが出版社ですから、出版物だけでなく出版物以外の利用についても、効率的・積極的なプロモーションを出版社に期待することができるでしょう。

　このように、出版社、著作者双方の利害が一致することが多いため、出版契約の中に映像化等に関する項目を設けることが行われてきました。具体的には、書協ヒナ型にもあるように、著作物の二次的利用についての窓口を出

版社に委託する、という取り決めがなされているケースが多くみられます。

書協ヒナ型では、出版社が問い合わせの窓口となること、および二次的利用について利用許諾を求める第三者との間の交渉を、出版社が著作者の代理人として行うことを定めています。この場合、第三者への許諾条件は、出版社と著作者がその都度協議を行い決定することになります。映画化等は一般的に契約金額も大きく、また後のビデオ化や配信等の展開といった、決めるべき事項も多く存在します。これらをすべて、出版契約を締結する段階で決定することは難しいでしょう。このため書協ヒナ型のように、窓口の所在および出版社を代理人とすることのみを定めておき、詳細な条件についてはその都度協議する、というスタイルが合理的だと考えられます。

◆ 映像化利用についての注意事項

映像化の契約を出版社が著作者を代理して行う場合、以下に述べる点で注意が必要です。

まず、映像化は多くの場合、オプション契約から本契約という二段階のステップを踏みます。オプション契約とは一定期間、映像化の優先権を映像製作会社に与え、その間に企画の実現可能性を検討させるというものです。映像製作会社で、企画が実現できるとなったときに、オプション契約の期間中であれば、その映像製作会社がオプション権を行使することにより、本契約の交渉に進むことになります。

映像化のための本契約は、一般に「原作利用許諾契約」となります。原作は著作権法上の「原著作物」であり、映像作品は「二次的著作物」ですので、法の規定により、原作者（著作者）は映像の著作権者と同一の権利を有することになります。一方、映像作品は原作とは異なる著作物ですので、映像作品の著作権を有する映像製作会社は、その映像作品を自由に運用できるような契約とすることが求められますし、また製作する段階でも、原作を下敷きとはするものの、できる限り自由に製作することを求めてくるのが通常です。これに対し、出版社は著作者の代理人として、著作者が原作者として得るべき利益配分の最大化や、映像作品が製作される段階で原作者の意向をできるだけ反映できるような方策を、契約の中で実現していく努力が求められるこ

とになります。

◆ 映像化以外の二次的利用

　二次的利用は、映像化には限定されません。実用書であれば、関連するセミナーの企画や教材の開発も二次的利用になります。著作者が主体となって、このような関連する企画を展開する場合もありますが、出版社が主導的に展開を企画していくような場合には、二次的利用についての合意条項も、単なる窓口としてではなく、出版社が自ら二次的利用を行うことができるような内容の合意を取り付けておくという選択肢もあります。その場合は、二次的利用についての詳細を、出版契約とは別に締結することがよいでしょう。出版契約の中では協議事項としておき、企画の詳細が固まり次第、セミナー等の二次的利用に関する契約を別途締結するというイメージです。

◆ 他言語での翻訳出版

　近年、日本で出版された著作物が、韓国や中国語圏を中心に翻訳して出版されるケースが増えてきています。このような他の言語での翻訳出版も、二次的利用のカテゴリーに入ります。出版社が海外でのブックフェア等で積極的に売り込むこともありますし、海外の出版社から問い合わせが来ることもあります。いずれにしても、出版社が窓口となって翻訳出版の実現に向けて活動するケースが増えているのが現状です。

　このような他言語での翻訳出版に関して、書協では『外国語版出版・国際共同出版マニュアル（第4版）』で詳しく解説していますので、ぜひご一読ください。

　なお、出版契約では、書協ヒナ型の条項のように、映像化等と合わせて、窓口の所在および出版社が代理人となることのみを記載するということでもかまいません。もっとも他言語での翻訳出版は、映像化のように取り決めなければならない事項は少なく、相手方から支払われるロイヤルティ収入の出版社手数料を決めれば足りる場合も多いため、出版契約の中で最初から決めて規定しておくということも考えられます。

第5章
電子出版で注意すべきこと

第1節　紙の出版とは「行使する権利」が違う

◆ 複製権と公衆送信権

　著作物を紙に印刷して雑誌や書籍を発行する出版は、著作権者から「複製権」の許諾を得た出版社がそれを行使して公衆に頒布することですが、電子出版は「複製権と公衆送信権（自動公衆送信の場合は送信可能化を含む）」を行使しなければできません。公衆送信は文字通り公衆に送信すること、自動公衆送信はサーバーにアクセスした人に自動的に送信すること、送信可能化はサーバーにデータをアップロードして送信可能な状態にすること、と覚えてください。

◆ だからこそ契約が重要

　行使する権利が違うのですから、著作権者からはそれらすべての権利を許諾してもらわなければなりません。平成26年に著作権法が改正される前から電子出版ビジネスを始めていた出版社の多くは、紙の出版契約とは別にデジタル的利用許諾契約とか電子配信許諾契約と名付けた契約を著作権者と結んでいました。既に出版契約を結んで発行した出版物の中から、電子化に適したものを選んで電子出版する場合がほとんどだったので、紙の出版物よりも契約期間を長くしてもらう必要もあったからです。

図6:紙媒体出版物の流通と出版契約

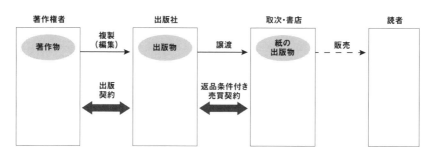

図7:電子媒体出版物の流通と出版契約

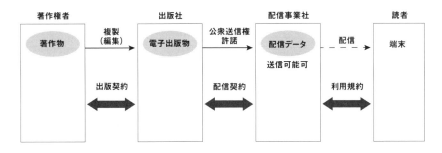

◆ 平成26年改正著作権法の利点を生かそう

　これらのデジタル化や電子配信の契約は、著作権法が改正された今でも契約期間中ならもちろん有効です。契約は著作権者と出版社の当事者間の約束であり、両当事者しか拘束しないからです。しかし、海賊版対策を考えれば、以下に述べる「拡大された出版権設定契約」に順次切り替えていくほうが現実的だと思います。

第2節　「1号出版権」と「2号出版権」

◆ 電子書籍にも出版権設定

　平成26年改正著作権法の最大のポイントは、紙の出版物にしか設定できなかった出版権を、著作権者との契約によって電子書籍にも設定できるようにしたことです。ここでは著作権法79条の新しくなった規定「（複製権等保有者は）公衆送信を行うことを引き受ける者に対し、出版権を設定することができる」に従って、配信する方法による電子出版について説明します。

◆ 配信型電子出版の法的根拠

これは著作権法80条1項2号の「原作のまま公衆送信を行う権利」に基づく出版で、通常「2号出版権」と呼ばれています。ちなみに同条1項1号の「1号出版権」は、従来の紙媒体による出版にCD-ROM等のパッケージ型電子出版が含まれるものと規定されました。

図8:出版権規定の構造

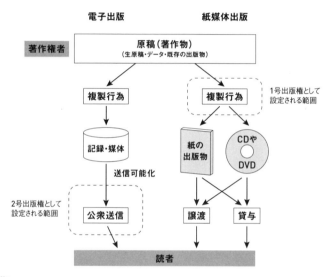

1号出版権
　印刷媒体出版物
　（印刷された形で流通するオンデマンド出版物を含む）
　パッケージ型の電子出版物
　（CD-ROM、DVD等の媒体に複製されて流通するものや、電子機器に内蔵されて流通する電子辞書等）
2号出版権
　配信型の電子出版物
　（インターネットのホームページ、ブログ等に掲載されるもの、電子メールによって配信されるもの等を含む）

※1号出版権と2号出版権は、それぞれ分割して設定することが可能だが、いずれか一方のみの設定では、他方について出版権を主張することはできない。

◆ 出版権設定契約の効用

　ここで、第2章で説明した「出版権設定契約」の効用を思い出してください。単なる出版許諾契約や独占的出版許諾契約を結んだだけのA出版社は、著作権者が同じ著作物の出版をB出版社と二重契約した場合、著作権者に文句を言ったり損害賠償を請求したりすることはできても、B出版社に対して出版権侵害として差し止め請求することはできません。それをすることができるのが出版権設定契約の最大の強みで、日本の著作権法における出版権規定の特色でもあります。

◆ 差し止め請求ができる

　著作権者から2号出版権の設定を受けた出版社は、ネット上のデジタル海賊版に対して自らの判断で単独で差し止め請求訴訟を起こすことができるようになりました。もちろん日本国内にしか適用されませんが、海外にサーバーを置く違法サイトに対しても、法律で認められた権利者として強い態度で臨めるようになったのです。

第3節　電子出版を始めてみよう

◆ 契約の内容を納得してもらう

　電子出版を始めるには、何はともあれ著作権者から許諾を得なければなりません。紙の出版物なら、出版界の長い伝統とこれまでの慣例から、印税率や支払い方法について著作権者にも大体の知識があり、たとえ契約書を取り交わしていなくても、大きな問題が起こることは少なかったかもしれませんが、電子出版はそうはいきません。電子出版に特有の要素がたくさんありますので、契約書をきちんと説明して著作権者に納得してもらうことが絶対に必要です。

◆ 同一タイトルは一つの契約で

　紙の出版権設定契約だけの時代は、特に漫画など同じタイトルの作品が何十巻にもなって刊行される場合、単行本ごとに出版権設定契約を取り交わす出版社と、1巻目の出版権設定契約に続巻を含めてしまう出版社がありました。電子出版の場合はどちらがいいでしょう？　紙の出版物がその都度出現するわけではないので、少なくとも同一タイトルの作品は一つの2号出版権設定契約で対応してもいいと思います。

◆ 文化庁の登録は必要に応じて

　懸念があるとすれば文化庁に出版権登録をする際にどう判断されるかです。紙の出版権設定契約では、各巻ごとに出版権設定契約が締結されていたほうが、スムーズに登録が認められた事実があります。JPO出版情報登録センター（JPRO）への登録（付録資料8）との兼ね合いもあるので、どこまで2号出版権を文化庁に登録する出版社が増えるのか分かりませんが、何かあれば書協として文化庁と話し合い、要望すべきは要望していきます。

◆ デジタルデータの作成

　著作権者の許諾を得ることができたら、電子出版用のデジタルデータを作成します。著作権法の条文にあるように著作物を「原作のまま」デジタル化しなければなりませんが、小説の外字を他の文字で代用せざるを得ない場合や、解像度によっては漫画の細い線が再現しきれない場合などがあります。書協契約書ヒナ型にあるように「電子化にあたって必要となる加工・改変等を行うこと」をあらかじめ了承してもらわなければなりません。

◆ デジタルデータの権利の帰属

　インデザイン等のページレイアウトソフトを使って、編集者自らがデジタルデータを作成する場合は、そのデジタルデータに関する権利は出版社に帰属しますので何の問題もありません。大手出版社が子会社や関連会社にデジタルデータの作成を依頼する場合も、現実的には問題は起きないでしょう。

気をつけなければならないのは、過去に出版した雑誌や書籍の製版フィルムからそれを管理する印刷会社にデジタルデータ作成を依頼する場合、あるいは印刷会社から出してもらった校了データを使って別の会社にデジタルデータ作成を依頼する場合などです。製版フィルムの所有権等の権利をめぐる過去の裁判では、出版社と印刷会社は出版物を印刷して納入する請負契約の関係と認定され、製版フィルムは中間生成物に当たるので印刷会社に所有権があるとされました。

◆ 印刷会社との契約

このハンドブックの想定読者である編集者の皆さんは、自分が所属する出版社と印刷会社がどういう内容の契約を結んでいるのか、知らない人がほとんどでしょう。印刷会社とのそもそもの契約を見直すといったおおごとにしなくとも、前述した製版フィルムや校了データを使う場合には、デジタルデータを利用する権限を著作権者から与えられている出版社が、当該の作品やタイトルに限って、その利用に支障が出ないような取り決めを印刷会社とする必要があります。製版フィルムの所有権等が問題になったときの議論をデジタルデータでも繰り返すのは愚かなことです。著作権者の権利を守る使命を負い、利用権限を持つ出版社が、デジタルデータの所在・利用状況などをきちんと管理し、著作権者と出版社の意思が支障なく実現できるようにしなければなりません。

◆ 配信には再許諾が必要

自ら電子配信できる出版社は少なく、ほとんどは電子取次、電子書店等の配信事業者にデータを渡して配信してもらうことになりますが、著作権者と契約した出版社以外の第三者が配信できるようにするためには、これまたあらかじめ著作権者の了承が必要です。書協契約書ヒナ型の「第三者に対し再許諾することを承諾する」という文言には、どの書店ルートで流通させるかは出版社の判断に任せてもらうことと、デジタルデータを第三者に委託して作製（複製）させる場合もあることが含まれています。

図9:配信許諾と再許諾の流れ

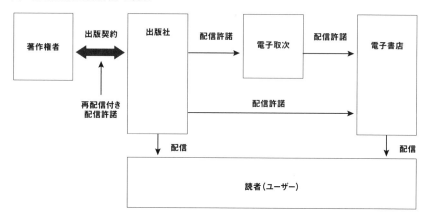

◆ 配信の期限と義務

　平成26年改正著作権法は紙媒体による出版と同様、電子出版にも発行（配信）までの期限を設けました。著作権法81条2号は「（完全原稿の）提供を受けた日から6カ月以内」と規定されましたが、「別段の定めがある場合はこの限りでない」ことが前提なので、契約で決めておくことが大切です。なお、出版社には「継続して公衆送信行為を行う義務」も課されていますが、電子出版はデータをサーバーにアップしておけばその義務を果たしていることになります。

◆ 利用料率は入金ベースで

　著作権者との契約で最も大切なことは、著作物利用料の料率と支払時期です。紙の出版物と違い、電子出版には「再販制度」が適用されません。電子書店によって価格が違う場合や、一部を無料で読者に読ませる「立ち読み」という販売戦略をとる場合もあります。販売現場の状況に柔軟に対応するには、ダウンロード価格の○%という印税方式ではなく、当該著作物の利用によって配信事業者から出版社に入金した金額をベースに料率を決めたほうがよいでしょう。

◆ 権利者への報告と支払い

　また、支払時期は年2回にしている出版社が多いようですが、経理処理にかけられる人員・コストと著作権者の希望との兼ね合いなので、事前によく話し合っておくことが大切です。支払いと同時に、あるいはその数カ月前にダウンロード数やストリーミング数等の販売報告をしなければならないことは言うまでもありません。

◆ 修正増減は話し合いで

　悩ましい問題は著作権法82条（著作物の修正増減）です。1項2号で「2号出版権者が公衆送信を行う場合」、「著作者は正当な範囲内において著作物に修正又は増減を加えることができる」と定められています。しかし、配信事業者が配信する度に著作者からの修正増減希望を叶えることは実際不可能です。コストと時間もかかりますので、正当な範囲内の具体的内容を著作者と正直に話し合うしかないでしょう。

◆ 著者校と見本本

　配信型電子出版での著者校や見本本も難しい問題です。リフロー型と呼ばれる形式で配信する場合は、端末によってその著作物の見え方が変化し、一つの版面として著者校用に特定できません。また、見本本として配信事業者のサイトから当該作品をダウンロードする費用を著者に負担してもらうのも気が引けます。著者の目の前で担当編集者がデモンストレーションして見せるなど、納得してもらうための工夫が必要です。

第4節　配信事業者との契約

◆ 国内の配信事業者の場合

配信事業者に電子出版用データを配信してもらうための契約は、相手が国内の事業者の場合はほとんど問題ないようです。出版社が版元、取次が電子取次、書店が電子書店になり、これまでの出版慣行をほぼ踏襲したビジネスをすることができます。ただし前述したように、電子出版物は非再販商品なので、キャンペーンやフェアを企画して読者に魅力的な販売施策を実施していくには、出版社と配信事業者との緊密な連携が欠かせません。

　同じ著作権法の下で商売する者同士ですから、著作権者と出版社の契約が切れた場合、出版後の著作物に盗用・権利侵害・名誉毀損等の問題が見つかった場合、著作者から著作権法84条3項の「著作物の内容が自己の確信に適合しなくなった」として廃絶請求があった場合等、やむを得ず配信停止しなければならなくなっても、たいていは応じてくれます。著作権者の希望があった場合のデジタルデータ削除についても対応してくれるようです。

◆ 外資系の配信事業者の場合

　一方、配信事業者が外資系の巨大プラットフォーマーの場合はそうはいきません。契約には守秘義務があるので、正確なところは実際に契約書を前にして交渉してみなければわかりませんが、以下、噂として流れていることに推測を加えて説明します。

　外資系の配信事業者との契約には2種類あって、出版社が版元としての立場を保持できる「エージェンシー・モデル」の契約を締結したのは、大手出版社数社のみだと言われています。残念ながら契約には力関係の側面もありますので、その数社以外の日本の出版社は「ホールセール・モデル」の契約でなければ、締結はおろか契約交渉にすら応じてもらえないそうです。

◆ ホールセール・モデルの問題点

　「ホールセール・モデル」の契約の問題点は、外資系の配信事業者が価格の決定権と販売施策の権限を握り、半額セールやシリーズ物の第1巻無料試し読みといった販売方法を独自の裁量で決定することができ、出版社と著作権者はトータルとしての売上・利益からの配分を受けるだけの立場になることです。売りたい本より売れる本が優先されるのは当然のこと、やむを得ず

配信停止しなければならなくなった場合でも、国内の配信事業者と同じ対応を彼らに期待することはできません。デジタルデータの削除についても同様です。

お金を払って電子書籍をダウンロードした読者が、端末機器を買い換えた場合やデータを誤削除した場合の再ダウンロードも、全世界で同じサービスをユーザーに提供することが自分たちの使命だと考えるのが彼らの論理です。それ自体は悪いことではありませんが、著作権者と出版社との契約が終了した後もできることになっているので、出版社としては著作権者の理解を得る努力が必要不可欠です。

◆ 著作権者の納得が不可欠

日本の出版文化の多様性を守りたい出版社と、配信行為を自らのビジネスを成功させるためのツールの一つと考える外資系の配信事業者とは、よって立つ思想と哲学が違います。「エージェンシー・モデル」と「ホールセール・モデル」のどちらがより利益を生み出すかは、今後の数字で検証するしかありませんが、「外資系の配信事業者に作品を提供してもいい」と納得していただける著作権者に限って対応するなど、出版社が責任をとれる範囲を自覚しておくことが必要でしょう。

第5節　まだまだある諸問題

◆ 出版契約ではカバーできないものも

電子出版はあくまでも著作物を「原作のまま」複製・送信しなければなりません。小説の特定の箇所のバックに音楽が流れるようにするとか、漫画の描き文字を擬音や効果音で再現するようなリッチコンテンツと言われる形態は、2号出版権の範囲を超えています。今後の電子出版市場がどう推移していくのかわかりませんが、出版契約ではカバーできないデジタル的利用があ

ることを頭の隅に置いておくべきでしょう。

◆ 雑誌の出版権設定も可能

　今回（平成26年）の著作権法改正を検討する文化審議会等の議論の中で、法律の専門家として参加している学者や弁護士の委員から「雑誌で出版権設定契約は結ばないのか」、「法理論上は雑誌でも出版権設定契約は可能なはずだ」といった意見が出されました。ネット上の海賊版に対して、電子出版権にまで拡張された新しい出版権設定契約が有効なはずだという指摘です。

　これまで出版界は、雑誌に掲載する著作物の著作権者と出版契約を結ぶことはありませんでしたが、2号出版権が認められた今では状況が一変しました。漫画雑誌の連載漫画が1話まるごと雑誌の発売日直後に、ひどい場合は発売日前にふきだしのせりふを翻訳されて、海外のサーバーから違法に配信される事態に対して、これまでは打つ手がなかったのですが、出版社がその漫画の著作権者から2号出版権の設定を受けていれば、独自の対応ができるようになりました。サーバーは海外に置かれていたとしても、当該漫画を複製しているのは国内のはずですから、出版社が刑事告発して警察に捜査を依頼することも可能です。

◆ とくに電子雑誌に設定は大切

　紙で発行した雑誌において出版権設定が可能なのですから、電子雑誌の場合はなおさらです。雑誌を1冊分丸ごと違法配信されていれば、出版社の持つ編集著作権で対応することもできますが、漫画や小説、特定の記事などを抜き出して配信している場合は2号出版権が有効です。電子雑誌の出版契約に関しては、日本雑誌協会が作成した契約書の参考例があります。次の第6節で説明します。（→P.113）

◆ 新たなビジネスモデル構築を

　通勤電車内で雑誌を読んでいる人を見かけなくなりました。ほとんどはスマホをいじっています。電子雑誌が紙の雑誌の落ち込みを補ってくれるようになるかは分かりませんが、広告収入に依存した雑誌のビジネスモデルは崩

壊したと言ってもいいと思います。ボーンデジタルのケータイ小説やブログなどを紙の出版物にすることが今後は増えていくでしょうが、基本的に情報がタダのネットの世界でどういうビジネスモデルを構築するのか、出版界に課せられたこの難問を早急に解かなければなりません。

◆ マスターデータの取り扱い

　多くの著作者が原稿をデジタルで作成するようになると、出版社が配信のために製作するマスターデータと区別がつきにくくなると思われがちですが、両者はまったくの別物です。デジタル原稿に小見出しやタグを付けたり、外字作成や索引情報を付加するなど、配信に適したさまざまな加工をしたのがマスターデータなのです。そこから配信事業者が使用するビューアーに合ったファイル形式で、配信のためのデータをいくつも作製することもあります。出版社がこうした手間とコストをかけて製作したマスターデータは、当然出版社がその権利を持つことになりますが、著作者からすればデジタル原稿を元にしたものだから自由に使わせて欲しい、出版社との契約が終了した後は自分に返却して欲しい、という要望がよく寄せられます。データそのものは無体物なので、所有権がどちらにあるかという問題で対立するのではなく、著作者に出版社のかけた労力を認めてもらうことが大切です。

図10:デジタル原稿と配信データの違い

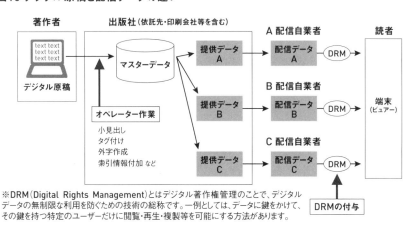

◆ 図書館のデジタル化問題

　大学図書館を中心に始まっているのが、図書館のデジタル化です。教員や学生の限られたユーザーにID・パスワードを発行し、図書館のサーバーにアクセスさせて電子出版物を利用できるようにします。学術書や専門書の出版社にとっては、紙の出版物でも有力な購入先であった図書館への有料配信は大切なビジネスになるはずですが、ユーザー数やアクセス数との関係で使用料をどう設定するのかは難しい問題です。また、これが公共図書館にどこまで広がるのか、ひいては図書館の有料化にまでつながるのか、大いに注目していくべきでしょう。

◆ 国会図書館への電子書籍の納本問題

　納本制度審議会は、紙媒体の出版物と同様に、電子出版物も国会図書館への納本を義務づけるべきだという答申を出し、これにそって国会図書館法が改正されました。さまざまな実証実験を経てこの制度が具体的に実施されることになりますが、国民の「知へのアクセスを保証する」という大義名分のもと、出版界の電子出版ビジネスに悪影響を及ぼすような配信を国会図書館がすることのないよう、しっかり歯止めをかけていかなければなりません。

◆ 電子書籍に歌詞を使用している場合

　電子出版に関する諸問題の最後に、漫画や小説等の中で、JASRAC（日本音楽著作権協会）が管理する楽曲の歌詞を使っているものを電子配信する場合の使用料について解説します。これは、それまでのJASRACのインタラクティブ配信の規定を適用すると高額でビジネスにならないので、書協の知的財産権委員会に著作物利用分科会を作り、その下に歌詞WG（ワーキング・グループ）を設置し、雑誌協会著作権委員会のメンバーにも参加してもらって、足かけ3年の交渉で合意したものです。（→付録資料集4）

　その内容は〈1.基本的な考え方〉として、「電子書籍・コミックは音楽利用の比率が少なく、かつ部分的な利用であることから、（中略）減額して取扱う」こととし、配信事業者が配信のつど使用料を払うのではなく「出版社

が元栓で一括して処理する」ことを認めてくれました。なお、文書では書協加盟社に限定されていますが、日本の出版社すべてに適用されます。

また、〈2.適用範囲〉は「音楽を利用することを主たる目的としない出版物（楽譜集など書籍の内容が主として歌詞又は楽曲の場合以外）」に限定されましたが、「配信が紙媒体に先行する場合も含める」ことになりました。そして〈3.適用料率〉は、「ダウンロード形式（再生制限の有無に関わらず）」もストリーミング形式も「{情報料×0.2％}（又は0.2円のいずれか高い方）×リクエスト回数」で妥結しました。なお、「情報料収入を得ないストリーム配信（立読み）については」「当面の間、月額使用料に含める」ことで合意しました。

電子書籍の市場規模と電子配信がビジネスとして成立するぎりぎりのところで、書協とJASRAC双方がなんとか妥協点を見出すことができたのだと思います。この合意内容は、大口利用者である出版界に対して、JASRACが特例として使用料率の減額を認めたもので、JASRACの使用料規程には明記されていないのでご注意ください。

第6節　雑誌の出版権設定契約モデル

◆ 権利者の許諾と出版権設定は別

近年、中小企業庁等の指導もあり、雑誌掲載を目的とした執筆、撮影等を依頼する際に下請法に対応した発注書を発行する出版社が増えています。平成26年以前に配信を始めた電子雑誌の多くは、著作権者やその他の権利者に承諾書にサインしてもらうか、原稿料にいくらか上乗せした分はネット配信の許諾料だということを明記した文書を渡して、何らかの形で送信可能化を含む公衆送信権の許諾を得ているようです。

これはこれでビジネス上の権利処理としては正しいやり方だと思いますが、平成26年改正著作権法で認められた出版権設定契約ではありません。出版

社が権利者として独自にネット上の海賊版に対処できるようにするためには、きちんとした文言が明記された出版権設定契約が必要です。そこで日本雑誌協会著作権委員会では、海賊版の数が多く被害が最も深刻な漫画や小説を念頭に、雑誌に掲載される連載作品を主な対象にした「電子雑誌掲載合意書」を作成しました。

電子雑誌掲載合意書

掲載雑誌名　　　　　　　　　　　　　　（本雑誌）

著作物名　　　　　　　　　　　　　　　（本著作物）

著作者・著作権名　　　　　　　　（本名）

　　（著作者・著作権者）　（以下「甲」といいます。）と　　（出版社）（以下「乙」といいます。）とは、本著作物の電子雑誌掲載について、以下のとおり合意します。

記

1. 甲は、本雑誌が電子雑誌としても発行され、本著作物が電子版の本雑誌に掲載・配信されることを承諾します。
2. 甲は乙に対し、本著作物について、著作権法第80条第1項第2号に定められている権利についての出版権（電子出版権）を設定します。
3. 乙が本著作物を書籍化する場合には、甲乙協議の上、改めて契約を締結することとします。
4. 甲は、乙が本著作物を書籍化しない場合その他、必要に応じて、いつでも第2項の出版権設定を解除することができます。
5. 前項の解除後においても、甲は乙に対し、従前どおり本著作物を電子版の本雑誌に掲載して配信し続けることを承諾します。

　　　　　　　　　　　　　　　　　　　____年____月____日

甲（著作権者）　住　所

　　　　　　　　氏　名　　　　　　　　　　　　　　　　印

乙（出版権者）　住　所

　　　　　　　　会社名
　　　　　　　　代表取締役　　　　　　　　　　　　　印

電子雑誌掲載合意書（サンプル）の解説

1. 合意書（サンプル）作成の目的

　この合意書（サンプル）は、紙の雑誌とほぼ同時期に、紙の雑誌とほぼ同様の態様で配信される電子雑誌に、紙の雑誌に掲載される著作物を用いる場合を想定しています。いわゆるボーンデジタルの著作物や、紙の雑誌に掲載された著作物を記事単位等で配信する場合などについては、それぞれの利用態様に合った契約を行うべきであり、この合意書の対象とはしていません。

　紙の雑誌の執筆・掲載については、従来から出版権の設定は行われてきておりません。これは、雑誌という特性が、継続出版の義務など著作権法の出版権が想定している「出版」の態様にはなじまない点が多いことによります。

　これに対し電子雑誌においては、①発行後継続して販売される特性

が認められること、②各号の雑誌記事をPDFファイルにするなどデジタル・データ化して違法配信されることが想定されること、③そのような違法配信に対し、出版社自らが主体となって侵害対策を行うことが求められ、行うことが適切であるとされるであろうことなどから、電子出版権の設定が望まれているところです。

雑誌への寄稿、特に連載執筆開始にあたって、紙、電子を問わず、執筆・掲載の対価の定めだけではなく将来の書籍化についての優先権の定めなども含めた契約書を取り交わすという対応も今後の検討課題ではありますが、このサンプルは、上記の課題に対する対応として、必要最小限の電子出版権の設定に関する合意書として作成したものです。

2．各条項の意味
●1項
　雑誌掲載の承諾の中に、電子雑誌に収録され配信される承諾も含まれていることを明確にしています。「電子雑誌も発行されていることなど説明を受けていないし、知らなかった」というようなトラブルを防ぎます。
　この合意書（サンプル）は、簡潔な記述を行うことを優先しています。必要に応じ、出版権設定登録についての単独申請許諾や電子雑誌化する際に必要となる加工・改変の許諾などについての条項を付加することも考えられます。
●2項
　本項によって、本著作物について電子出版権を設定しています。電子出版権設定のための文言としては、日本書籍出版協会の出版権設定契約書ヒナ型のように電子出版の内容を記述することも考えられますが、当事者意思の齟齬は生じないと考え、この合意書では「著作権法第80条第1項第2号に定められている権利についての出版権（電子出版権）」と記述しています。

●3項

　乙において単行本化する場合には、紙媒体についての1号出版権の設定を含めた紙媒体・電子出版一括設定型の出版契約書を取り交わすことが想定されます。この合意書は、いわば「それまでの繋ぎ」という位置づけになります。この場合、より明確化することを意図するのであれば、後日取り交わされる一括設定型の出版契約書の特記事項として、「甲乙間で締結された＊年＊月＊日付電子雑誌掲載合意書は、本契約締結により、合意解除されたものとする。但し、乙は、同合意書記載の電子雑誌を従前通り配信し続けることができるものとする。」というような文言を記載しておくことが考えられます。

●4項

　乙において電子書籍化が予定されない(予定されていたが実行されない)場合にまで電子出版権設定を行うことは、電子出版の「塩漬け」が生じかねないとの批判があります。他方、電子書籍化が予定されていない場合であっても、冒頭に記載したように電子出版権設定が望まれる事情があります。

　そこで、電子雑誌発行に際してのこの合意においては著作者・著作権者から「必要に応じていつでも契約の解除ができる」旨を定めています。

　なお、「文書により乙に通知することにより」などと解除の手続を明確にするための文言を付加することも考えられます。

●5項

　4項により電子出版権の設定の合意が解除された場合でも、①当該記事だけを電子雑誌から削除する変更が困難であること、②読者は紙媒体の雑誌と同じ記事が掲載されているものとして電子雑誌を購入すること、③電子雑誌全体の配信を中止することは、他の作者の利益を損なうことになること、④すでに電子雑誌を購入した読者に対して再ダウンロードを認める場合があることなどから、従前どおり当該電子雑誌としての配信を継続する必要があります。そこで、解除された場合においても従前どおり掲載・配信できる旨を定めています。

法的には、この「従前どおり掲載・配信できる合意」は、第三者が設定を受けた電子出版権に対抗することはできません（著作権者に、第三者と出版権設定契約を締結する際に、従前どおり電子雑誌に掲載して配信されることを承諾させる契約上の義務を負わせていることになります。この承諾は、「従前どおり電子雑誌に掲載され配信されることについて異議を述べない旨の特約」と考えられますが、承諾のための法律構成は種々考えられるところです。）。

　実務的には、新たに電子出版契約を締結する第三者は、当該著作物の初出が雑誌掲載であり、契約時点においてもその電子雑誌に掲載され配信されていることを把握しているはずですから、契約当事者の意思としては、そのような電子雑誌の存在が継続されることを容認した上で、新たな契約を締結していると理解されます（もし、電子雑誌での掲載・配信を容認しないとすれば、その処理について話し合いがなされているはずです。）

　この合意書（サンプル）では、上記のように実務的に処理されることを念頭に、簡潔な規定としたものです。

3. 記載することが考えられる他の条項

　この合意書（サンプル）では、電子雑誌での掲載・配信の対価についての条項は設けておりません。著作物の性質や利用の具体的態様などを考慮し、電子雑誌に掲載する際の追加使用料の支払いの要否や、必要とされる場合の金額や支払い方法などをあらかじめ定めておくことが考えられます。

　日本雑誌協会著作権委員会の了承を得てここに掲載しました。この「合意書（サンプル）」は紙の雑誌に掲載されている連載漫画や連載小説等の著作物を、電子雑誌にも掲載して送信する場合だけを想定して作成されました。「解説」で丁寧に説明されていますので、ぜひ参考にして、各出版社それぞれの電子雑誌配信ビジネスに適応するよう、カスタマイズしてください。

なお、女性誌や情報系の雑誌を1冊丸ごと電子配信していて、そのままの形状でデジタル海賊版が出た場合は、編集著作権を持つ出版社が著作権者として対処できます。

第6章
掲載許諾と著作物の利用

小説の中で登場人物が歌詞の一節を口ずさむ、ノンフィクション作品で舞台となった場所の写真を紹介する、あるいは入門書において参照資料として先行作品の一部を転載する、美術評論で批評対象となる作品を提示する、学術論文で論拠を裏付ける図表を掲載する……。多くの出版物では、メインの作品以外に、既存の別作品が利用されます。エピグラフや挿絵、装画などさまざまなタイプの作品がさまざまな用途で使用されることによって一冊の本は構成されています。

　原則として、既存の作品を勝手に（＝無許諾で）利用することはできません。各作品について法的な権利を持つ相手から利用方法に対応した必要十分な許諾を得る必要があります。この必要な許諾を得るという行為は、いわば執筆活動にともなう責任の一つであり、したがって著作者が負うべき義務の一つです。一方、許諾を得るための作業には一定の知識や判断、また経験やノウハウが求められる場面も少なくないため、実際には編集者の積極的な関与が不可欠な領域となっています。

　本章では編集実務において、大きなウェイトを占める著作権を中心とした権利許諾（文脈に応じて、利用許諾あるいは掲載許諾とも呼びます）の処理について紹介します。

第1節　他人の作品を使いたい

　利用する作品が著作権法で保護されている場合には著作権者による許諾を得ることが必要です（著作権以外の権利処理については後述）。

　著作者は著作者人格権と著作権を享有し（17条）、著作権者は他人に対して著作物の利用を許諾することができる（63条）とされています。

　著作物の利用に必要な許諾を得る作業は、その著作物の正当な著作権者を確定し、連絡先を探すことから始まります。

◆ 著作(権)者とは誰か

　著作権は一義的には著作者に属します。著作者とは「著作物を創作する者」（2条1項2号）であり、著作物に実名または周知の変名が「著作者名として通常の方法により表示されている者」を著作者と推定する（14条）とされています。したがって、通常は出版物に表記されている著者や翻訳者が著作権者ということになります。複数人が共同で創作した作品で、それぞれを分離して利用することができないものは**共同著作物**と呼ばれ（2条1項12号）、著作権は当事者間で共有されます。

　著作者は自然人とは限りません。「法人等の発意に基づき、業務に従事する者が職務上作成し、法人名義で公表」した作品は**団体名義の著作物**と呼ばれ、**職務著作**となり、その法人等の団体が著作権者となります（15条1項）。

　映画（映像・動画）の著作権は映画製作者（映画会社や製作委員会）に帰属します（29条）。

　著作権者が死去した時は他の相続財産と同様に、著作権も遺族に相続されます。相続人が複数の場合、著作権は複数名で共有または分割されることもあります。遺言があればそれが優先され、なければ民法の規定に従って行われます。実際には遺族や関係者間の話し合いで決められることが多いでしょう。著作権者である法人等の団体が解散したり倒産したりした場合は、定款や解散時の取り決め、あるいは関係法令の規定に基づく手続きによることになります。

　著作権者は、その権利を第三者に譲渡することができます（61条1項）。支分権単位での譲渡はもちろん、期間を区切っての譲渡も可能です。ただし、権利が第三者と共有されている場合は他の共有者の同意が必要です。

◆ 連絡先を調べる

　著作権者が確定できたらその連絡先を調査します。著作者自身がSNSなどで直接窓口を公開しているなど、容易に判明する場合もありますが、概して個人情報保護法の施行以降は連絡先の把握が難しくなってきています。著作権者に到達するまでに、さまざまな方法を試みる必要が生じることも珍し

くありません。またネットでの情報収集は調査の第一歩ですが、「成りすまし」リスクの排除が困難なこともあり、ひとつのソースで安易に特定してしまうのではなく、複数の情報元にあたることを厭わないというような慎重さが常に求められます。ここでは連絡先を調査する際の基本的ノウハウをいくつか解説します。

(1) 各種の名簿や名鑑をあたる

まずは、公開情報からたどって行くのが一般的です。定期的に改訂される名鑑類には著作者や著作権者の連絡先の一覧が掲載されているものがあります。以下、代表的なものをいくつか紹介します。

- ■『文藝年鑑』日本文藝家協会編, 新潮社刊
- ■『美術年鑑』美術年鑑社刊
- ■『日本写真年鑑』日本写真家協会刊
- ■『現代外国人名録』日外アソシエーツ刊
- ■『マスコミ電話帳』宣伝会議刊
- ■『日本タレント名鑑』VIPタイムズ社刊

他にも、地域の人名録や専門領域ごとの名簿類も数多く発行されています。

(2) 著作者の作品を発行した出版社に仲介を依頼する

著作者の作品を発行している出版社がわかっている場合は、文書の転送や連絡の仲介をその出版社に依頼してみる方法もあります。うまく繋がった場合には、手数料の負担を申し出るなどして、謝意を伝えてください。

(3) 著作者が所属する組織や団体に問い合わせる

著作者が企業や大学などの組織に所属している、または最近まで所属していたという場合は、その組織を通じれば簡単にコンタクトがとれることがあります。著作活動を業としている方ならば、それぞれのジャンルの職能団体（付録資料1）から、学術関係の方ならば所属学会や該当分野の学協会から

連絡方法について助言が得られる場合もあります。

(4) その他

　出身地がわかっていれば、当該地方紙の文化部や地元の公共図書館に問い合わせるか、出身校の同窓会事務局に協力をお願いすることもできます。

　著作者が既に他界している場合は、遺族にあたる事になります。遺族の消息が不明であれば、前述の職能団体や所属学会に友人関係や弟子筋について問い合わせたりします。亡くなった日が判明している場合は、新聞の縮刷版や通信社のデータベースで死亡記事を検索すれば喪主がわかることがあります。地方に在住・在勤の著作者については地方紙が大いに参考になります。

　物故者の情報についてのレファレンスには、たとえば以下の出版物があります。

■『現代物故者事典』日外アソシエーツ刊
■『現代世界人名総覧』日外アソシエーツ刊

　作品によっては著作権が著作者や遺族から第三者に移転していることがあります。移転先がわかっていれば直接移転先に連絡を取ることになります。移転の事実または移転先が不明であれば、まずは著作者や遺族に問い合わせることになります。

　作品の利用に関して著作権者が代理人を設けている場合があります。弁護士事務所であったり著作者の所属事務所やプロダクションであったり、出版社が窓口となっている例もあります。

　利用の方法によっては作品の管理が**著作権等管理事業者**に委託されていることがあります。多くの場合、管理事業者は著作物の種類や利用方法ごとに設立されていますので、まずは該当の団体に問い合わせてください。海外作品の原作者については**翻訳エージェント**を通じてコンタクトをとる方法が一般的です。また、海外の美術作品や写真はフォトライブラリーや代理店が窓口になっていることがあります。

　なお、著作権が複数の人や組織で共有されている場合は、関係者全員の

許諾が必要です（65条）。物故者については相続関係が複雑な場合もあり、慎重な確認を行うことが必須です。また利用する作品が翻訳作品やその他の**二次的著作物**に該当する場合は原著作者からの許諾もあわせて得る必要があります（28条）。

◆ 許諾条件をしっかりと

　著作権者の連絡先が確定したら実際に許諾を得るプロセスに移ります。権利者サイドが必ずしも許諾事務に精通しているとは限らないので、むしろ許諾を受ける出版社（利用者側）が許諾行為全体を理解しておく必要があります。実際に許諾交渉を開始するには、まず相手方に希望する著作物やその利用方法について、以下のように正確な情報を伝えることが重要です。

（1）利用（転載）する作品とその範囲（程度）の特定
　書籍からの利用であれば著作者名、書名、出版社名、刊行日（版数・刷数）、開始ページ・行数、終了ページ・行数を、雑誌であれば誌名、刊行日（号表記）、開始ページ・行数、終了ページ・行数を、写真や絵画の場合は使用する際のサイズや色数等、作品の種別に応じた項目を明示します。

（2）利用の目的・方法
　印刷書籍（雑誌）での利用であれば著作者名、書名、シリーズ名、刊行日を基本として、必要に応じて判型、ページ数、価格、発行部数等を伝えます。連絡時点で未定の項目に関しては予定の情報でかまいませんが、大きな変化が生じそうな場合にはそのつど、通知することが望ましく、最終的に、著作権者が想定したものと異なる利用になってしまうことがないように留意してください。
　電子書籍（雑誌）として配信を行う場合はその旨を明記しておく必要があります。印刷物の頒布と電子配信では、それぞれを行うために必要な権利の種類（**支分権**）が異なるため、双方の権利（複製権／公衆送信権）についての許諾を明示的に得ておくことが不可欠です。

◆ 許諾条件の確定

　利用作品と利用目的をはっきりさせたところで許諾の条件を詰めていきます。以下、第三者の作品を利用する際に押さえておくべき項目を示します。

a）許諾の範囲

　通常、第三者の既存作品を利用する際に行われる許諾はいくつかの典型的な性質を持ちます。すなわち、当該出版物に限った許諾であること、当該出版物の刊行継続期間中に有効な許諾であること、非独占的許諾（単純許諾）であることです。つまり利用者はこの出版物においてのみ増刷・重版を含めて利用でき、権利者はそれによって自身での利用および他者への許諾に制限を受けることはありません。利用者も権利者もこの前提を理解しておくことが肝要です。

b）許諾の対価

　許諾条件で最初に確認しなければならないのが無償許諾か有償許諾かということです。有償許諾には買切り方式（一回限りの支払いで増刷・重版も認める）と印税方式（増刷・重版の場合に追加の支払いを行う）があります。一般に図版および数行程度の限られた分量の文章の利用には買切方式を、ある程度まとまった分量の文章の利用には印税方式をとっているようですが、実態はケースによってさまざまです。印税方式の場合、一冊に占める割合で利用料を算出するページ割（面積割）方式が大半ですが、まれに刷ごとに一定額を課す方式をとられることがあります。

　有償許諾の場合、課金方法と同時に支払先、支払方法、支払期限などもはっきりと合意しておく必要があります。

　出来上がった出版物（見本）の寄贈部数の確認も忘れないようにしてください。

　なお、出版物に関して「買切り」という時は、著作権の譲渡を意味しない場合が一般的ですので、注意が必要です。

c）クレジット表記

　利用する作品に関する著作物情報（クレジット）の表記方法、表示位置等についても相手方の了解を得ておきましょう。後述する「引用」における出所明示の説明も参考にしてください。（→P.135）

d）許諾の方法

　許諾に関する条件について権利者と利用者の間で合意が成立したら、双方が書面で合意の内容を確認することが重要です。利用者が合意事項について明記した許諾願いを作成し、権利者が記名捺印する。あるいは権利者が利用者に対して合意事項を記した有印の許諾証を発行するといったことが行われます。

　どうしても書面での確認が不可能な場合は、メール交換の記録をプリントアウトとして残すとともに、合意事項を網羅した最終確認のメールに了承する旨の返信をもらうなどの措置を行ってください。口頭でのやりとりのみの場合は日時・場所等の情報も含めた詳細なメモを作成し、まとめの文書を権利者に送付して了解を得るということを心がけてください。

e）付随的許諾

　第三者の作品について、必要な権利処理を行ったうえで掲載された出版物がレンタルブックに供されたり、複写管理団体を通じて該当箇所が複製許諾の対象になる場合があります。このようなケースまで想定した合意書を作成することは現実的ではありませんし、実際に問題となることもほとんどないと思われますが、権利者から疑問が発せられたときは、転載許諾に伴う付随的許諾であると回答することになります。

f）許諾の記録

　前述したとおり、ここで行われる許諾行為は、当該出版物の刊行継続期間中に有効な許諾ですが、利用者が許諾条件に違反した場合は、権利者の判断により許諾の解除、つまり出版の差し止めが可能となります。許諾料の支払い遅延や許諾範囲を超えた利用はもってのほかですが、双方の解釈の相違が

原因になることもあります。そのような事態を避けるためにも、合意書は誤解が生じる余地のないように作成することが重要です。

また、何らかの事情で権利者に異動があった場合など、許諾の経緯についての問い合わせを受けたりすることもあります。合意書などすべての権利処理の記録は、きちんと整理の上、会社として責任をもって保管しておくことをお勧めします。

◆ 裁定制度

あらゆる手段を試した結果、それでもどうしても権利者の連絡先がわからない。そういう時のために、著作権者不明等の場合の裁定制度（67条）が用意されています。（→付録資料9）すなわち「権利者が不明であるという事実を担保するに足りる程度の『相当な努力』を行」った上で、必要な書類を揃えて「権利者の許諾を得る代わりに文化庁長官の裁定を受け、通常の使用料額に相当する補償金を供託することにより、適法に利用することができる」（文化庁HP）というものです。裁定を得るための流れは、おおむね以下のようなことになります。

---

1. 権利者捜索のための「相当な努力」を行う
①次のいずれかを行う
・権利者の名前や住所等が掲載されている名簿・名鑑類の 閲覧
・ネット検索サービスによる情報の検索
　　　　　↓
②次の2つの照会を行う
・著作権等管理事業者等への照会
・利用しようとする著作物等の分野に係る著作者団体等への照会
　　　　　↓
③**下記のいずれかの方法で、公衆に対し広く権利者情報の提供を求める**
・日刊新聞紙への掲載
・著作権情報センター（CRIC）のウェブサイトに7日間以上掲載

> ↓
> 2. 文化庁長官へ裁定の申請（1申請につき手数料13,000円）
> ■以下、申請中に利用を行う場合の流れ
> （申請中に利用を行わない場合は、長官の裁定の可否決定の後に供託所に補償金額を供託して利用開始となる）
> ・文化庁長官が担保金額を決定
> ↓
> ・最寄りの「供託所」に担保金を供託
> ・（申請から1〜2週間で）利用開始
> ・文化庁長官が裁定の可否・補償金額を決定
> ■裁定結果が利用可の場合
> ・担保金と補償金に差があった場合の調整
> ・利用継続

　近年、「相当な努力」と認められるための要件のハードルが下がる傾向にあります。申請の方法も簡略化されてきており、裁定制度の活用が選択肢の一つとして現実的になってきています。具体的には文化庁著作権課に相談することからはじめることになります。手数料の額など詳しくは文化庁のウェブサイトをご覧ください。
(https://www.bunka.go.jp/seisaku/chosakuken/seidokaisetsu/chosakukensha_fumei/)

◆自由に使える場合

　第三者の作品を利用するに際して、権利者から許諾を得る方法について解説してきましたが、例外的に許諾を得ることなく利用できる場合があります。

（1）著作権フリー

　作品によっては権利者自身があらかじめ包括的に自由な利用を許諾しているケースもあります。ただし、著作権を放棄するための条約等の法的な規定

が存在しているわけではないため、民間の自主的ルールによって運用されています。国際的に著名な手続きとして「クリエイティブ・コモンズ・ライセンス（CCライセンス）」が挙げられます。

クリエイティブ・コモンズが定める、作品利用（再配布やリミックス作品の公開、実演等）における4つの基本条件とそれぞれを表示するマークは次の通りです。

 表示　　作品のクレジットを表示すること

 非営利　営利目的での利用をしないこと

 改変禁止　元の作品を改変しないこと

 継承　　元の作品と同じ組み合わせのCCライセンスで公開すること

これらの組み合わせによって、6種類の許諾条件を定めています。

規定の詳細は、それぞれの実態に合わせて定期的に更新されていますので、ウェブサイト（https://creativecommons.jp/）を確認してください。
　わが国の文化庁も「自由利用マーク」を定めています。
　いずれも、著作権者の意思表示を一目でわかるようにマークという形にしただけで、法令等に基づくものではありません。
　商業目的の利用に供されているフリー素材集も数多く存在していますが、提供元ごとに個別に利用条件が設定されていますので、十分な確認の上で利用してください。

　著作権者が「一定の範囲内であれば、自分の創った著作物を連絡や利用料の支払いなしに、自由に使ってもらってよい」ということを表すためのマークで、以下の3種類で構成されています（www.bunka.go.jp/jiyuriyo/）。

「プリントアウト・コピー・無料配布」OKマーク

変更、改変、加工、切除、部分利用、要約、翻訳、変形、脚色、翻案などは含まれません。

「障害者のための非営利目的利用」OKマーク

障害者が使うことを目的とする場合に限り、コピー、送信、配布など、あらゆる非営利目的利用を認めます。

「学校教育のための非営利目的利用」OKマーク

学校のさまざまな活動で使うことを目的とする場合に限り、コピー、送信、配布など、あらゆる非営利目的利用を認める。

(2) そもそも著作物性の有無

歴史的事実や自然科学上の法則等はそれがいかに偉大な発見であったとしても、創作性のある表現とはいえないので、著作物ではなく、著作権法上の保護を受けません。また気温の変化や人口動態の推移に関する数値を順番に並べただけのデータも、単に事実に属する情報なので、著作物とは認められません（データの選択や配列に創作性があれば編集著作物として保護されます）。

ミステリー小説のトリックもそれ自体は表現されたものではなく、アイディアに過ぎないため著作物とは言えません。

ビジネス文書における時候の挨拶や一般的な謝罪文のように誰が書いても同じようなものになる場合も、創作性を欠いた「ありふれた表現」として著作物性は否定されます。「戦争反対」や「安全第一」のようなスローガンや警句は思想や感情を表していても短すぎて創作性が認められる余地が小さいと思われます。

これらのものは著作権者から許諾を得る必要がなく、（少なくとも著作権法上では）自由な利用が可能です。

(3) 著作権法で保護されていないもの

一方、著作権法で保護の対象外と規定されている分野があります（13条）。すなわち「憲法その他の法令」、行政諸機関の「告示、訓令、通達その他これらに類するもの」、「裁判所の判決、決定、命令及び……裁判に準ずる手続により行われるもの」、および以上の「翻訳物及び編集物で」行政諸機関が「作成するもの」です。以上に該当するものは無許諾での利用が可能です。

(4) 保護期間の確認

著作物は著作権法によって、その保護期間が定められています。保護期間を経過した作品（PD＝**パブリック・ドメイン**と呼ばれます）は、それ以降は誰でも自由に利用できることになります。

●一般原則

　著作物が保護を受ける期間は著作物が創作されたその時から、著作者の没後70年間が原則です（51条）。年単位でカウントされるため、正確には死亡した翌年の1月1日から起算して満70年を経過した最初の大晦日まで保護されるということになります（57条）。共同著作物の場合はその著作者の中で、最後に亡くなった方の没後70年間保護されます。

●個別規定

　著作者表記がない無名の著作物、あるいはペンネームの覆面作家のように著作者が確定できない変名の著作物の保護期間は公表後70年間です。なお、公表から70年以前に明らかに没後70年が経過したと判断される場合は、その時点で消滅するとされています（52条1項）。ただし、公表時に無名または変名であっても、その後に実名や著作者の本人確認が可能なペンネームが明らかにされれば、保護期間は通常の原則通りに著作者の没後70年間となります（同2項）。未公表の場合は、創作後70年間保護されます（53条1項）。この場合も公表後に著作者本人の実名等が明らかにされれば著作者の没後70年間の保護となります（同2項）。また、会社などの法人やさまざまな団体が著作者として明示されている著作物の保護期間は公表後70年間です（著作権法改正により（2018年12月30日施行）保護期間は50年から70年に変更）。映画の著作物は、特別に公表後70年間（未公表の場合は創作後70年間）保護されます（54条）。

　長編連載小説や連続ドラマ（1話完結は除く）のように少しずつ発表していくタイプの著作物は、作品完成の発表時または最終回をもって公表の時とします（56条1項）。ただし、途中3年のブランクが生じた場合は、その段階で既発表部分に関しては公表したものとみなされます（同2項）。

　なお後述するように、写真と一部の映画作品に関しては現行著作権法施行（1971年）以前の旧著作権法（1899年施行）による規定が適用される場合があります。

●海外作品

　海外の作品であっても、著作権関連の国際条約に基づき、国内作品と同様に保護されます（6条）。日本の作品も海外で、その国の法律に従って保護

を受けています（**内国民待遇**）。ただし、相手国と日本とで保護を受ける期間が異なる場合には、どちらか短い方の期間が採用されます（**保護期間の相互主義**）（58条）。

サンフランシスコ講和条約締結国の著作物は、各国と日本との条約批准の日までに公表された作品について著作権の保護期間が10〜12年間延長される「**戦時加算**」の対象となります。詳細に関しては、書協発行の『翻訳出版の手引』を参照してください。

◆ 著作権の消滅

著作権者が死亡して、最終的に相続人が誰もいなかった時はその著作権は消滅します。著作権者が法人の場合、その法人が解散して、当該著作権がいずれの形でも継承されなかった時にその著作権は消滅します（62条）。

◆ 著作権の制限

保護期間内の著作物であっても、特定の目的の下での限られた範囲内であれば、例外的に無許諾で利用できる場合があります。家庭内での利用や教育目的・福祉目的の利用等、多岐にわたりますが、法律でそれぞれ条件が定められています。総称して「著作権の制限」と呼ばれますが、出版に関わる条項もいくつか定められています。

（1）引用

著作権の制限の中でも、一種独特な地位を占めているのが「引用」の規定です。他の著作権の制限規定とは異なり、利用形態や利用主体を限った内容ではありません。著作権法では次のように規定しています（32条1項）。すなわち「公表された著作物は、引用して利用することができる」とされ、「公正な慣行に合致するものであり、かつ、報道、批評、研究その他の引用の目的上正当な範囲内で行なわれるものでなければならない」というものです。抽象的な記述となっていますが、一方で、具体的なケースにおける解釈・運用においては、さまざまな裁判例や多くの学説が積み重ねられています。それだけに日常用語として使っている「引用」のイメージから離れて、

確実な理解のもと、厳格な条件にそって行う必要があります。
　以下、出版物において他人の作品を引用する際に守るべき要件を見ていきます。

① 公表要件
　条文にある通り、引用が可能なのは既発表の作品だけです。したがって、私信や日記、習作や研究ノート等で未公表のものは、一般には引用としての利用は困難な場合が多いと言えます（展覧会等で展示された作品は公表されたものとされます→P.158）。

② 明瞭区分性
　他者の作品を引用する際には、自分の作品とははっきり区別できていることが必要です。文章であれば「　」で括ったり、改行の後に字下げを行ったりするなどしてください。引用に限らず、自分の作品の中で第三者の作品を利用する場合は、読者がそれを間違いなく認識できるようにすることは最低限のルールです。

③ 主従関係
　あくまでも引用する側が主体で、引用される側が従たる関係でなければなりません。自説を補強する目的であったり、論旨を裏付ける目的であったり、あるいは批判や評価の対象であったりといったことが必要です。多くの場合、引用する作品に対する直接の言及は不可欠といえます。単に読者サービスを意図したような利用や見映えを良くするための利用は引用とは認められないと考えてください。

④ 必然性（必要性）
　また、その作品を引用する必然性が必要です。必ずしもその作品である必要がない（他の作品でも良い）場合は引用とはなりません。

⑤ 必要最小限度

引用する作品については、主従関係・必然性に鑑みて、必要な部分だけを利用するよう心がけてください。文章の場合、文字数や割合について、特に決まりがあるわけではなく、その都度、最適な分量を判断していくことになります。俳句や短歌のような短い形式をとる著作物に関しては、作品全体の引用も可能とされています。絵画や写真のような視覚的著作物の場合は、必要以上に大きなサイズでの利用や、必然性のないカラー図版での利用は、その作品自体を鑑賞させる目的であると判断され、引用と認められない可能性がありますので注意してください。

⑥ 改変の禁止

　引用等で他者の作品を利用するに際しては、原作のまま利用する必要があります。そもそも著作権法においては、他人の著作物を無許諾で改変することは（ごく少数の明示的例外を除いては）認められていません（20条）。仮に文章の引用を行うにあたって、ルビを振ることが避けられない場合には、必ずその旨を註記（「ルビは筆者による」等）してください。やむを得ず一部を割愛せざるを得ない時には、間違いなく読者に了解できるような表記（「……（中略）……」等）を行ってください。また、写真や絵画などを引用する場合に印刷精度の関係上、一部分を拡大せざるを得ないときには、引用作品の全体をコンパクトに示した上で、必要な部分の拡大図像を読者にその関係が理解できるように配置するといった工夫を行ってください。

⑦ 出所の明示

　引用に限ったことではありませんが、他者の作品を利用する場合は適切な出所の表示を行ってください（48条1項1号）。書籍からの引用であれば作品名・著作者名・出版社・刊行年、雑誌からであれば著作者名・作品名・媒体名・巻号表記、発言の場合は発言者名・場所（シチュエーション）・日時、絵画は著作者名・作品名・創作年といった具合に、著作物の種別によってそれぞれ必要な情報を、利用する作品のできるだけ近い場所に表記してください。

⑧ 要約引用

前記の条件をすべてクリアしたとして、他者の作品を要約して利用する場合も引用と認められるでしょうか。学説においても賛否はさまざまです。要約による引用を合法とした裁判例もありますが、どうしても要約して引用せざるを得ない特段の事情がある、全文を引用するよりも要約して引用する方が著作権者の権利に与える影響が少ないなどのケースに限られると考えてください。また、その場合でも対象の作品の趣旨に忠実に要約することが前提であるのは言うまでもありません。なお、200ページの作品を10行程度の文章に要約して掲載したとしたら、これは著作物の利用というよりも内容の紹介と判断されるべきで、著作権者の許諾は不要といえるでしょう。

⑨ 引用する際の留意点

　「引用」の解釈をめぐっては、多くの専門家が議論を戦わせてきました。今日でももっともホットな領域の一つです。現実に、常にケースバイケースの判断にならざるを得ず、編集に携わる誰もが頭を悩ませる問題です。とは言え、引用の判断の基本は「公正な慣行に合致」し、「目的上正当な範囲内で行われる」ことです。出版物のジャンルごとに慣行は異なってきますので、既存の出版物でどのように引用による利用がなされているかを十分参考にするよう心がけてください。時代によっても基準は変化します。その時々の引用をめぐる論調や判例に配慮しながらの判断も必要です。また広告や帯コピーでの利用は引用とは認められないとされていますし、名誉毀損を目的とした引用などは正当な範囲とは言えないでしょう。

　近年、「引用」は言論・表現の自由と著作権保護の両立を図る上で複雑かつ多様な調整機能を果たし得る概念としても認知されるようになりました。出版においても引用は不可欠な行為です。引用を行うにあたっては、いかなる時も節度を忘れない姿勢が求められます。なお、転載禁止表示がある場合でも必要な条件を満たした上で引用する際には特に問題はありません。

(2) その他の権利制限規定

　「引用」以外にも著作権の制限規定は数々ありますが、出版に係るものをいくつか見ていきます。行政機関が一般に周知させるために作成・公表した

広報資料や調査統計、報告書等は、説明の材料として出版物に転載することができます。ただし無断転載を禁止する表示がある場合はこの限りではありません（32条2項）。また、電子配信での利用はできないとされています。

公開で行われた政治上の演説や陳述も自由に利用可能です（政治的な立場や意見の表明であることが必要で、単に政治問題等を解説しただけのものは該当しないとされています）。同様に裁判や行政審判手続において公開で行われた陳述についても自由に利用することができます。ただし、同一著作者のものだけを集めて利用することはできません（40条1項）。

① 主として雑誌に関わる権利制限

新聞や雑誌に掲載された時事問題に関する論説は別の新聞、雑誌に転載可能です。ただし、学術的な内容のものや無断転載を禁止する表示がある場合はこの限りではありません（39条1項）。また、国の機関や地方自治体、独立行政法人等の公的機関で行われた公開の演説や陳述は、報道に必要な範囲内であれば政治的なものでなくても新聞や雑誌に掲載できます（40条2項）。

時事の事件を報道するにあたって、その事件が何らかの形で著作物をめぐるものであれば、当該の著作物を掲載することができます。たとえば絵画などの芸術作品の盗難事件の報道には被害にあったその作品を、ある展覧会の賑わいを報道する場合にはその賑わいの理由であると思われる作品を利用することが可能です（41条）。あくまでも時事の事件の報道に限られるため、過去の出来事や歴史上の事件は対象外です。

② 権利制限の利用に際して

上述の「引用」「行政機関作成の広報資料等の転載」「時事問題に関する論説の転載」「行政機関等における公開の演説の利用」「時事の事件の報道のための利用」については翻訳して利用することができます（43条）。

著作権の制限規定によって他者の作品を利用する場合には、いずれの場合も適切な出所の明示を行う必要があります（48条）。また、著作者人格権（公表権・氏名表示権・同一性保持権）を侵害することのないように気をつけてください（50条）。

第2節　既発表の文章を利用したい

　ここまで、他者の作品を利用する際の基本的なルールとコツや勘所について概観しました。以上のような一般的な規定のほかに、利用したい著作物の種別ごとに定められた特別な規定や注意点も存在します。そこで次からは著作権者の許諾を必要とする場合の、個別の留意事項を見ていきます。

◆ 翻訳文

　海外の作品について、既存の日本語訳を利用したい。この場合、翻訳文は外国語の原文（原著作物）の二次的著作物に相当します。したがって翻訳文の利用にあたっては、原文の権利と訳文の権利の双方について許諾を受ける必要があります（古典作品の翻訳のように原文の権利が消滅していても、翻訳者の許諾は必要です）。出典表記も原文・翻訳文それぞれの情報を適切に行ってください。

　引用して利用する場合はどうでしょうか。原作品の内容・論旨を目的とした引用であれば、要件を満たした上で、自ら翻訳する方法が本旨です。

　出版での利用を目的とした翻訳に関しては旧法に「**翻訳権の10年留保**」と呼ばれる特別な規定があり、この取り扱いが現行法でも維持されています。現行著作権法施行前の1970年までに発行された作品は、10年以内に翻訳物が発行されていなければ、以降は自由に翻訳利用できるというものです。詳細は書協発行の『翻訳出版の手引き』をご覧ください。なお、電子書籍には翻訳権の10年留保は適用されないとされています。

◆ 歌詞

　歌詞は音楽の著作物に属します。音楽作品の権利は一般的に著作権等管理事業者に管理が委託されています。（→付録資料2）管理事業者ごとに使用料規程を公開していますので、それに沿って利用申請を行います。増刷ごとに事前の申請が必要なケースがありますので、忘れないよう気をつけてご利用ください。具体的な申請方法は各管理事業者のウェブサイトをご参照くだ

さい。また、それぞれのサイトで管理楽曲を検索することもできます。

　音楽ジャンルの指定管理事業者として音楽作品の委託に関して最大シェアをもつ日本音楽著作権協会（JASRAC）と出版界（書協と日本雑誌協会）は、国内楽曲の出版物での利用（広告利用を除く）について別途の合意を締結しています。使用料規程には記載されていませんが、使用料規程「第4節出版等」における「1　販売用出版物」の「（2）書籍」と「（3）新聞、雑誌」に関する協定で、部分使用・極小使用という名称で活用されています。

> 部分使用──使用料：使用料規程の定める1/2の額
> ・歌詞の場合、音楽著作物の分量が1番の半分以下の使用
> ・楽譜の場合、音楽著作物の分量が8小節以下の利用
> 　　　　　　（但し、原曲が16小節未満の場合は、原曲小節数の半分以下）
> 極小使用──使用料：無償
> ・音楽著作物の分量がごくわずかな部分使用

①**部分使用**

　歌詞がいわゆる1番・2番と分かれている場合の1番に相当する分量（ワンコーラス・プラス・リフレインの部分）の**半分以下**の利用であれば、使用料が規程の**半額**に減額されます。

②**極小使用**

　楽曲の長さにもよりますが、数小節以内の利用であれば、使用料は**無料**になると考えられます。

　いずれの場合も、通常の利用申請とは異なり、部分使用（または極小使用）である旨を告知した上で、該当部分のゲラや原稿（利用する歌詞以外の部分は黒塗りでよい）を添えて申請する必要があります。JASRACによる確

認が完了した段階で、通常の申請と同様に許諾番号が発行されます。増刷時の申請にゲラ等の添付は必要ありません。使用料規程「第4節出版等」の「出版等の備考⑤」の規定（複製部数が少数の学術専門書・誌であるときは、該当する規定の額から20／100を限度として減額することができる）と併用することも可能です。

引用に該当する利用の場合には、いかなる申請も不要です。訳詞を引用する場合は「翻訳文」の項を参照してください。

◆ 録音物

著作権者から許諾を受ければ、講義や講演、シンポジウムやトーク等での発言を放送や録音物等の音源から文字化して利用することができます。ただし後々のトラブルを避けるため、文字に起こす際には用字法や文章の区切り方などを含めて、表現結果については発言者の確認を得ることをお勧めします。引用として無許諾で利用する場合は、発言を極力忠実に再現するよう心がけてください。

◆ 年表・年譜

年表や年譜は多くの場合、**編集著作物**として権利保護を受けています。したがって、既存のものをある程度まとまった分量で利用する場合には権利者の許諾を得る必要があります。ただし少数の代表的な出来事を並べただけのものであれば、創作性は否定され、保護の対象とはならない場合もあると判断されます。

第3節　アリモノの図版を使いたい

装画やイメージカット、説明資料など出版物には多様な目的で、さまざまな種類の図版が利用されます。ここでは図版（画像）の種別ごとに既存の作

品の利用にあたっての留意点を紹介していきます。

◆ 写真

　写真は出版物において、もっとも頻繁に利用される図版かもしれません。一方で利用のシーンでは常に撮影者と被写体、双方の権利に気を配る必要があります。被写体が著作物であれば、写真の著作権者に加えて被写体の権利者から許諾を得ることが必要です（ただし、例外もあります）。また、人物が被写体となる場合は、肖像権やパブリシティ権が問題となる場合もあります。

(1) 撮影者の権利

　出版物で写真を利用するケースの代表的例として、資料図版やイメージフォトとして被写体の掲載を目的として行われることが挙げられます。編集作業上の実感としては、そこに写されている画像の内容に注意が傾きがちですが、こうした場合、まずはその写真を撮影した撮影者が著作権者になるわけなので、その権利を適切に処理することが求められます。本来、特定の被写体を掲載したいのであれば、第一義的には自身で、あるいは誰かに依頼して撮影すべきものです。それを他者が撮影した既存の作品を利用することで替えようとするわけですから、撮影者に対する敬意をもって対応するという姿勢が不可欠です。もちろん、被写体に関わる権利許諾が必要な場合にはあわせてその許諾を得ることも忘れてはいけません。

(2) 著作物性のない写真

　衛星写真や定点カメラを用いて撮影された写真は、そもそも「思想または感情を創作的に表現したもの」には当たらないため、著作物性は認められないとされています。また絵画や版画のような平面作品を正面から撮影した写真には、写真としての特段の創作性はなく、したがって著作物とは認められていません。

(3) 被写体に関わる権利

前述したように出版物における写真の利用は写真の内容＝被写体の掲載を目的に行われることが大半です。ここでは写真に収められる被写体に関わる権利について解説します。

a）美術作品

著作権法では著作物の種類の一つとして「絵画、版画、彫刻その他の美術の著作物」と例示され（10条1項4号）、「美術の著作物」には美術工芸品を含む、と定義されています（2条2項）。以下、出版物における美術作品の利用に関する事項を実務に即して見ていきます。

●平面芸術

絵画や版画、イラストなどで創作性を備えた作品は美術の著作物として言語の著作物と同様に保護されます。「書」の作品も筆運びや墨の濃淡などで、ある程度の個性が感得できれば保護の対象です。いずれの場合も利用にあたっては文章作品のように権利者の許諾が必要です。一方、平面の芸術作品を正面から忠実に模写したものには創作性はないとされています。また、パッケージデザインやアートディレクションはそれ自体では多くの場合、著作権の保護の対象外とされています（もちろん、パッケージデザインの中に絵画や写真が利用されていれば、その部分は利用に当たって許諾が必要になります）。

●立体芸術

彫刻に代表される立体作品で創作性を備えた作品は美術の著作物として保護されます。立体作品を出版物で利用する場合には、撮影やスケッチなどの過程を経て、2次元作品に変換したものを利用することになります。位置取りや角度などこの変換行為に創作性があれば立体作品の二次的著作物となり、2次元作品を製作したカメラマンやイラストレーターから別途の許諾を得る必要が生じます。

●美術工芸品

創作性が認められる実用品や量産品は、**応用美術**（商業美術とも）と呼ばれ、保護の対象となる場合があります。基本的に応用美術は、2次元作品であれ3次元作品であれ、意匠法による保護を受けることができます（**意匠**

権)。さまざまな議論はありますが、これに加えて著作権法の保護を受けるためには、インダストリアル・デザインやグラフィック・デザイン上の高度な創作性が求められます。利用にあたっては、作品の性質と利用の態様を総合的に考慮して判断する姿勢が必要です。

たとえば、無許諾でデザイン家具や自動車について同一の製品やミニチュアモデルを作製・販売することは意匠権を侵害し、違法となりますが、撮影するなどして出版物で利用する限りでは自由に行えると考えられます。

作家の陶芸作品等、一品モノは著作物として保護される場合が多いでしょう。出版物と同様の印刷物であるポスターや絵葉書などを出版物で利用する場合は、ある程度の創作性を備えていれば著作物として扱うべきであると考えられます。

b) 建築

ある程度の創作性を具えた建築物（橋や塔などの構築物、庭園なども建築に含まれるとされています）とその設計図面は建築の著作物として保護されていますが、建物の外観の写真やスケッチでは自由な利用が認められています（46条）。これに対して、建築物の設計図面を出版物で利用する場合には、権利者の許諾が必要です。

c) 人物

人物を被写体とした写真や実在の人物を描いたイラストに関しては、後述する肖像権等のように、著作権以外の留意点があります。（→P.152）

d) 被写体に関する権利制限

芸術作品（美術の著作物）のうち、ビルの外壁に描かれた絵画や屋外彫刻等のように、その原作品が屋外等、一般に開放された見やすい場所に恒常的に設置されているものは建築物の外観と同様に自由に利用（撮影など）できます。もっとも、公開の美術の著作物だけを集めて写真集や画集にし、値段を付けて販売することは認められない可能性があります（46条）。

（4） 写真の引用

　引用に必要な要件を満たせば写真評論や写真史、あるいは写真家の評伝等に写真を引用することができます。ただし、トリミング等の加工は引用にあたっては避けるべきです。なお、主に被写体に着目した利用においては撮影者の権利を侵害するおそれがあります。

（5） 旧法規定

　写真については現行著作権法の施行（1971年）前のいわゆる旧法の規定が一部適用される場合があります。

a） 保護期間

　現行法の施行時に著作権の保護期間が満了している著作物は、改めて現行法による保護は受けないとされています（附則2条）。旧法規定の最後（1970年段階）においては写真の著作権の保護期間は、発行から（未発行の作品は撮影から）13年とされていました。したがって1956年12月31日以前に発行された写真は現行法の施行時に保護期間を満了しており、PD作品ということになり許諾は必要ありません。1957年以降の発行であっても、撮影が1946年以前であれば同様です。

b） 旧法による特例

　現行法施行前に公表された著作物で、現行法と旧法で保護期間に関する規定が異なる場合は、長い方の規定を適用するとされています（附則7条）。

　旧法では美術作品を対象として撮影した創作性のある写真は被写体の保護期間と同様の期間の保護を受けます。したがって、現行法施行以前に彫刻作品等を撮影した写真は、対象となった美術の著作物の著作者の死後38年間、権利が存続します。平面絵画を撮影した写真は前述のとおり、創作性が否定されていますのでこの規定の対象にはなりません。

　現行法施行前に公表された写真の著作物のうち、文芸・学術の著作物に挿入する目的で新たに撮影された写真は、著作権自体がその文芸・学術の著作者に属し、保護期間も文芸・学術の著作者の死後38年間とされています。

また、第三者からの依頼によって撮影された肖像写真については、その著作権は依頼者に属します（附則5条）。

（6）写り込み（権利制限）

　屋外で撮影された人物写真にたまたま、ある碑文が判読可能な状態で写り込んでいた。あるいは、ホームパーティの模様を撮影したビデオ映像の背景に絵画が大きく写り込んでいた。こうした図版を許諾を得て出版物で利用する場合に、写りこんでいる作品に関しては付随対象著作物の利用として、許諾なしに利用することができます（30条の2）。

◆ 映画

　映画やTVドラマを出版物で利用する場合はキャプチャー画像としての利用ということになります。なお、ゲームソフトの映像も映画の著作物に含まれるとされています。

（1）著作権者

　映画作品では、著作権者は映画製作者とされており（29条1項）、「映画の著作物の製作に発意と責任を有する者」と定義されています（2条1項10号）。具体的には映画会社や製作委員会等が該当します。なお、著作者人格権はプロデューサー・監督・ディレクター・撮影監督・美術監督等の「映画の全体的形成に創作的に寄与した者」に帰属します（16条）。

（2）保護期間

　映画の著作物の保護期間は公表後70年とされていますが、2003年の法改正による延長以前は公表後50年間でした。したがって、2004年時点で公表後50年を経過した（1953年12月31日以前の公表）作品の保護期間は既に満了しています。

（3）旧法による特例

　現行法施行前に創作が完了した映画の著作権の帰属は旧法の規定が有効と

されています（附則5条）。旧法では独創性のないニュース映像等の保護期間は写真と同様と規定されています。また、独創性を有する映画の保護期間に関して、個人名義で公表された作品については著作者の死後38年間存続するとされ、現行法の公表後起算とどちらか長い方が適用されます。

◆ 楽譜

楽譜は音楽の著作物に該当します。ほとんどの場合は著作権管理事業者を通じて利用申請を行うことになります。詳細は「歌詞」の項目を参照してください。（→P.140）

◆ 地図

地図とは地勢や地形を一定の縮尺で平面上に表現したもので、作製に際してできる限り忠実かつ正確に表現することが求められます。このような地図の特性上、個性的な表現は発揮しにくく、創作性が認められる余地が少ないといえるでしょう。たとえば、白地図や単純な線で描かれた地図に代表的な都市や施設だけを明示したものは、誰が作っても同じとならざるを得ず、著作物としての保護は受けられない場合が多いでしょう。一方、歴史地図やカラーの市街パノラマ地図（鳥瞰図）等、表現上の工夫が認められる案内図の利用には多くの場合、権利者の許諾が必要と考えられます。

国土地理院が作成した地図（空中写真を含む）は測量法により利用規約が定められています。出版物への掲載については、国土地理院に申請すれば無償で利用可能です。少量の利用であれば、出所明示をすれば申請も不要です。詳しくは国土地理院のウェブサイト〈https://www.gsi.go.jp/LAW/2930-index.html〉をご覧ください。

◆ 図形

学術的図面・図表・グラフ・模型等で創作的な表現を有するものは著作物として保護の対象となります。一方、誰が書いても同じようなものになる場合は、創作性を欠いた「ありふれた表現」として著作物性は否定されます。元素の周期表や囲碁・将棋の棋譜等も相当の表現上の工夫がなければ著作物

には該当しないでしょうし、単純な系図やデータを順に並べただけの表、一般的なグラフも同様です。このような図形類は無許諾で利用することが可能です。明解に著作権の有無の境界を示すことは困難です。わかりやすくするための表現上の工夫や美しく見せるための追加的表現に着目して判断してください。

◆ その他

(1) キャラクター

既存のキャラクターをそのまま利用したり加工して利用したりする場合は、権利者の許諾が必要です。キャラクターのポーズが既存のものと異なっていたとしても、一見して同一のキャラクターであることがわかるものは、利用の許諾が必要です。

(2) コンピュータ・グラフィックス

コンピュータを用いて創作された作品も著作権法上の扱いについて、それ以外の方法で創作された作品と異なるところはありません。静止画像であれば美術の著作物または図形の著作物に該当し、動画であれば映画の著作物ということになります。

(3) カリグラフィー

オリジナルのカリグラフィーや特殊な書き文字は美術の著作物に該当する場合があります。相当の創作性を感得することができるものは、必要な権利処理を行った上で利用してください。

(4) 生け花

生け花はわが国において、長い歴史を持つ芸術ジャンルの一つです。当然、美術の著作物として保護されます。ただし、一定程度の創作性が求められます。撮影するなどして出版物に掲載する場合は権利者の許諾が必要です。

第4節　他にもイロイロと使いたい

　著作権法をはじめとする法律でははっきりとした規定がないものや、似たような事例で異なった裁判例が存在するなど、利用にあたって判断に迷う場面が増えています。著作権以外の理由で当事者の了解が求められる場合もあります。ここではそうしたケースのいくつかを見ていきます。

◆ 著作権以外のアレコレ

　特に法的な根拠がないにもかかわらず、何らかの権利が存在するような姿勢で、無許諾の利用に対してクレームを付けられるケースがあります。実に対応に困る状況ですが、こうした事態を招来する原因となった素材に対して、擬似著作物と呼ぶことがあります。

（1）タイプフェイス

　タイプフェイス（書体）は日本では法的な保護の対象とはなっていません。いかなる書体も出版物で自由に利用できます。当然ですが、DTP（組版）作業のプロセスにおいて使用するフォントファイルは正規ライセンス品以外は違法となります。

（2）ファッション

　ファッション（モード）も日本の法律において明示的な保護の対象となっていません。ただし、特定のブランドに特徴的で著名な商品とそっくりなコピー商品を製作・販売すれば意匠法や不正競争防止法の違反となります。また、贋ブランド品を輸入することは関税法で禁じられています。トップデザイナーのオートクチュール作品のように、創作性が高い少量生産品と同等の商品を作成する行為は著作権侵害と判断される場合もあるでしょう。もっとも、ファッション関連商品を撮影するなどして出版物に掲載する範囲であれば無許諾で利用可能です。デザイン画は美術の著作物に該当すると考えられるため、利用に際しては権利者の許諾が必要です。

(3) 料理

グルメ本や料理記事は出版における大きなジャンルとなっています。数多い料理関連作品にはどのような権利があるのでしょうか。たとえばレシピは材料の種類と分量、調理方法（プロセス）で構成されるものであり、基本的には事実の羅列に過ぎず、表現に創作性があるとはいえません。叙述に創作性があればその文章は言語の著作物として保護されますが、内容に関しては誰でも自由に記述が可能です。盛り付けについてもその目的上、創作性が認められる余地は極端に狭いと言わざるを得ません。第三者がそっくりな盛り付けをしたからといって違法になるとは考え難いためです。テーブルコーディネートに関しても同様です。当然のことながら料理や調理過程を撮影した写真は撮影者に権利があります。

(4) アンケート結果

アンケートの集計結果は統計的数値であり事実です。思想または感情が介在してはならない領域です。したがって著作権の対象外です。客観的なランキングデータも同様です。

◆ 所有者、所蔵者の権利

美術作品等の出版物での利用にあたって所蔵者が許諾申請を求めてくることがあります。法的には著作物の利用に関して所蔵者はいかなる権利も有していません。裁判においても解決済みの事項であり、所蔵者の了解は不要です。作品の著作権者（PDを除く）と必要な場合は写真の権利者の許諾があれば十分です。

ただし、公開の場所以外に安置され、自由な撮影に供されていない作品は、新たな撮影にあたっては所蔵者の許可が必要です。撮影許可の条件として対価や条件が付されている場合はその合意の範囲内で利用してください。

写真エージェントやフォトライブラリーから写真を借りる場合は、それぞれの貸出元が設定したカテゴリーごとの条件に従って利用してください。公的アーカイブ等、フリー素材を提供する機関も増えてきましたが、利用にあたっては条件を十分に確認した上で行うようにしてください。

◆ 肖像

　個人が無断で写真に撮られたり、勝手に公表されたりされないための権利を**肖像権**と呼びます。法律による規定はありませんが、裁判例の長い積み重ねが存在します。

　肖像権には主として人格権的な利益に関わるプライバシー権と経済的利益に関わるパブリシティ権が含まれます。

　公人と私人とで主張できる範囲と場合が異なります。政治家や芸能人の場合は不特定多数の人前に出ることが業務において不可欠な要素であり、その際に他者から撮影されることも不可避であるとの了解が成立しているとの考えからです。ただし、業務を離れた極めて私的な領域（自宅内など）で行われた隠し撮りなどは、報道目的で公益性が高いと判断される場合などを除いて、**プライバシー権**の侵害となる可能性があります。

　まったく無関係な市井の一般人が写りこんだ写真を、本人が簡単に特定できるような方法で利用せざるを得ないときは、モザイク処理を施すなどすることを勧めます（撮影者の了解が必要です）。児童が写り込んでいる場合は、特に配慮が必要です。

　有名人の肖像をもっぱら顧客誘引（売上増）を目的として過度に利用した場合は、**パブリシティ権**侵害に問われる可能性がありますので注意してください。

◆ 商標

　モノやサービスの名称等は**商標権**で保護されています。著作権と異なり、登録制となっています。特許庁に出願後、審査期間を経て、問題がなければ商品や役務の種別（分類）ごとに期限付き（原則は10年間で更新が可能）で登録できます。登録する分類の数や期間によって費用が増減します。

　一般に第三者が登録した商標を出版物で利用することについては、特に許諾が必要とはされていません。本文の中で批評や紹介のために名称を使用することには何の問題も生じません。ただし装丁に登録されたロゴタイプを使用したり、タイトル（書名）に大きく目立つ形で登録された名称を表記した

り、帯コピーで利用する場合は相手側の確認をとる方がよい場合もあります。FIFAやOLYMPIC、TOEFLやTOEIC、DISNEYなど昨今は厳しい商標権者が増える傾向にあることに留意してください。

第7章
著作権制度を理解する

第1節　基本的な用語の定義

◆ 著作物の意味

　著作権法は、「著作物」に関する「著作者」の権利を定めた法律です（著作権法1条。以下同じ）。すなわち、そもそも著作物でないものは、著作権法が定める基本的なルールの適用を受けないということになります。

　この「著作物」は、「思想又は感情を創作的に表現したものであって、文芸、学術、美術又は音楽の範囲に属するものをいう」（2条）と定義されています。文芸以下に列挙されている分野は単なる例示であり、著作物であるか否かを判断する際に、厳密にどの範囲に属するかが問題になるわけではありません。たとえば、例示されていないコンピュータ・プログラムも著作物として認められています。また、美術の著作物には美術工芸品も含むとされており、大量生産されるような工業製品でも、高度な美術的価値を有するものであれば、著作権の保護を受ける場合もあります。

　また、後に述べるように、著作物の種類によって働く権利の内容が異なることがあります。たとえば、展示権は美術の著作物と写真の著作物の原作品のみに認められていますし、頒布権は映画の著作物に特有の権利です。

著作物の種類（例示）

言語の著作物	小説、脚本、論文、講演など
音楽	楽曲、歌詞
舞踊、無言劇	舞踊、バレエなどの振り付け
美術	絵画、版画、彫刻、書、漫画、美術工芸品など
建築	建造物（設計図は図面の著作物）
図形	地図、学術的図面、図表、模型など
映画	映画、ビデオソフトなど
写真	写真、スライドなど
プログラム	コンピュータ・プログラム

二次的著作物	翻訳、編曲、変形、翻案などにより創作したもの	
編集著作物	辞書、辞典、新聞など	
データベース	コンピュータ検索のために体系的に構築したもの	

◆ 創作的な表現

　創作的な表現とは創作者の個性が何らかの形で表れていればよいとされています。小学生の描いた絵であっても、そこに創作者の個性が表れているのであれば、著作物として認められます。

　思想と言っても、高邁な哲学や学問である必要はなく、感情と言っても、芸術的な高みに達した感興である必要もありません。簡単に言ってしまえば、「人が考えたり思ったりしたこと」です。

　これに対して、事実や法則等を述べたにすぎないものは創作性がなく著作物とはいえません。また、ユニークなアイディアや優れた考え方であっても、それが他人に知覚可能な表現をともなわなければ著作権で保護する著作物にはなりません。また、表現物であっても、その表現が「ありふれた」ものである場合には、創作性が否定される場合があります。一般に、個々の素材が著作物であるか否かは、著作権事件の裁判の帰趨を左右する一方で、個別の場合ごとに吟味を要する難しい問題ですので、ボーダーライン上のものには特に慎重な判断が望まれます。

　過去の裁判例等を通じて、著作物性があり著作権を認められるとされたものとしては、選挙の当落予想表、仏壇彫刻、博多人形、職業別電話帳、ウェブサイト上の転職情報、火災保険契約の説明書等があります。
　また、著作物性を否定された例としては、実験結果を表したグラフ、地下鉄路線図、木目化粧紙、50音順電話帳、契約書、船荷証券、スポーツのルールそれ自体（ルールブックは場合によっては著作物あるいは編集著作物と考えられる場合あり）、編み物の編み図、等に関する判例があります。し

かし、判例は当該事件において問題となった表現について判断を示したものに過ぎないので、上記のようなものに対して、すべての場合に同様の判断がなされるかどうかを断定することはできません。

書籍の表紙やカバーに関しては、そこに掲載されている写真や美術の著作物の著作権は別として、装幀自体は著作権の対象ではないと一般的には考えられてきましたが、近時の判例で、デザインやイラストの配置ないし配色に加え、書名、編者名及び出版社名の配置、字体ないし文字の大きさ等を含めた具体的な表現方法において、制作者の思想又は感情が創作的に表現されたものであると認められるとして、著作物性を認めた例もあります。

◆ 保護の対象となる著作物

日本の著作権法で保護する著作物は、次の3つのいずれかに該当するものです（6条）。

> ①日本国民の著作物。これには日本の法律に基づいて設立された法人、日本国内に主たる事務所を持つ法人が含まれます。
> ②日本国内で最初に発行された著作物。これには外国で最初に発行された日から30日以内に日本で発行された場合が含まれます。
> ③条約によって保護すべきと定められた著作物。これには日本が批准している著作権条約（ベルヌ著作権条約、WIPO著作権条約、世界貿易機関TRIPS協定等）の締約国の著作物が含まれます。

今では、いずれの著作権条約にも加盟していない国は極めて少数になっているので、世界中のほとんどの著作物は日本で保護されると考えてよいと思います。同様に日本の著作物も、世界中のほとんどの国で保護を受けることができます。現在、いずれの著作権条約にも加盟していない主な国としては、イラン、イラク、サンマリノ、エリトリア等があります。

◆ 保護の対象とならない著作物

上記の要件を満たす著作物であっても以下のものは著作権の対象になりま

せん（13条）。

> ①憲法その他の法令
> ②国・地方公共団体の機関、独立行政法人等が発する告示、訓令、通達その他これらに類するもの
> ③裁判所の判決、決定、命令及び審判（行政庁の裁決及び決定で裁判に準ずる手続により行われるものを含む）
> ④上記のものの翻訳物及び編集物で、国・地方公共団体、独立行政法人等が作成するもの

　注意を要するのは、日本の著作権法では、国の機関の名義で公表された上記以外の著作物には、国の著作権が及ぶということです。したがって、法32条2項で定める場合やその他の権利制限規定の適用がある場合以外の使用については、著作権の許諾を得る必要があります。これに対して、アメリカのように合衆国政府の著作物には著作権法の保護が及ばないとしている国もあります（アメリカ法105条）。したがって、アメリカ合衆国政府の名義による著作物は翻訳して出版することも自由に行うことができます（第三者が行った翻訳物には翻訳者の著作権が存在するので、翻訳者の許諾は必要です）。

◆ 著作者と著作権者

　著作者とは、著作物を創作した者です。日本法では職務著作といって、個人だけでなく、団体や会社も著作者となり得る場合を認めています（15条）。欧州等では、この職務著作を認めず、著作権はあくまでも個人に属するという原則を守っている法制度もあります。

　著作者は、著作権及び著作者人格権を享有します（広義の著作権）。一般に、単に「著作権」という場合は、財産的な価値を持った権利を指すことが普通（狭義の著作権）で、著作者人格権と区別されています。

　財産権としての（狭義の）「著作権」は、現金や有価証券あるいは動産・

不動産といった一般の財産と同様に、譲渡や相続の対象になったり、質入れしたりすることが可能ですが、著作者人格権は、著作者に一身専属であり他者に移転することはありません。つまり、著作権の譲渡等が行われた場合、著作者と著作権者が異なる状況が発生する場合があります。著作権の許諾を受ける相手と著作者人格権に関する了解を得る相手が異なることになりますので、注意が必要です。

◆ 編集著作権

　データベースを除く編集物で、素材の選択または配列が創作性を持つものは、編集著作物として保護の対象になります（12条）。上記の選択又は配列を行った者は編集著作権者となり、その編集物がその選択又は配列を維持した形で利用される場合に権利主張ができます。ただし、一部の素材だけが使われたり、配列が変わった場合には編集著作権は主張できません。また当然ながら、編集者の日常的に行う行為に編集著作権が認められるわけではありません。

◆ 「発行」と「公表」

　著作権法では、「発行」と「公表」を区別しており、公表は発行を含むより広い概念となっています。公衆の用を満たすことができる相当程度の部数の複製物が、著作権者あるいはその許諾を受けた者によって作成され頒布された場合、その著作物は発行されたことになります（3条）。どのくらいの部数であれば、発行にあたるかは、その著作物の性質に応じて異なりますが、概ね50人以上であれば、「公衆」の概念に含まれると考えられています。

　ここで注意すべきなのは、発行とはあくまでも「複製物」の作成・頒布が要件なので、インターネット上での送信だけでは、「発行」したことにはならないということです。

　一方、「公表」とは、発行され、又は上演、演奏、上映、公衆送信、口述若しくは展示の方法で公衆に提示された場合もしくは送信可能化された場合（4条）とされており、インターネット上での送信が行われれば、公表されたことになります。

実際の著作物の利用にあたっては、「公表」があったかどうか、その時点がいつであったかが問題になる場合が多いと言えます。たとえば、適法な引用ができるのは、公表された著作物に限定されていますし、無名・変名の著作物、団体名義の著作物、映画の著作物の保護期間の起算時は公表時となっています。これに対し、「発行」が問題となるケースとしては、発行地の条件によって保護を受ける著作物か否かが判断される場合や、レコードに関する著作隣接権の起算時期等の限られた場合となっています。

第2節　著作権の権利内容

◆ 著作権の支分権

　財産権としての著作権は、著作物の利用の仕方に応じたさまざまな権利に分けられています。たとえば、複製権、口述権、上映権、譲渡権、公衆送信権などです。このひとつひとつの権利を支分権と呼びます。著作権はその全体について、第三者の利用に対する許諾を行ったり、譲渡したりするだけでなく、支分権ごとに、許諾、譲渡等の処分を行うこともできます。換言すれば、支分権を特定して行われた許諾や譲渡の効果は、他の支分権には及ばないということです。

　この著作権を持つ者を著作権者と呼びます。著作権者には、その著作物を創作して、はじめから著作権を持つことになった著作者だけでなく、前項で述べたように元の著作権者から著作権の譲渡や相続を受けた者も含まれます。

著作者の権利

著作者人格権（一身専属、譲渡不可）
　　公表権
　　氏名表示権
　　同一性保持権

著作権（財産権、譲渡・相続可能）
　　複製権（すべての著作物に適用、複製手段の如何を問わない）
　　上演権、演奏権
　　上映権（すべての著作物に適用）
　　公衆送信権（放送、有線放送を含む）
　　送信可能化権（自動公衆送信における権利）
　　口述権（言語の著作物のみ）
　　展示権（美術の著作物、写真の著作物の原作品のみ）
　　頒布権（映画の著作物のみ）
　　譲渡権（適法な第一次譲渡によって消尽）
　　貸与権（複製物の貸与のみ）
　　翻訳権、翻案権（翻訳、編曲、変形、脚色、映画化、その他の翻案）

著作隣接権
　　実演家の権利
　　　　録音権、録画権
　　　　放送権、有線放送権
　　　　送信可能化権
　　　　譲渡権、貸与権、（貸与権期間経過後の報酬請求権）
　　　　（商業用レコードの放送使用料請求権）
　　　　氏名表示権、同一性保持権
　　レコード製作者の権利
　　　　複製権
　　　　送信可能化権
　　　　譲渡権、貸与権（貸与権期間経過後の報酬請求権）
　　　　（商業用レコードの放送使用料請求権）
　　放送事業者の権利
　　　　複製権
　　　　再放送権、有線放送権
　　　　テレビ放送の伝達権

送信可能化権
有線放送事業者の権利
放送事業者の権利とほぼ同じ

　著作権法で定められている財産権、補償金請求権及び著作者人格権は以下の通りです。

(1) 複製権（21条）
　複製とは、印刷、写真、複写、録音、録画その他の方法によって有形的に再製することをいい、著作権者はこのように著作物を複製する権利を専有しています。「専有」するという意味は、著作権者のみが自らの意思によってその行為を行うことができるという意味であり、それには著作権者が第三者に対して権利の行使を許諾できる権限も含んでいます。つまり、著作権者の意思に反しては何人といえども著作物を無断で複製することはできないというのが著作権法の大原則です（ただし、後述する制限規定による例外があります）。
　著作物をコピーするなどして、原作品そのままの複製物（デッドコピー）を作成することが、複製権の対象となる行為であることは明らかですが、著作物の同一性を損なわない範囲で実質的に類似したものを作成した場合も複製権の対象となる場合があります。

(2) 上演権・演奏権（22条）
　上演権および演奏権は、公衆に向けて演劇の著作物等を上演すること、演奏とは同じく公衆に向けて音楽の著作物を演奏することについての権利です。出版とは直接関係はないですが、演奏権に関しては、観客を前にしたライブでの演奏のみならず、スナックやカラオケ店での客の歌唱について、施設・場所や機器等を提供することによって侵害を助長したとしてスナック等の経営者に責任を認めるという判断が裁判上見られます。

(3) 上映権（22条の2）

　上映権は、著作物を公に上映する権利であり、上映とは、著作物を映写幕、ディスプレイ等に映写することをいいます。かつては上映権は映画の著作物のみに認められていましたが、平成11年の改正によってすべての著作物に認められるようになりました。出版物の版面をディスプレイに映し出すことも上映権の対象となる行為です（ただし、講演会等での講師の説明の資料として用いるような場合には、引用が認められる可能性があります）。

(4) 公衆送信権（23条1項）

　著作者は、著作物について公衆送信を行う権利を専有しています。文字通り「公衆」への送信に際して働く権利なので、特定の第三者に限定して著作物の送信を行うだけではこの権利を侵害したことにはなりません。一方、インターネット上のサーバーに著作物を置いて、利用者に閲覧・ダウンロードさせる場合（自動公衆送信）には、実際に利用者がアクセスするまでもなく、公衆の求めに応じて自動的に送信することが可能な状態にする（送信可能化）段階で、公衆送信権が働くことを認めて、実質的に権利者の保護を図っています。

(5) 公の伝達権（23条2項）

　公衆送信される著作物を受信装置を使用して、公衆に見せたり聞かせたりする権利です。たとえば、大型スクリーン等で勝手にテレビ放送中の映画を伝達されない権利です。

(6) 口述権（24条）

　言語による著作物を朗読その他の方法により口頭にて伝達する権利です。たとえば、言語による著作物を公衆の面前で朗読するような場合にはこの権利が働きます。ただし、後述するように、非営利無償等の要件を満たしていれば、権利者の許諾なしでも行うことができる場合があります（38条1項）。

(7) 展示権（25条）

美術の著作物または未発行の写真の著作物について、これらの原作品により公に展示する権利です。たとえば、美術・写真の著作物を展覧会等で展示する場合には展示権者の許諾を必要とします。一方で、展示権は複製物の展示には及ばないので、画集や写真集を展示する場合には展示権は働きません。

(8) 譲渡権 (26条の2)
　譲渡権は、著作者に無断で著作物（映画の著作物は除外されます）をその原作品または複製物により公衆に譲渡させない権利です。法律上は、出版物を制作して販売するためには、著作物を掲載するための複製権の許諾に加え、それを販売するための譲渡権の許諾も受けなければなりません。出版契約書ヒナ型では「複製し、頒布すること」の許諾を得るようになっています。なお、譲渡権は、適法に第一次譲渡が行われた以降は、主張することができません（第一次譲渡による権利の消尽）。

(9) 貸与権 (26条の3)
　貸与権は、著作者の許諾を得ないで著作物（映画の著作物は除外されます）の複製物を公衆に貸与させない権利です。

(10) 頒布権 (26条)
　頒布権は、映画の著作物に特有の権利であり、著作権者の承諾を得ることなく映画の著作物を頒布させない権利です。頒布（はんぷ）は、複製物を譲渡または貸与することとされています。

(11) 翻訳権、翻案権等 (27条)
　著作者は、その著作物を翻訳、編曲、変形、脚色、映画化し、その他翻案する権利を専有しています。すなわち、著作権者に無断で、二次的著作物を創作されない権利です。

(12) 二次的著作物の利用に関する原著作者の権利 (28条)
　二次的著作物の原著作物の著作者は、二次的著作物の利用に関し、二次的

著作物の著作者が有する権利と同等の権利を有しています。

なお、他者に著作権を譲渡する場合、27条と28条の権利も含めて譲渡しようとする場合は、譲渡の目的としてこれらの権利を特掲しておく必要があります。「すべての著作権を譲渡する」等と書いても、27条又は28条の権利は含まれず、原権利者に留保されると推定されます（61条2項）。

◆ 著作者人格権

以上で述べたのは、財産権としての著作権ですが、著作者はこの他に人格的な権利を有しています。これらは著作者人格権と呼ばれ、日本法では次の3つの権利が定められています。

（1）公表権（18条）

著作者は、自らが創作した著作物で、まだ公表されていないものを公表するかしないかを決めることができます。ただし、いったん公表してしまったものを取り消すことはできません。たとえば、公表されたものでなければ引用は認められませんが、いったん公表してしまったあとでは、適法に引用されることに対して拒絶する法的権限は失われてしまいます。また、未公表の著作物の著作権を第三者に譲渡してしまった場合には、譲り受けた者がその著作物を公表することに著作者が同意していると推定されます。

（2）氏名表示権（19条）

著作者は、自らの著作物を公衆に向けて提供・提示する場合に、どのような名義でそれを行うかを決めることができます。その名義は、本名であっても、ペンネームのような仮名・変名であっても構いませんし、何らの名義を付さずに匿名で発表することもできます。したがって、著作者本人が望む名義と異なる名義で公表したりすることは、仮にその名前が本名であったとしても氏名表示権侵害になります。匿名で公表した著作物の作者を本人が望まないのに明らかにすることも許されません。

（3）同一性保持権（20条）

著作者は、自分が創作したままの形でその著作物が利用されることを求めることができます。また、著作物につけた題号（タイトル）が第三者によって勝手に変えられてしまうことを拒否する権利を持っています。法20条1項は、著作者の意に反して「変更、切除その他の改変を受けないものとする」と定めています。したがって、著作者からもらった原稿を修正する必要が生じた場合には、たとえそれが原稿の誤りを訂正する場合であっても、著作者の了解を得なければなりません。

　ただし、法律ではこの同一性保持権に関し、以下のような場合には、著作者の許諾を得ずに必要な改変を行うことを例外的に認めています（20条2項）。

> ①教科書への掲載や学校教育番組での使用において、用字・用語の変更等の改変で学校教育の目的上やむを得ない場合。
> ②建築物を増築、改築、修繕又は模様替えによって改変する場合。
> ③プログラムの著作物を、それを使用するコンピュータ上で利用できるようにするため、またはプログラムの著作物をより効果的に利用できるようにするために必要な改変を行う場合。
> ④その他、著作物の性質並びにその利用の目的及び態様に照らしやむを得ないと認められる改変を行う場合。

◆ 保護の要件

　著作物は、創作された時点で著作権が発生します（17条2項）。これを無方式主義といいます。ベルヌ条約及びその原則を継承しているWIPO著作権条約やTRIPS協定の締結国には、無方式主義が義務付けられています。一方で、登録等の手続きを行わないと権利が発生しないという制度は方式主義と呼びますが、この制度をとっている国は現在ではごくわずかになっています。

　また、外国の法律の中には、著作権が発生するために何らかの「固定」がなされることを必要としているものもありますが、日本法ではこのような固

定要件はありません。

　たとえば、自作の詩を即興で朗詠した場合には、理論的にはその声が発せられた時に著作権が発生します。その詩を聞いていた人がそれを暗記して、同じ詩を無断で別の場所で語ったとしたら、著作権侵害となるということです。しかし、これは理論上の話で、現実的に著作権を第三者に対して主張するには、何らかの媒体に固定されていることが必要になります。そうでなければ、侵害物との異同を判断することもできないからです。

◆ 保護期間

　財産権としての著作権は、未来永劫保護されるわけではなく、一定の期間を経過すると権利が消滅します。日本では、著作権の保護期間は著作者の生存中および死後70年間とされています（51条）。死後の保護期間の計算は、死亡した日の翌年の1月1日から満70年を経過する12月31日までとなります。たとえば、1970年11月25日に死亡した三島由紀夫の著作権は、1971年1月1日から起算して満70年後の、2040年12月31日まで保護されることになります。また、法人その他の団体が著作の名義を有する著作物の著作権は、その著作物の公表後70年を経過するまでの間、存続することとされています（その著作物が創作後70年以内に公表されなかったときは、創作後70年）（53条）。無名・変名の著作物も公表後70年となっています（52条）。また、映画の著作物は、公表後70年です（54条）。TPP11協定に関連した法改正により、日本の著作権の保護期間は50年から70年に延長されました（2018年12月30日施行）。なお、施行日より前日に保護期間が満了したものについては、50年から70年に期間が延長されることはありません。

　一方、著作者人格権は著作者に一身専属の権利なので、譲渡や相続の対象にはなりません。しかし、法律では著作者の死後においても、著作者が生存しているとしたら著作者人格権の侵害にあたるような行為を禁じています（60条）。

保護期間（著作権の存続期間）(51〜57条)	
原則的保護期間	創作の時から著作者の死後70年間を経過するまで 共同著作物の場合は最終死亡者の死後70年間
周知の変名の著作物	原則的保護期間に準じる
無名変名の著作物	著作物公表後70年間（この期間内に死後70年経過と認められる場合は、その時点で消滅）
団体名義の著作物	公表後70年（創作後70年以内に公表されなかった場合は創作後70年で消滅）
映画の著作物	公表後70年（創作後70年以内に公表されなかった場合は創作後70年で消滅）
継続的刊行物	号又は回を追って公表するもので、公表時起算の場合は毎冊、毎号の公表時。一部分ずつ逐次公表するもので、公表時起算の場合は最終部分の公表時。
保護期間の計算方法	著作者の死亡、著作物の公表もしくは創作の年の翌年1月1日から起算する。

◆ 著作権の国際的な保護

　著作権に関わる条約は、最古のものとしては1886年に成立したベルヌ著作権条約（正式には「文学的及び美術的著作物の保護に関するベルヌ条約」といいます）があり、数次の改正を経て現在に至っていますが、この条約の改正には加盟国の全会一致が必要とされており、現在ではほとんど改正が見込めない状況になっています。

　万国著作権条約は、1952年に、アメリカを中心にした上記の「方式主義」をとる国と無方式主義のベルヌ条約加盟国との間の仲立ちをすることを主な目的として成立した条約ですが、現在では、アメリカをはじめほとんどの加盟国がベルヌ条約あるいはその後に成立した他の著作権条約に加盟するようになっており、その重要性は低下しています。

　1994年には、世界のほとんどの国が加盟している世界貿易機関（WTO）協定の附属書である、知的所有権の貿易関連の側面に関する協定（TRIPS協定）が作成されましたが、これはベルヌ条約の保護水準の遵守を条件としています。

また、2002年には、WIPO著作権条約が発効しました。WIPOは、「世界知的所有権機関」の略称です。この条約は、進展するデジタル化とネットワーク化に対応することが主な目的であり、ベルヌ条約の保護水準を前提として、インタラクティブ送信、技術的保護手段等に関する取り決めを行っています。
　このような国際条約を批准した国々は、条約の定める保護の水準をそれぞれの国の法律によって達成することが求められます。また、著作権の権利制限規定を制定することは各国の法制度によって可能ですが、その国内法制定にあたっても条約の定めるルールに抵触しないことが必要です。ベルヌ条約では、この権利制限規定の制定にあたっての3条件として、①特別の場合であって、②当該著作物の通常の利用を妨げず、③著作者の正当な利益を不当に害しないことを求めています（これはスリーステップテストと呼ばれています）。条約はこのように加盟国の法制度の基準となり、それらの国内法を通してその精神を実現することになりますが、各国における著作権事件において直接の規範になるとは限りません。

第3節　著作権の制限規定

◆ 制限規定の目的

　著作権の行使や処分は、原則として著作権者が自らの意思によって行うことができます。
　法律では、著作者は、著作者人格権および著作権を「享有する」という表現でこれを表しています（17条1項）。著作物が、思想・感情の創作的な表現物であるということから、その創作者の意思を最大限尊重するというのが、著作権法の本来の趣旨であるといえますが、一方で、表現された著作物は、人類共通の文化的資産として広く利用されることによってその価値が十分に発揮されるという側面もあります。このように保護と利用のバランスをとる

ために、著作権法では一定の場合には、著作権者の権利を「制限する」つまり、利用者が著作権者の許諾を得ないでも利用できることとしています。法30条以下に列挙されている「著作権の制限規定」がこの規定です。

かつては著作物の利用者は、主として出版社、レコード会社、放送局等のいわゆるプロフェッショナルの場合がほとんどでした。しかし、著作物の利用手段の多様化と普及によって、一般の人々やこれまで著作物利用にあまり携わってこなかった種類の産業においても、著作物を利用する場面が増大してきました。この傾向は、著作物のデジタル化と利用手段のネットワーク化によって飛躍的に拡大したと言えます。

そのような状況下での著作物利用は、従来では予想もしなかった方法や手段によるものも少なくなく、そのすべてに許諾を要していたのでは社会のニーズに応えられないという意見が強くなってきました。こうした要望に応える形で、著作権者等の利益を不当に害さない範囲で、著作権を一定程度制限して、保護と利用のバランスをとろうとする動きが大きくなっており、著作権制限規定に関する法改正が頻繁になされています。

◆ 現行法における制限規定

（1）私的使用のための複製（30条）

家庭内又はこれに準じる範囲で行われる複製は、私的使用として許諾を得ずに行うことができます。しかし、たとえば、企業の中で会議資料にするために出版物をコピーすることは私的使用とはいえず、本規定の対象外です。

（2）付随対象著作物の利用（30条の2）

写真の著作物を中心とした、いわゆる「写り込み」に関する規定です。主たる著作物を撮影した場合、その背景等に、著作権を有する他の著作物がたまたま撮影されてしまった場合、この規定が適用されます。

（3）検討の過程における利用（30条の3）

著作権者の許諾あるいは裁定を得て著作物を利用しようとする場合、その使用を検討する過程で著作物を複製することができます。検討の結果、実際

の利用をするかどうかは問われません。

(4) 技術の開発又は実用化のための試験の用に供するための利用 （30条の4）

録音、録画その他の利用に係る技術の開発や試験に利用する場合には、その必要限度の範囲で、著作物を利用することができます。

(5) 図書館等における複製等 （31条）

図書館法によって認められている公共図書館、大学図書館等、政令で指定されている図書館では、利用者の求めに応じて、所蔵資料の一部分を複製して提供することができます。また、国立国会図書館では市場での入手が困難な絶版等資料に限って、他の図書館の求めに応じて自動公衆送信を行うことが認められています。

(6) 引用 （32条）

公表された著作物は、公正な慣行に合致する方法によって、報道、批評、研究等の目的上正当な範囲内であれば、引用して利用することが認められています。この場合の利用には、複製のみならず口述、上映、公衆送信等のさまざまな利用も含まれます。従来、最高裁判決に基づき、「明瞭区別性」及び「主従の関係」が引用の要件とされてきましたが、近時の判例では、より条文に即した判断を行う判例も見られるようになっています。（→ P.135）

(7) 教科用図書等への掲載 （33条）

小中高校等で使用される検定教科書には、著作者への通知と、著作権者への一定の補償金の支払いを条件にして、公表された著作物を著作権者の許諾を得ずに利用することができます。

(8) 教科用拡大図書等の作成のための複製等 （33条の2）

障害のため、通常の教科書を使用することが困難な児童生徒のための拡大教科書に著作物を利用することを認めています。前条に準じた補償金の支払いがなされます。

(9) 学校教育番組の放送等（34条）

学校教育のために必要と認められる範囲で、学校向けの放送番組に著作物を利用することは、相当な額の補償金支払いを条件に認められています。

(10) 学校その他の教育機関における複製等（35条）

学校等の教育機関で授業を担任する者および授業を受ける者は、著作物の種類・用途、利用の部数・態様等に照らし、著作権者の利益を不当に害さない場合には、複製を行うことができます。また2020年4月から授業目的公衆送信補償金制度が始まりました。詳細はSARTRASのウェブサイトで参照してください（https://sartras.or.jp/faqs/）。

(11) 試験問題としての複製等（36条）

公表された著作物は、入学試験問題その他の試験問題として複製することができます。営利目的の試験の場合には、著作権者への補償金の支払いが必要です。

(12) 視覚障害者等のための複製等（37条）

点字によって複製することは誰でも行うことができ、公衆送信も可能です。録音図書の作成については、図書館団体が著作者団体との協議に基づいて公表しているガイドラインを参照してください（https://www.jla.or.jp/library/gudeline/tabid/865/Default.aspx）。

なお、2013年6月に「視覚障害者及び読字障害者の出版物へのアクセス促進のためのマラケシュ条約」が成立し、日本も2018年10月に批准しました。

(13) 聴覚障害者等のための複製等（37条の2）

聴覚障害者のために放送番組等に字幕を付与すること等を許諾なしで行うことを認めています。

(14) 営利を目的としない上演等（38条）

非営利かつ無料で、実演を行う者に報酬を支払わない上演、演奏、上映、

口述は許諾なしに行うことを認めています（1項）。また、公表された著作物の非営利かつ無料の貸与も認められています（4項）が、映画の著作物については特別な規定が設けられています（5項）。

(15) 時事問題に関する論説の転載等（39条）

出版物に掲載された、時事問題に関する論説は他の出版物への転載、放送での利用を行うことができます。ただし、それらを禁じる文言が付されていない場合に限ります。

(16) 政治上の演説等の利用（40条）

公開の場で行われた政治上の演説や裁判における公開の陳述等は、それらの編集物として利用する場合を除き、自由に利用することができます。

(17) 時事の事件の報道のための利用（41条）

時事の事件の報道の場合、その事件に際して見聞できる著作物は、報道の目的上正当な範囲内で利用することができます。

(18) 裁判手続等における複製（42条）

裁判手続き又は立法・行政のための内部資料として必要と認められる限度で、著作物の複製が認められています。また、行政目的に準じた特別な場合の利用についても一定の範囲で著作権を制限しています（行政機関情報公開法等による開示のための利用（42条の2）、公文書管理法等による保存等のための利用（42条の3））。

(19) 国立国会図書館法によるインターネット資料及びオンライン資料の収集のための複製（42条の4）

国会図書館ではインターネット資料又は当該オンライン資料に係る著作物を国立国会図書館内の記録媒体に記録することができます。

(20) 翻訳、翻案等による利用（43条）

制限規定で認められている利用の中には、著作物を翻訳あるいは翻案することも認められている場合があります。

(21) 放送事業者等による一時的固定 (44条)
　放送事業者は、自らが放送を行うために、当該番組を6カ月を超えない範囲に限り、一時的に固定することができます。

(22) 美術の著作物等の原作品の所有者による展示 (45条)
　美術の著作物の原作品を所有している人は、その美術品の著作権者の許諾を得なくとも、その美術品を公に展示することができます。

(23) 公開の美術の著作物等の利用 (46条)
　屋外の場所に原作品が恒常的に設置されている美術の著作物および建築の著作物は、その著作物を増製したり複製建築したり、あるいは専ら販売目的で複製するような場合を除き、自由に利用することができます。

(24) 美術の著作物等の展示に伴う複製 (47条)
　美術の著作物又は写真の著作物の原作品を、合法的に公に展示する者は、それらの著作物を観覧者に紹介するための小冊子に掲載することができます。

(25) 美術の著作物等の譲渡等の申出に伴う複製等 (47条の2)
　美術の著作物又は写真の著作物を販売、貸与、譲渡等しようとする者は、その申し出の用に供するため、当該著作物を複製または公衆送信することができます。

　以下、47条の3から47条の9までは、デジタル化・ネットワーク化の進展に伴い、著作物の利用形態が多様化したことに対応するための規定として設けられたものですが、個別の条項についての説明は省略します。
　プログラムの著作物の複製物の所有者による複製等 (47条の3)

保守、修理等のための一時的複製（47条の4）
送信の障害の防止等のための複製（47条の5）
送信可能化された情報の送信元識別符号の検索等のための複製等（47条の6）
情報解析のための複製等（47条の7）
電子計算機における著作物の利用に伴う複製（48条の8）
情報通信技術を利用した情報提供の準備に必要な情報処理のための利用（47条の9）

(26) 複製権の制限により作成された複製物の譲渡（47条の10）
　複製権を制限する規定によって合法的に作成された複製物については、その譲渡も認められています。ただし、利用者の範囲を限定して複製が認められている場合には、それぞれの条項で認める目的を超えた譲渡は認められません。

(27) 出所の明示（48条）
　制限規定に基づいて著作物を使用した場合には、複製又は利用の態様に応じ合理的と認められる方法及び程度によって出所明示を行う必要があります。

出所明示の方法一覧（法48条）

出所明示の必要性	利用の方法	関連条文
合理的と認められる方法及び程度により、明示	複製	引用（32条） 教科用図書等への掲載（33条1項） 教科用拡大図書等の作成（33条の2第1項） 点字による複製（37条1項） 裁判手続等における複製（42条） 美術の著作物等の展示に伴う複製（47条）
	複製及びそれ以外の利用	学校教育番組の放送等（34条1項） 視覚障害者等のための複製等（37条3項） 聴覚障害者等のための複製等（37条の2） 時事問題に関する論説の転載等（39条1項） 政治上の演説等の利用（40条） 美術の著作物等の譲渡等の申出に伴う複製等（47条の2）

出所を明示する慣行があるとき、明示	複製以外の利用	引用（32条）
	複製及びそれ以外の利用	教育機関における複製等（35条） 試験問題としての複製等（36条1項） 非営利無料の上演等（38条1項） 時事の事件の報道のための利用（41条） 公開の美術著作物等の利用（46条）
	翻訳、編曲、変形又は翻案	翻訳、翻案等による利用（43条）

(28) 複製物の目的外使用等（49条）

　制限規定によって適法に作成された著作物であっても、それを作成の目的以外に使用した場合には、目的外使用とされ、著作権者の許諾が必要になります。

(29) 著作者人格権との関係（50条）

　著作権の制限は、財産権としての著作権に限られており、著作者人格権は何ら制限を受けません。

◎コラム　柔軟な権利制限規定の創設等に関する動き

◆ 検討の経緯

　文化審議会著作権分科会の法制・基本問題小委員会は、2017年2月に「中間まとめ」を公表し、柔軟な権利制限規定の創設、教育情報化に関する権利制限規定の見直し等についての提言を行いました。

　柔軟な権利制限規定は、米国の著作権法で規定する「フェアユース」に類似した条項を日本法にも設けるべきとの意見が産業界や一部政治家にあり、知的財産推進計画2016において、文化庁に対して検討の指示が出されていたものです。

　教育の情報化に関する法35条の見直しについても、文部科学省等が進め

る教育のICT利活用を促進するとの観点から、同計画に盛り込まれていました。

◆ 柔軟な権利制限規定の考え方

　法制・基本問題小委員会では、柔軟な権利制限規定については、米国式のフェアユースを日本法に導入することは様々な問題があるとし、現行の個別規定を権利者の利益に影響を与える度合いに応じて3段階に整理し詳細な検討を行いました。

　システムのバックエンドで複製されビッグデータの解析等に利用される類型については、従来の個別規定をいくつか統合する形で、柔軟な権利制限規定を設けていくこと（第1層）、情報検索サービスや所在検索サービスにおいて、情報検索のために取り込んだ著作物の軽微な一部分が検索結果として表示される場合には、当該著作物の本来の利用を妨げるものではないとの判断のもと、一定の柔軟性を持った規定を整備すること（第2層）、著作物の本来の利用が行われる利用類型であって、なお公益目的に資するために権利制限が必要であるとされる利用類型については、個別規定の中で柔軟性をどこまで認めるのが適当かを個別に検討していく（第3層）との整理を行いました。

◆ 教育の情報化への対応

　情報通信技術を活用した教育（ICT活用教育）に関しては、いわゆるアクティブラーニングの促進、地理的環境に左右されない教育の質の確保等の要請から、授業の過程で用いられる著作物の異時公衆送信を行うこと、著作物を利用して作成された教材を教員間あるいは教育機関の間で共有すること、大規模社会教育（MOOC）に著作物の利用を行うこと、の3つの場合に関して、権利制限の見直しが検討されました。

　この結果、現行法で認められている、著作物の複製と授業の模様のライブ配信に加え、授業の時間に限らず著作物の利用を公衆送信を利用して行うことについて、権利者への補償金を支払うことを条件に権利制限の対象とすることが提言されました。なお、教材の共有、MOOCへの利用については、

権利者の許諾を得て行うべきとされています。

◆ 今後の見通し

　日本書籍出版協会は意見募集に応じて意見を提出し、柔軟な権利制限規定の導入により、これまで続いてきた米国流のフェアユース導入論議に終止符を打つべきこと、教育利用のための異時送信に補償金付き権利制限を導入するには、教育機関側と権利者との協議において文化庁が十分に仲介者としての役割を果たすべきこと等を述べてきました。

　2018年の著作権法改正により以下の項目に対応する権利制限が整備されました。①デジタル・ネットワーク化（第30条の4、第47条の4、第47条の5等）、教育の情報化（第35条等）、③障害者の情報アクセス（第37条）、アーカイブの利活用（第31条、第47条、第67条等）。

第4節　出版権

◆ 出版権の設定

　出版者は、著作権者との間で締結する出版契約によって、「出版権」の設定を受けることができます（79条）。出版権とは、著作者が持つ著作権のうち、出版することに対する権利であり、出版者がもともと有している権利ではありません。すなわち、出版権を設定する権利は著作権者に属しており、出版者は出版契約が存続している期間のみ、その出版契約によって認められた出版権を行使することができるのです。

　出版権を認められた出版者は、その対象となる著作物を、出版という態様によって独占的・排他的に複製または公衆送信することができることになります。「出版」とは、従来は紙媒体のみを指すというのが多数説でしたが、平成26年の著作権法改正によって、紙媒体およびパッケージ系電子出版物を「1号出版権」、配信による電子出版物を「2号出版権」とすることとな

り（81条1号、2号）、出版権が電子出版物にも及ぶことになりました。

◆ 出版権の内容

　出版権を認められた出版者は、「頒布の目的をもって、原作のまま印刷等により、文書または図画として複製する権利」（80条1項1号）もしくは「原作のまま著作物の複製物を用いて公衆送信する権利」（同条1項2号）を持ちます。出版権者はこれらの権利の「全部又は一部を専有する」と規定されています。1号または2号出版権のいずれか一方のみの設定も可能です。さらにそれぞれの出版権を細分化して設定できるかどうかについては、明文の規定はありません。書協の出版契約書ヒナ型は、紙の出版物とCD-ROM等のパッケージ系電子出版物では、分離して出版権の設定が可能であるとの考えに基づいており、紙媒体の出版物への出版権設定では、判型等による限定はしないことを前提にしています。さらに、2号出版権についても細分化して出版権設定を行うことを前提にはしていません。

◆ 出版権者の義務

　出版権者には原稿受領後6カ月以内に出版行為（81条1号イ）あるいは公衆送信行為（81条2号イ）を行う義務、慣行に従い継続して出版または公衆送信を行う義務があります。出版権者がその義務に違反した場合には、複製権等保有者は出版権者に通知をして出版権を消滅させることができます（84条1項）。

　平成26年改正に関する議論では、1号・2号の包括（総合）出版権が設定されていながら、2号出版権の公衆送信行為がなされない場合、1号・2号を全体として消滅させることになるのかが問題となりました。このことに関し、紙媒体については重版の予定が当面ないが、電子媒体の出版を続けているような場合、紙媒体の継続出版がないという理由で、現に慣行が続いている電子版の出版権まで消滅させるという趣旨ではないとの説明が、法案提出を担当した文化庁から立法段階ではなされています。

◆ 再許諾

平成26年改正で大きく変更されたのが再許諾の条項です。従来は強行法規として禁止されていましたが、今回の改正で、著作権者の同意がある場合は再許諾をすることが可能になりました。電子書籍の場合は、出版者自らが配信することはほとんどなく、配信事業者に委託することが一般的になっています。出版権者が再許諾の権限をもたないと配信業者に委託することが困難になり、出版者の電子書籍事業が展開できなくなるからです。

◆ 出版権の対抗要件

単に著作権者が出版者に対して、自分の著作物を本にして出版することを許諾するだけの契約（債権的な利用許諾契約）は、それを締結した当事者の間でのみ有効なものであり、第三者に対して契約内容を及ぼすことはできません。これに対し出版権は、文化庁への登録を行うことによって、善意の第三者にも対抗できるような、物権に準じるような強い効果を持つことができます（88条）。たとえば、著作権者がある出版者（A）に出版権を設定したのち、別の出版者（B）にも二重に出版権の設定を行ってしまったような場合、著作権者にA社を害する意図がなく、またB社も先にA社に出版権が設定されている事実を知らないような場合には、先に登録をした方が優先して出版権を主張することができます。ただ、実際には登録には1件3万円の登録免許税がかかることもあり、出版権の登録が行われる例は、非常に少ないのが実情です。

ただし、債権的な許諾契約であっても、既に他社との間で出版権設定が行われていることを知っていたり、正規に契約を交わした出版者があることを知りながら海賊版を発行しようとするような者（背信的悪意者）に対しては登録がなくても直接に権利主張ができると解釈されています。

◆ 出版権の存続期間

出版権の存続期間は、出版契約に基づく行為で自由に定めることができます（83条1項）。ただし、設定期間に定めがないときは、出版権は3年で消滅することになっています（83条2項）。

◆ 出版権者と侵害対抗措置

　出版権が侵害された場合、出版権者が実行することができる対抗措置は以下の通りです（詳細は「第8章　契約上のトラブルと権利侵害」参照）。

（1）**差止請求**　まず、出版権の最も有効な機能は、出版権者自らが侵害の差止請求ができることです（112条）。出版権侵害をした出版物の販売中止や回収、アップロードされている電子書籍の削除をさせることができます。

（2）**損害賠償**　出版権の侵害によって生じた損害の賠償を請求することができます。具体的な損害額の立証が困難な場合は、侵害者が得た利益額から推定した金額の賠償請求となります（114条）。

（3）**名誉回復等の措置**　具体的には謝罪広告の要求ができます（115条、116条）

（4）**不当利得返還請求**　侵害者の方に残っている利益に利息を加えた金額の返還を請求できます。

第5節　著作隣接権

◆ 著作隣接権者の種類

　著作権法では、著作物の創作者ではないが、著作物の伝達に寄与している者に、著作隣接権者として一定の保護を与えています。現行法で、著作隣接権が認められているのは、実演家、レコード製作者、放送事業者、有線放送事業者です。
　出版者については、平成2年に公表された著作権審議会第8小委員会報告

書において、隣接権を付与することが適当であるとの結論が出され、出版界として、隣接権獲得を目指して活動してきました。平成26年改正法では、電子出版物にも出版権の設定が認められるようになりましたが、この改正に際して、出版界では当初、出版者への著作隣接権付与を求めました。しかし、著作権者団体、利用者団体等からの反対意見もあり、残念ながら隣接権創設には至りませんでした。

◆ 著作隣接権の内容

著作隣接権は、それぞれ独自の成立過程を経て生まれたもので、認められている権利も少しずつ異なっています。実演家は、人格権として氏名表示権、同一性保持権を、財産権として録音権・録画権、放送権・有線放送権、送信可能化権、譲渡権、貸与権のほか、商業用レコードの二次使用から生じる報酬を受け取る権利を有しています。レコード製作者は、複製権、送信可能化権、譲渡権、貸与権、商業用レコードの二次使用から生じる報酬を受け取る権利を有しています。放送事業者及び有線放送事業者は、複製権、再放送権、有線放送権、送信可能化権、テレビジョン放送の伝達権等を有しています。

著作隣接権の保護期間は、実演に関しては、実演を行った時、レコードに関しては、その発行を行った時、放送に関しては、その放送を行った時から起算して50年間となっています。

第6節　権利侵害と罰則

著作権法の規定が遵守され、著作物の利用が正しく行われることを担保するため、著作権を侵害した者に対しては、刑事罰および民法上の責任を負わせるための規定が設けられています。

（1）　差止請求権

著作者、著作権者、出版権者、実演家又は著作隣接権者は、自らの持つ権

利を侵害する者又は侵害するおそれがある者に対し、その侵害の停止又は予防を請求することができます（112条）。

(2) 侵害とみなす行為
　直接著作権を侵害する行為に加え、著作権を侵害する物であるとの認識を持って販売したり、販売目的で所持することや著作権管理情報を改ざん・除去するなど、侵害とみなされる行為も処罰の対象となります（113条）。

(3) 損害額の推定
　著作権者等が侵害行為によって損害を被った場合、その侵害行為がなければ得られたであろう額をもって損害額と推定することができます（114条）。

(4) 死後の人格権の保護
　死亡した著作者または実演家の遺族のうち、配偶者、子、父母、孫、祖父母又は兄弟姉妹は、著作者人格権の侵害に対し、差止、損害賠償あるいは名誉回復の措置を請求することができます（112条、116条）。

(5) 罰則
　著作権等を侵害した者には、10年以下の懲役若しくは1,000万円以下の罰金が科されます（119条1項）。また、著作者人格権を侵害した者には、5年以下の懲役若しくは500万円以下の罰金が科されます（119条2項）。

(6) 親告罪
　著作権侵害に対する刑事罰は、権利者からの告訴がなければ公訴を提起することができません（123条）。

(7) 法人の両罰規定
　法人もしくはその代表者等が、その法人の業務に関して行った侵害行為には、行為者だけでなく、法人にも罰則が科されます（124条）。

第7節　関連する制度

　著作権の他にも、特許権、商標権、意匠権、実用新案権等、知的財産を保護する法制度があります。特許権、意匠権、実用新案権は出版物に適用される例は極めて少ないと思いますが、商標権は雑誌やシリーズ物の書籍においては重要な役割を果たしています。

　また、権利を付与するという形ではなく、不正な行為を規制するという形で適正な競争保護を図る不正競争防止法も、場合によっては出版物に関する利益保護のために利用することができる制度です。

◆ 商標法

　商標法は、商標使用者の業務上の信用の維持と、需要者の保護を図ることを目的とした法律です（商標法1条）。保護される商標とは、「人の知覚によって認識することができるもののうち、文字、図形、記号、立体的形状若しくは色彩又はこれらの結合、音その他政令で定めるもの」（標章）で、商品や役務の提供に際して用いられるものです（同2条）。商標権は、特許庁に登録をして初めて認められるもので、商標登録にあたって、その商品や役務の普通名称を普通の方法で用いているものや慣用されているもの、ありふれた氏または名称を普通の方法で表示するもの等は、登録の要件を満たさないものとされています（同3条）。

　出版物については、雑誌のタイトル、書籍のシリーズ名等は商標登録されている場合が多いと考えられます。一方で、単行本の書名は、品質・内容を表示したものにすぎないとしてほとんど登録が認められていません。ただし、過去には単行本であっても登録が認められている例もあります。商標をはじめ、特許、意匠等の知的財産権は、特許庁の「特許情報プラットフォーム」や「商標検索ガイド」等で検索することができます。

　たとえば、以下のような著名なシリーズ名や書名も商標登録されているので、これらの名称を無断で新たな出版物の題号に使うことは、商標権者の権利を侵害することになる可能性があります。たとえば――広辞苑（岩波書店）、

新明解（三省堂）、チャート式（数研出版）、道は開ける（創元社）、自由自在（増進堂）、小六法（有斐閣）など。

また、当然のことですが、市場で流通しているほとんどの雑誌は商標登録されていると考えるべきです。

◆ その他の知的財産権

特許権、実用新案権、意匠権、商標権は、総称して、工業所有権と呼ばれることもあります。これらの権利に共通する特徴は、登録されて初めてその権利を主張することができるということです。これは、創作の時点で権利が発生する著作権と大きく異なる点です。

特許法は、「発明の保護及び利用を図ることにより、発明を奨励し、もって産業の発達に寄与することを目的とする」としており（特許法1条）、「発明」とは、「自然法則を利用した技術的思想の創作のうち高度のものをいう」とされています（同2条）。

実用新案法は、「物品の形状、構造又は組合せに係る考案の保護及び利用を図ること」が対象となっており（実用新案法1条）、「考案」とは、自然法則を利用した技術的思想の創作をいう、とされています（同2条）。

意匠法は、物品の形状、模様若しくは色彩又はこれらの結合であって、視覚を通じて美感を起こさせるもの（＝意匠。意匠法2条）の保護を図るものです。意匠法で対象になるものとしては、商品のパッケージデザイン等のほか、出版物の装幀も理論上は対象となりますが、実際に本の装幀について意匠権登録を行っている例はほとんどないと思われます。

◆ 不正競争防止法

不正競争防止法は、「事業者間の公正な競争及びこれに関する国際約束の的確な実施を確保するため、不正競争の防止及び不正競争に係る損害賠償に関する措置等を講じ」ることを目的とする法律です（不正競争防止法1条）。

同法で「不正競争」に当たるとされる行為は多岐にわたっていますが、主なものとしては、次のようなものがあります。

- 多くの人に認識されている商品等表示と同一あるいは類似の表示を用いて、他人の商品や営業と混同を生じさせる行為
- 他人の商品の形態を模倣した商品を譲渡、譲渡のための展示、輸出入等をする行為
- 窃取、詐欺、強迫その他の不正の手段により営業秘密を取得する行為
- 不正の利益を得る目的で、又は他人に損害を加える目的で、他人の特定商品等表示と同一若しくは類似のドメイン名を使用する権利を取得し、若しくは保有し、又はそのドメイン名を使用する行為

　不正競争によって営業上の利益を侵害され、又は侵害されるおそれがある場合には、その侵害行為に対する差止請求を行うことができます（同3条）。

　また、故意又は過失により不正競争を行って他人の営業上の利益を侵害した者に対して損害賠償請求を行うことができます（同4条）。

◎コラム　TPP協定に関連する法改正

　2015年10月に大筋合意に至ったTPP（Trans-Pacific Partnership＝環太平洋パートナーシップ）協定に盛り込まれている著作権関係事項には、出版界にも関わりの深い次のような事項が含まれており、これらに関する改正著作権法が第191国会で可決成立しました。2018年12月30日にTPP11協定が発効し、著作権の保護期間を含めた著作権法改正が同日より施行されました。

> ①著作物の保護期間を、原則著作者の死後70年とすること。
> ②著作権等を侵害する複製に係る罪のうち、故意により商業的規模で行われるものについて、非親告罪とすること。
> ③著作権等の侵害に関し、法定損害賠償あるいは追加的な損害賠償（懲罰的賠償を含む）のいずれか又は双方について定める制度を整備すること。

◆ 保護期間の延長

　保護期間の延長に関しては、ベルヌ条約やTRIPS協定等の著作権の国際条約上の義務は、少なくとも著作者の死後50年間となっていますが、既に欧米の多くの国では70年に延長されています。

　保護期間の延長は、保護期間が切れる寸前の著作物を発行し続けている出版社にとっては、その独占出版の状態を維持でき、著作物が無料（あるいは安価）で提供される時期が遅くなるというメリットがありますが、一方で、著作権使用料の支払いが増加する、許諾を取らなければならない著作者が増加するというデメリットもあります。

◆ 戦時加算の取扱い

　また、保護期間の延長に関連して、戦時加算制度の在り方についても議論がなされています。戦時加算とは、戦時に相当する期間を、通常の著作権の

保護期間に加算することで、戦争により失われた著作権者の利益を回復しようとする制度のことです。第二次世界大戦後に日本の戦後処理を定めたサンフランシスコ平和条約では、連合国および連合国民の著作権に対して、日本だけが懲罰的に負う義務としてこの制度が規定されました。

戦時加算の対象となるのは、平和条約を批准した連合国の国民が1941年12月7日に有していた著作権、または、この日以降、平和条約が発効した日の前日までに連合国民によって取得された著作権です。連合国のなかで、アメリカ、イギリス、フランスなどは1952年4月28日に平和条約が発効していますので、本来の保護期間である著作者の死後50年に、戦争開始から平和条約締結までの日数3,794日が加算されます。

保護期間が70年間に延長になれば、戦時加算を加えると80年以上ということになってしまいます。平和条約の改正は事実上不可能ですが、今回、日本政府はアメリカ、カナダ、オーストラリア等の政府との間の書簡で、「個別の集中管理団体と権利者との間で行われる産業界主導の対話を奨励し歓迎する」旨の意向を表明しています。これを受けてオーストラリア政府は、TPP発効後は戦時加算の権利を行使しないと表明しました。このような動きが他国に広がることが期待されます。

◆ 著作権侵害罪の一部非親告罪化

著作権侵害罪の一部非親告罪化が実現すれば、その範囲では、権利者の告発がなくても検察による公訴提起が可能になります。この問題については、日本において独特の発展を遂げている二次創作市場に対する萎縮効果を懸念する声があがっていました。

これに関して改正法では、非親告罪とする範囲を、

① 侵害される著作物が市場において有償で提供されていること
② 著作物に改変を加えず利用する侵害行為であること
③ 著作権者の利益が不当に害されること

としています。

なお、非親告罪化は、刑事事件の公訴提起に関わる事項であり、これによって著作権侵害となる範囲が広がったり、著作権侵害を理由とする民事訴訟の手続きに直接の変化が生じるものではありません。

◆ 法定損害賠償制度

出版に関する著作権侵害事件では、出版物の発行部数が少ないような場合、侵害者に対して裁判を起こしても、弁護士費用の方が得られる賠償額よりも大きくなってしまうことも珍しくなく、泣き寝入りせざるを得ない状況もあると指摘されてきました。

改正法では、この賠償額について、著作権管理事業者が管理している権利に関しては、使用料規程に明記された使用料相当額を請求できる旨がより明確になっています。

◆ 法改正施行日

2016年12月9日に改正法は成立しましたが、改正法が施行されるのは、TPP協定が発効する日とされています（2018年12月30日に施行）。

第8章 契約上のトラブルと権利侵害

出版契約は、著作者と出版社との間で、著作物を出版物として世の中に送り出すことについて合意した約束事です。もちろん単なる約束事ではなく、法的拘束力を伴った約束であり、約束違反によるトラブルに対しては法的な責任追及が可能です。

　また、著作者と出版社以外の第三者が関与するケースもあります。海賊版が出た場合や、著作者が二重に契約をしてしまった場合などです。著作者の著作権に対する侵害、出版社の出版権に対する侵害、契約上の権利に対する侵害ということになりますが、出版によって第三者の権利を侵害してしまうこともあります。

　本章では、これらのトラブル等について、具体例を挙げながらその対処方法を説明します。

著作者と出版社との間の契約をめぐる問題	著作者と出版社との契約上のトラブルが発生する場合	契約の成否、債務不履行の有無などが問題となる →第1節、第2節
	著作者と契約をしたという第二の出版社が登場する場合	それぞれの出版契約の内容と、両契約の優劣が問題となる →第3節
契約関係がない第三者からの権利侵害	ネット上で海賊版が出回っている場合	著作者の著作権侵害となるのと同時に、出版社の出版権侵害ともなる →第4節
	作品が第三者に盗用された場合	著作者の著作権侵害となる →第5節
第三者の権利を侵害		→第5節

第1節　出版契約上のトラブル

　出版契約が締結されると、その契約内容に従って、著作者も出版社も相手

方に対する権利を持ち、義務を負います。そしてその義務が約束どおり果たされないことが、契約違反となります。

(設例)
　ライターXは、Y出版社との間で本の出版契約を行った。その後本が出版されたにもかかわらず、約束したはずの印税が入ってこない。Xはどうすればよいか。

図11:トラブル1

◆ 当事者間の交渉

　このような場合、Xがとる手段はまず当事者間の交渉です。Y出版社の担当者に「印税が入ってこないけれどもどうなっているのか」と問い合わせるということです。担当者の回答は「申し訳ありません。印税支払伝票を回し忘れていました」ということかもしれません。これはこれで問題ですが、法的紛争に発展することはないでしょう。
　しかし、回答が「今資金繰りが厳しくて払えない。いつ払えるかわからない」「実売印税であり、販売数を確定させてから印税を支払う」「原稿に不備があり、余分な費用がかかったため、その分印税は支払えない」「印税相当額は原稿料に含まれており、支払済みである」といった内容であれば、未払いが法的紛争に発展していくことになります。

Xがとることができる手段は大別すると、

(a) 粘り強く当事者間での交渉を続ける
(b) 中立な第三者の場での交渉を続ける
(c) 裁判所に訴える

となります。いきなり(c)裁判所に訴える、ということも可能ですが、通常は(a)→(b)→(c)というようにステップを踏んでいきます。

◆ 中立な場での交渉

中立な第三者の場として利用が可能なのは、簡易裁判所で行われる「民事調停」、弁護士会などで行われる「ADR（裁判外紛争解決）」などですが、2015年から、ADRの一つとして、このような著作者と出版社とのトラブルに特化した「出版ADR」も利用することができるようになりました。以下、それぞれの場について簡単に説明します。

（1）民事調停

簡易裁判所で行われる制度です。上記の例でいえばライターXがY出版社の所在地を管轄している簡易裁判所に申し立てることによって、調停が開始されます。裁判官と民間調停委員2名以上で構成される調停委員会が、X、Y双方の言い分を聞きながら、解決策を考えていきます。お互いがその解決策に合意できれば、調停は成立します。成立した調停合意は裁判の判決と同じ効力を持つことになりますので、たとえば支払合意が成立したにもかかわらずY社が支払を行わない場合は、XはY社財産の差し押さえといった強制執行手続きをとることができます。

かかる費用は、裁判所に納める手数料ですが、未払印税が100万円だったとすると、5,000円（訴訟手続きでは1万円）となります。調停は通常3回（約3ヵ月）以内で終了しますので、訴訟と比べると早期の解決を期待できる手続きということになります。

(2) ADR

　法律に基づき民間団体等が行う紛争解決制度です。全国の弁護士会が「紛争解決センター」などの名称で設置しているものが代表的なものです。設置主体によってその手続はまちまちですが、多くは「和解の仲介」を行うものです。双方から話を聞きながら、専門家が中立的な立場から和解に向けて、話し合いをコントロールしていくことになります。

　和解が成立すればADR手続は終了します。合意の上での和解なので、合意内容を実行してもらえることは十分期待できますが、裁判や民事調停の和解とは異なり、和解の合意に法的拘束力はありませんので、強制的に和解内容を実現させることはできません。

　なお、ADR機関によっては、仲裁判断を行うことができます。仲裁とは、双方がどのような判断が出るとしてもその仲裁判断に従うということを事前に合意した場合に行われることになります。そして仲裁人が出した仲裁判断には裁判の判決と同様の法的拘束力があり、仲裁判断の内容を、強制的に実現することが可能です。ただ、裁判のような上訴の制度はないため、仲裁判断に不服があってもそれに従うほかはなく、新たに裁判を起こすこともできません。

(3) 出版ADR

　著作者団体と出版社団体とが協同して設立したADRです。著作者と出版社との間の契約に関するトラブルを扱うADRであり、上記の「ADR」と同様の手続きとなります。和解の斡旋人は、出版事情に詳しい弁護士が選任され、中立な立場から公正かつ妥当な和解に向けての話し合いを行っています。
　（→P.252）

◆ 裁判手続きと費用

　ここまでに説明した手続きで解決しない場合は、裁判手続きを選択することになります。裁判手続きは大別すると「保全」と「訴訟」とに分けられます。

（1）保全

耳慣れない言葉ですが、仮処分、仮差押え、といった手続きを言います。「仮」という言葉に表れているように、最終的な手続きではありませんが、Xが訴訟を行っている間にY社の財政状況が悪化し、勝訴判決となってもY社に払うお金がない、という事態が想定される場合に用いられる手続きです。本設例では、Xは未払印税の支払いを確保したいのですから、Y社の財産（不動産や銀行預金）の仮差押えをXは裁判所に申し立てることができます。この手続きは、通常Y社に通知することなく行われます。Xが負担する裁判所の手数料は2,000円ですが、別に裁判所が決定する担保（Xの主張に根拠がなく、Y社に損害が発生した場合の保証金なので、事件が解決しY社への損害賠償金が発生しなければ、供託した担保金は返還されます）金額を供託しなければなりません。100万円の仮差押えであれば、20～30万円くらいが担保金の目安だと考えられます。

このような仮差押えが行われると、Y社の業務には大きな影響が生じます。これに対するY社の法的対抗手段は、保全異議（たとえば、Xの主張は事実と異なり、印税請求権はないという反論をすること）の申立てです。保全異議が申し立てられると、裁判所はY社の言い分、Xの再反論を聴きながら、仮差押えの認可、変更、または取り消しの決定を行うことになります。

また、仮差押えが認められた後であっても、Y社は保全命令の取消しを申し立てることができます。具体的には、Xに本件についての訴訟提起を要求し、一定期間内にXが訴訟提起を行わなければ保全命令（ここでは仮差押え）が取り消されることになります。またY社がXの言い分どおり印税を支払った場合も、保全命令は取り消されることになります。

（2）訴訟

一般的なイメージの裁判が訴訟です。保全手続を行うことなく訴訟を提起することができますし、訴訟と同時に保全手続を進めることもできます。

訴訟は、原告となるXがY社に対する訴状を裁判所に提出するところから始まり、これに対しY社が反論となる答弁書を提出します。その後、裁判所が両者の主張やそれを裏付ける立証を検討しながら裁判を進めていくことに

なります。双方が主張を補足したり、再反論したりする準備書面のやりとりを重ね、争点が整理されてきたところで、当事者や第三者（証人）への尋問手続きに入り、判決が下されるというのが、通常の流れです。訴訟提起から判決までは1年近くかかることが多いのですが、複雑な事件だと3年以上かかることもあります。

　裁判所に納める費用は、請求額に比例し、未払い印税が100万円なら1万円（これと別に連絡用の郵便切手が必要で、東京地裁の場合6,000円分です）となります。代理人として弁護士を依頼した場合には、これ以外に弁護士費用がかかります。なお、請求額が140万円までは簡易裁判所、140万円を超える場合は地方裁判所が扱います。

◆ 上訴手続

　なお、裁判は一回判決が出れば終わるというものではなく、最初の判決（第一審判決）を不服とする者が控訴することにより控訴審へ移行します（第一審が地方裁判所だった場合は高等裁判所、第一審が簡易裁判所だった場合は地方裁判所）。控訴審での審理は、第一審の審理（主張、証拠）を引き継いで行われますので、やり直しというよりは追加のイメージです。この控訴審での判決でも不服だった場合は上告することができますが、上告審で行うのは法律の解釈をめぐる争いだけであり、本件で問題となると考えられる、印税支払の合意があったのかどうか、実際に支払われたのかどうか、という事実関係の問題は審理対象となりません。

　本件のような著作権に関する事件は、本来の管轄である裁判所（本設例では、XやYの住所地の地方裁判所）以外に、東日本であれば東京地方裁判所、西日本なら大阪地方裁判所に訴えを提起することができます。そして、第一審が関東地方の地方裁判所で行われた場合の控訴審は、東京にある知的財産高等裁判所（知財高裁）で審理されることになります。

　判決を受けてから両者とも2週間以内に控訴または上告をしない、上告が却下された、訴訟の途中で和解が成立した、といった場合に訴訟は終了することになります。

第2節　契約違反と著作権侵害

(設例)
　作家Xは、出版社Yとの間で、新作をハードカバーで出版することについて出版契約を締結し出版が行われた。その後Y社は同作品を文庫版で出版した。Xは、当初から文庫は他社で出すことを考えていたが、まだどこの出版社とも話はしていない。

図12:トラブル2

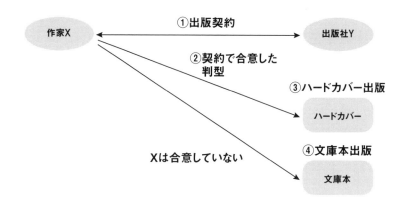

◆ 出版契約をめぐる争い

　この場合、X・Y間で締結された出版契約の内容が、ハードカバー版の出版に限定されるという約束があったのかどうかが争いのポイントとなります。したがって、XはY社が約束の範囲を超えて出版を行ったとして、契約違反を訴えることができます。とることができる手段は本章第1節で説明したとおりです。
　一方、少し考えてみると、Y社の文庫版出版行為は（Xの言い分によれば）無許諾ということになりますから、無断で著作権を使用した著作権侵害の主張もできそうです。実際、裁判実務においては、契約違反の主張と

著作権侵害の主張を同時に行うことはよくあります。本設例で言えば、Y社の文庫版出版行為は、契約違反であるのと同時に著作権侵害という不法行為であるということができます。

◆ 契約違反か著作権侵害か

　これらはともに、Y社の法的責任を追及するための法律構成ですが、Xの権利の発生要件や時効が成立するまでの期間、認められる損害賠償金額の算定などに違いがあります。最も大きな違いは、著作権侵害という構成では、出版の「差止め」が可能なところにあります。

　設例で言えば、XはYの文庫出版に対して、著作権侵害を理由として、「文庫の増刷を行ってはならない」「在庫の販売を行ってはならない」と請求することができ、かつその請求を裁判所による命令として行うことになります。

　具体的には前節で説明した「保全」手続きの一種である「仮処分命令」の申立として行います。XはとにかくY社の文庫出版をストップさせたいのですから、時間がかかる訴訟手続きではなく、比較的短期間で結論が出る保全手続きを選択することが想定されます。出版差止めは認められてしまうとY社にとっては大きなダメージを被ることになりますから、前節の「仮差押え」とは異なり、Y社の言い分も聴いた上で裁判所による判断がなされます。もし出版差止めが認められた場合は、仮処分とはいえ、Y社は従わなければなりません。その上で、訴訟で差止めの是非を争うことになります（Y社はXに対して訴訟を提起せよと主張することができます）。

　このように著作権侵害という構成をとると、その主張が認められれば出版差止めという極めて強力な効果を得ることができるのです。

第3節　二重契約

(設例)

作家Xは、出版社Yとの間で出版契約を締結して新作をハードカバーで刊行した。その作品が、出版社Zが主催する賞を受賞し、同賞の過去受賞作同様にZから文庫本で刊行された。当然文庫本も自社で刊行できると考えていたY社はどうすればよいか。（東京高裁昭和61年2月26日『太陽風交点事件』をベースとした設例）

図13:トラブル3

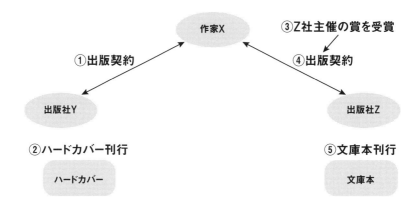

◆ 二重契約への対応

まず、XとY社との間の出版契約の内容が問題となります。出版契約の内容がハードカバーとしての刊行に限定されるものであった場合、Y社はXに文句を言うことはできませんし、当然Z社に文句を言うこともできません。

では、出版契約の内容が版型を問わず、すべての版型を含むと解釈される場合はどうでしょうか。そうであっても契約が非独占の場合にはY社は誰にも文句を言えませんが、独占契約の場合は、Xの契約違反をY社は主張することができます。しかし、Y社にとってXは今後も付き合っていく可能性のある作家ですし、あまり強いことは言いたくないところです。では、Z社に対して何か言えないでしょうか。

◆ 損害賠償請求の可否

Y社の契約の相手方はXであり、Y社は契約上の責任をXに対してのみ追及することができます。しかし、Z社が、X・Y間の契約が独占的なものであることを知っていたにもかかわらず、Xをうまく言いくるめてZとの契約を成立させたような場合には、Y社の独占的な出版権限という権利を故意に侵害したということができるため、Y社はZ社に対して損害賠償の請求を行うことができるとされています。しかし損害賠償という金銭請求ができるだけですので、Z社の出版をやめさせることはできません。

◆ 出版権に基づく差止請求

このようなときに使うことができるのが「出版権」です。出版権は、著作権の利用権原の中で唯一法定されているものであり、誰に対しても権利行使できる（準）物権的な権利とされています。XとY社との出版契約が、すべての版型を対象とする出版権設定契約であった場合、Y社は、Z社に対して出版権侵害を主張し、Z社文庫本の出版差し止めや損害賠償請求を行うことができます。もちろん訴訟で主張することもできますし、本件のような場合は、一刻も早くZ社の出版を止めたいのですから、保全手続きの選択も考慮することになるでしょう。出版差止を求める場合は、Z社に与える影響も大きいものとなりますから、当初からZ社の反論も聴きながら協議すれば、訴訟と比べるとかなり早く仮処分としての結論を得ることができます。

◆ 対抗問題

この状況は、Xを起点としてY社とZ社とに二重に出版許諾が行われているというものですが、実務的にはこの状況は「対抗問題」として処理されます。具体的には、Y社が出版権を文化庁に登録することにより、Y社の出版権は確定的なものとなり、Z社の出版権原は消滅します。出版権登録の早い者勝ちということです。逆に言えば、どちらかが出版権登録を行わない限り、XとY社、XとZ社との出版契約はそれぞれ当事者間で有効に成立している状態が継続するということになります。

設例の二重契約は、Xが自分の権利の管理をきちんとしていれば起きない問題ですが、同様の状況は相続が関係するときにも生じます。作家が生前出

版契約を締結し、亡くなった後相続人が別の出版社と出版契約を締結してしまうような場合です。相続は、亡くなった人の法律関係をそのまま受け継ぐものですから、相続人は生前の出版契約も受け継ぐことになります。その上で別の出版契約を締結したのですから、相続人自らが二重契約をしたと評価されることになるのです。

第4節　デジタル海賊版対策

ここまで説明してきたのは、出版ビジネス上で生じるトラブルですが、近年急増しているのは、デジタル海賊版による権利侵害です。

◆ デジタル海賊版とは

デジタル海賊版とは、主に紙の出版物をスキャンしてデジタルデータ化し、そのデータをインターネット上にアップロードして行われるというものです。侵害形態にはさまざまなバリエーションがありますが、基本的にはデータがアップロードされているサーバーと、データの所在（URL）を表示するサイト（リーチサイトと言われます）との組み合わせとなります。

アップロードされているデータが著作権者に許可を得ずに作成されている場合は、サーバーが無許可データを送信可能な状態においていることになりますから、公衆送信権の侵害状態にあるということになります。したがって、著作権者はもちろん、その作品について電子出版に関する出版権の設定を受けている出版社も、データの削除や損害賠償請求といった法的な対抗措置をとることができます。

前節で説明した二重契約の事案では、二つの出版社がともに著作者と契約を結んでいますので、その優劣を出版権の登録で決定することになります。しかし、デジタル海賊版はそれ自体（権利者からの許諾がない）違法な行為ですから、出版権を有する出版社に対して、出版権登録がないじゃないかと主張する正当な利益は海賊版業者にはありません。このため、海賊版に対し

ては登録なく対抗できると解釈されています。

◆ 権利行使上の問題

　ただ、法的に対抗できるといっても、権利の具体的な行使の場面ではいろいろ難しい問題が生じます。裁判の管轄は、日本国内からダウンロードできれば、日本国内が被害の発生地となりますので、日本の裁判所を利用することが可能です。しかし、サーバー管理者は多くの場合国外にいますから、裁判を提起したという通知を行うだけでもかなりの手間と時間を要します。裁判上の通知は「送達」という特別な方式をとっているためです。また仮に判決をとったとしても、判決内容を強制的に履行させることは極めて困難です。したがって国内のサーバー管理者を除けば、サーバー管理者に対する裁判による権利行使は、現時点ではあまり現実的ではありません。

　もっとも、DMCA（アメリカ合衆国のデジタルミレニアム著作権法）の規定に則った通知を行えば削除に応じているサーバー管理者は多く、サイト内に通知のためのフォームが用意されていることもあります。したがってDMCAルールに則った通知による削除要請が実務的です。日本国内のサーバー管理者については、プロバイダ責任制限法が適用されますので、同法のガイドラインに則った通知を行うことになります。

　デジタル海賊版対策としては、経済産業省のバックアップのもと、マンガ・アニメ海賊版対策協議会が組織され、出版社等が参加し共同で実施する大規模削除事業があります。対象となる著作物は、コミック作品、アニメーション作品に限定されますが、かなりの割合で海賊版の削除に成功しています。また、デジタル海賊版対策全般について、文化庁は「インターネット上の著作権侵害（海賊版）対策ハンドブック」（2016年3月）を発表しており、デジタル海賊版の実態や、対応方法、削除要請の手順等を極めて詳細かつ具体的に説明していますので、ご一読をお勧めします。

　なお、これらの通知を著作権者、出版権者（出版権は日本の著作権法での権利であり、日本国外で法律上の権利者として扱われるわけではない）として行う場合は、権利者自身による権利行使となりますが、出版社が行う場合は出版権者である場合を除き、権利者ではありませんので、法的には著作権

者の代理人という立場で行うことになります。

第5節　作品の盗用、第三者の権利侵害

　本節では、著作物の内容に起因するトラブルについて説明します。著作物は著作者の創作によるものであり、その内容についての責任はすべて著作者にあることが原則ですが、特に書き下ろしなどの初出の出版は、著作物の公表にあたりますので、出版社は出版によって公表した著作物について、責任を追及されることがあります。

◆ 作品の一部の盗用

　出版した作品の一部が、他の出版物等で盗用されることがあります。このような場合、侵害されている権利は、著作者の著作権であり、出版社が出版権の設定を受けていたとしても、ほとんどの場合出版権の侵害にはなりません。

　ですから、理屈から言えば、著作者が自ら対応すれば足り、出版社は出版契約上特に対応義務を負っていない限り、対応する必要はないことになります。もっとも、独立した出版エージェントがほとんど存在しない日本の場合、著作者の代理人としてもっともよく機能するのが、出版社であること、そして、作品の盗用は、出版社の権利侵害とはならなくても、事実上出版社の利益を損なう可能性があり、著作者と出版社の利害は共通していることから、多くの場合、出版社が著作者の代理人としての対応を行っています。

◆ 作品が第三者の権利を侵害していた場合

　作品が第三者の権利を侵害するケースは主に、盗用、無断転載等の第三者の著作権を侵害している場合と、表現が第三者のプライバシー侵害や名誉毀損にあたる場合です。出版契約では、内容についての保証として「本著作物が第三者の著作権、肖像権その他いかなる権利をも侵害しないことを保証す

る」といった条項を入れることがよく行われています（書協ヒナ型でも第15条で規定しています）。

　このような条項を出版契約で規定した場合、著作者に全責任を負ってもらうことになるから出版社として安心できるのか、というとそうはいきません。これはあくまでも著作者と出版社との間の契約上の約束に過ぎず、第三者からのクレームに対して、出版社は責任ある対応を行う必要があります。

　プライバシー侵害や名誉毀損の場合は、そのような事実を出版という形で公表し広めたという点で、直接に出版社の責任が問われることになります。これらは書かれた人の人格権の侵害となりますので、出版差止、損害賠償の請求の対象となりうるものです。法人としての出版社だけでなく、担当の編集者や経営者が個人として責任を追及されることもありえます。ここでは、プライバシー侵害や名誉毀損の成立要件、そしてその責任を免れることができる違法性阻却事由についての説明は行いませんが、著作者の原稿について、これらの権利侵害がないかどうか、仮に権利侵害があったとしても正当な出版行為となるのかどうか（たとえば政治家のスキャンダルを題材とした著作物であった場合、スキャンダルを題材とすること自体その政治家の名誉を傷つけることになりますが、問題を指摘し批判することは公共の利害にかかわることであり、公益性も認められますから、スキャンダルの内容が真実であれば、違法とはされません）を慎重に検討しなければなりません。

　また、出版した作品が第三者の著作権を侵害していた場合には、出版を行うこと自体が著作権を侵害された第三者の被害を格段に拡大するものです。この場合、出版社として注意すべき義務はどの程度のものであるのか、そして出版社は注意義務を果たしていたのかどうかが、個別具体的に判断されることになります。少なくとも「著作者が大丈夫と言ったから問題ないと思った」という態度で免責されることはないと考えるべきでしょう。出版という事業にはそれだけの専門性が要求されているのです。

付録資料

付録資料 1

関係団体名簿

著作者(文芸)

- 現代歌人協会【https://www.kajinkyokai.com/】
  〒170-0003　豊島区駒込1-35-4-502／tel:03-3942-1287
- 現代俳句協会【https://gendaihaiku.gr.jp/】
  〒101-0021　千代田区外神田6-5-4　偕楽ビル7F／tel:03-3839-8190
- 日本SF作家クラブ【https://sfwj.jp/】
- 一般社団法人　日本エッセイスト・クラブ
  【http://essayistclub.jp/】
  〒105-0004　港区新橋1-18-2　明宏ビル別館6F／tel:03-3502-7287
- 日本歌人クラブ【https://www.nihonkajinclub.com/】
  〒141-0022　品川区東五反田1-12-5　秀栄ビル2F／tel:03-3280-2986
- 協同組合　日本脚本家連盟【https://www.writersguild.or.jp/】
  〒106-0032　港区六本木6-1-20　六本木電気ビル3F／tel:03-3404-6761
- 一般社団法人　日本詩人クラブ
  【http://japan-poets-club.d.dooo.jp/】
  〒162-0074　新宿区北新宿2-11-16／tel: 03-6780-7790
- 一般社団法人　日本児童文学者協会
  【http://jibunkyo.main.jp/】
  〒162-0825　新宿区神楽坂6-38　中島ビル502／tel:03-3268-0691
- 一般社団法人　日本児童文芸家協会
  【https://jidoubungei.jp/】
  〒102-0072　千代田区飯田橋2-16-3　金子ビル202／tel:03-3262-6026
- 協同組合　日本シナリオ作家協会【https://www.j-writersguild.org/】
  〒103-0013　中央区日本橋人形町2-34-5　シナリオ会館2F
  tel:03-6810-9550
- 一般社団法人　日本推理作家協会【http://www.mystery.or.jp/】
- 公益社団法人　日本伝統俳句協会【https://haiku.jp/】
  〒151-0073　渋谷区笹塚2-18-9　シャンブル笹塚Ⅱ B101

tel:03-3454-5191
● 公益社団法人　日本文藝家協会【https://www.bungeika.or.jp/】
　　〒102-8559　千代田区紀尾井町3-23　文藝春秋ビル新館5F
　　tel:03-3265-9657
● 一般社団法人　日本ペンクラブ【http://japanpen.or.jp/】
　　〒103-0026　中央区日本橋兜町20-3／tel:03-5614-5391
● NPO法人　日本翻訳家協会【http://www.japan-s-translators.com/】
　　〒101-0052　千代田区神田神保町1-58　パピロスビル4F　酒井著作権事務所内／tel:03-5317-0578
● 公益社団法人　俳人協会【http://www.haijinkyokai.jp/】
　　〒169-8521　新宿区百人町3-28-10　俳句文学館内／tel:03-3367-6621
● 本格ミステリ作家クラブ【http://honkaku.com/】

･･

著作者（美術・漫画）

● 21世紀のコミック作家の会
　【http://www.comicnetwork.jp/】
　　FAX番号:03-3546-0280
● 公益社団法人　日本グラフィックデザイナー協会
　【https://www.jagda.or.jp/】
　　〒107-6205　港区赤坂9-7-1　ミッドタウン・タワー5F
　　tel:03-5770-7509
● 一般社団法人　日本児童出版美術家連盟【https://www.dobiren.org/】
　　〒160-0022　新宿区新宿2-7-3　ヴェラハイツ新宿御苑301
　　tel:03-3354-2022
● 一般社団法人　日本美術家連盟
　【http://www.jaa-iaa.or.jp/index.html】
　　〒104-0061　中央区銀座3-10-19　美術家会館5F／tel:03-3542-2581
● 日本美術著作権機構【https://www.apg.gr.jp/】

- 一般社団法人　日本美術著作権連合【https://www.jart.tokyo/】
  〒103-0013　中央区日本橋人形町2-8-11　友高ビル3F
  tel: 03-5962-3408
- 公益社団法人　日本漫画家協会【https://nihonmangakakyokai.or.jp/】
  〒160-0001　新宿区片町3-1　YANASE兎ビル／tel:03-5368-3783
- 一般社団法人　マンガジャパン【https://www.manga-japan.net/】
  〒170-0012　豊島区上池袋1-10-5　コスモ上池袋601／tel:03-6903-4615

著作者（写真）

- 一般社団法人　日本写真エージェンシー協会【https://www.jpaa.gr.jp/】
- 公益社団法人　日本写真家協会【https://www.jps.gr.jp/】
  〒102-0082　千代田区一番町25　JCIIビル303／tel:03-3265-7451
- 一般社団法人　日本写真著作権協会【https://jpca.gr.jp/】
  〒102-0082　千代田区一番町25　JCIIビル403／tel:03-3221-6655

出版（全般）

- 一般社団法人　出版梓会【https://www.azusakai.or.jp/】
  〒101-0052　千代田区神田小川町3-28-13　ラフィネお茶の水805
  tel:03-3292-2323
- 公益社団法人　全国出版協会・出版科学研究所
  【https://shuppankagaku.com/】
  〒162-8710　新宿区東五軒町6-24　トーハン本社内
  tel:03-3269-1379
- 一般社団法人　日本雑誌協会
  【https://www.j-magazine.or.jp/】
  〒101-0051　千代田区神田神保町1-32　出版クラブビル5F

tel:03-3291-0775
- ●一般社団法人　日本書籍出版協会
【https://www.jbpa.or.jp/】
〒101-0051　千代田区神田神保町1-32　出版クラブビル5F
tel:03-6273-7061
- ●日本出版学会【https://www.shuppan.jp/】
〒166-0015　杉並区成田東4-35-23／tel:03-3313-7347
- ●一般財団法人　日本出版クラブ【http://www.shuppan-club.jp/】
〒101-0051　千代田区神田神保町1-32　出版クラブビル5F
tel:03-5577-1771
- ●一般社団法人　日本出版者協議会
【https://www.shuppankyo.or.jp/】
〒113-0033　文京区本郷3-31-1　盛和ビル40B／tel:03-6279-7103
- ●日本洋書協会【https://www.jaip.jp】
〒101-0051　千代田区神田神保町1-1-13-4F　MHM内
tel:03-3518-9631
- ●版元ドットコム　有限責任事業組合【https://www.hanmoto.com/】
〒150-0001　渋谷区神宮前2-33-18／tel:050-5515-9290

....

出版（書誌・出版権情報・図書コード）

- ●出版情報登録センター（JPRO）【https://jpro2.jpo.or.jp/】
〒101-0051　千代田区神田神保町1-32　出版クラブビル6F
- ●一般社団法人　日本出版インフラセンター（JPO）
【https://jpo.or.jp/】
〒101-0051　千代田区神田神保町1-32　出版クラブビル6F
tel:03-3518-9860

● 日本図書コード管理センター【https://isbn.jpo.or.jp/】
　〒101-0051　千代田区神田神保町1-32　出版クラブビル6F
　tel:03-3518-9862

....

出版（教育・児童）

● 学習参考書協会【https://gakusan-kyokai.jp/】
● 教育図書出版会【https://www.kyouikutosho-shuppankai.com/】
　〒101-0021　千代田区外神田2-2-3　学事出版内／tel:03-3255-0194
● 一般社団法人　教科書協会【http://www.textbook.or.jp/】
　〒135-0015　江東区千石1-9-28／tel:03-5606-9781
● 一般社団法人　教科書著作権協会【https://www.jactex.jp/】
　〒135-0015　江東区千石1-9-28　教科書研究センター4F
　tel:03-5606-4331
● 一般社団法人　全国図書教材協議会【http://www.nit.or.jp/】
　〒162-0831　新宿区横寺町64-2／tel:03-3267-1041
● 一般社団法人　日本図書教材協会【http://www.nit.or.jp/】
　〒162-0831　新宿区横寺町64-2／tel:03-3267-1041
● 一般社団法人　大学出版部協会【https://www.ajup-net.com/】
　〒102-0073　千代田区九段北1-14-13　メゾン萬六403
　tel:03-3511-2091
● 一般社団法人　日本国際児童図書評議会（JBBY）
【https://jbby.org/】
　〒101-0051　千代田区神田神保町1-32　出版クラブビル5F
　tel:03-6273-7703
● 日本児童図書出版協会【http://www.kodomo.gr.jp/】
　〒101-0051　千代田区神田神保町1-32　出版クラブビル6F
　tel:03-6273-7484

出版（自然科学）

- 工学書協会【http://kogakusho.com/】
  〒101-0054　千代田区神田神保町1-101　神保町101ビル3F
  tel:03-5577-6670
- 一般社団法人　自然科学書協会【https://www.nspa.or.jp/】
  〒101-0051　千代田区神田神保町1-101　神保町101ビル3F
  tel:03-5577-6301
- 土木・建築書協会【http://www.dokensho.com/】
  〒101-0051　千代田区神田神保町1-101　文化産業信用組合内
  tel:03-3292-8281
- 一般社団法人　日本医書出版協会【https://www.medbooks.or.jp/】
  〒113-0033　文京区本郷5-1-13　KSビル7F／tel:03-3818-0160

出版（人文・社会科学）

- 辞典協会【https://www.jitenkyokai.gr.jp/】
  〒335-8522　戸田市上戸田4-2-33　日教販内
- 人文会【https://jinbunkai.com/】
- 法経会
  〒101-0051　千代田区神田神保町2-17　有斐閣内
- 歴史書懇話会
  【http://www.hozokan.co.jp/cgi-bin/rekikon_blog/sfs6_diary/index.html】

装幀・編集制作

- 日本図書設計家協会【https://www.tosho-sekkei.gr.jp/】
　〒101-0051　千代田区神田神保町2-5　北沢ビル2F
　tel:03-3261-4925
- 一般社団法人　日本編集制作協会【http://www.ajec.or.jp/】
　〒101-0062　千代田区神田駿河台3-7
　tel:03-6869-7780

・・

印刷・製本・製版

- 印刷工業会【https://www.paj-pid.jp/】
　〒104-0041　中央区新富1-16-8　日本印刷会館3F／tel:03-3551-7111
- 全日本印刷工業組合連合会【https://www.aj-pia.or.jp/】
　〒104-0041　中央区新富1-16-8　日本印刷会館4F／tel: 03-3552-4571
- 全日本製本工業組合連合会【https://zenkoku-seihon.or.jp/】
　〒173-0012　板橋区大和町28-11／tel: 03-5248-2371
- 一般社団法人　日本印刷産業連合会【https://www.jfpi.or.jp/】
　〒104-0041　中央区新富1-16-8　日本印刷会館8F／tel:03-3553-6051
- 日本製紙連合会
　【https://www.jpa.gr.jp/index.php】
　〒104-8139　中央区銀座3-9-11　紙パルプ会館／tel:03-3248-4801

・・

出版取次・書店

- 一般社団法人　日本出版取次協会【http://www.torikyo.jp/】
　〒101-0051　千代田区神田神保町1-32　出版クラブビル6F
　tel:03-3291-6763

- 日本書店商業組合連合会【https://www.n-shoten.jp/】
  〒101-0062　千代田区神田駿河台1-2／tel:03-3294-0388

> 電子出版・ソフトウェア

- 一般社団法人　ソフトウェア協会
  【https://www.saj.or.jp/】
  〒107-0052　港区赤坂1-3-6　赤坂グレースビル／tel:03-3560-8440
- 一般社団法人　コンピュータソフトウェア著作権協会
  【http://www2.accsjp.or.jp/】
  〒112-0012　文京区大塚5-40-18　友成フォーサイトビル5F
  tel: 03-5976-5175
- 株式会社メディア・ドゥ
  【https://mediado.jp/】
  〒100-0003　千代田区一ツ橋1-1-1　パレスサイドビル5F
- 一般財団法人　ソフトウェア情報センター【https://www.softic.or.jp/】
  〒105-0003　港区西新橋3-16-11　愛宕イーストビル14F
  tel:03-3437-3071
- デジタルコミック協議会【http://www.digital-comic.jp/】
- 一般社団法人　日本電子出版協会【https://www.jepa.or.jp/】
  〒151-0053　渋谷区代々木2-33-1　ライフロックスアイル307
  tel: 03-6381-6188
- 一般社団法人　デジタル出版者連盟（電書連）【http://ebpaj.jp/】
  〒112-0013　文京区音羽1-17-14　音羽YKビル6F／tel:03-6912-2091

リテラリー・エージェント

- アサノ・エージェンシー
  〒112-0011　文京区千石4-44-8　徳田ビル／tel:03-3943-4171
- 株式会社　イングリッシュ・エージェンシー・ジャパン
  【https://eaj.co.jp/】
  〒107-0062　港区南青山6-7-3　桜木ビル3F／tel:03-3406-5385
- 鹿嶋国際著作権事務所
  〒110-0001　台東区谷中7-20-6-502号／tel:03-5834-1871
- 株式会社　酒井著作権事務所
  〒101-0051　千代田区神田神保町1-58　パピロスビル4F
  tel:03-3295-1405
- 株式会社　タトル・モリ　エイジェンシー
  【https://www.tuttlemori.com/index.html】
  〒101-0051　千代田区神田神保町2-17　神田神保町ビル4F
  tel:03-3230-4081
- 株式会社　日本著作権輸出センター
  〒160-0022　新宿区新宿1-19-10　サンモール第3マンション201
  tel:03-3226-2711
- 株式会社　日本ユニ・エージェンシー【http://www.japanuni.co.jp/】
  〒101-0051　千代田区神田神保町1-27　東京堂神保町第2ビル5F
  tel:03-3295-0301
- 株式会社　フランス著作権事務所
  【https://www.institutfrancais.jp/tokyo/mediatheque/bcf/】
  〒113-0033　文京区本郷3-26-4-903／tel:03-5840-8871
- 株式会社　モトブン
  〒102-0082　千代田区一番町15-6／tel:03-3261-4002

> 音楽・レコード

- 一般社団法人　私的録音補償金管理協会【http://www.sarah.or.jp/】
  〒105-0021　港区東新橋2-2-10　村松・共栄火災ビル5F
  tel: 03-6453-0066
- 一般社団法人　日本音楽出版社協会【https://mpaj.or.jp/】
  〒107-0062　港区南青山2-31-8-3F／tel:03-3403-9141
- 一般社団法人　日本音楽著作権協会（JASRAC）
  【https://www.jasrac.or.jp/index.html】
  〒151-8540　渋谷区上原3-6-12／tel:03-3481-2121
- 一般社団法人　日本楽譜出版協会
  【https://www.j-gakufu.com/】
  〒101-0021　千代田区外神田2-18-21　楽器会館4F／tel:03-3257-8797
- 一般社団法人　日本レコード協会【https://www.riaj.or.jp/】
  〒105-0001　港区虎ノ門2-2-5　共同通信会館9F／tel:03-5575-1301

……………………………………………………………………………

> 映画・映像

- 一般社団法人　日本映画製作者連盟【http://www.eiren.org/】
  〒103-0027　中央区日本橋1-17-12　日本橋ビルディング2F
  tel:03-3243-9100
- 一般社団法人　日本映像ソフト協会【https://www.jva-net.or.jp/】
  〒104-0045　中央区築地2-11-24　第29興和ビル別館2F
  tel:03-3542-4433
- 公益社団法人　映像文化製作者連盟【https://www.eibunren.or.jp/】
  〒103-0016　中央区日本橋小網町17-18　藤和日本橋小網町ビル7F
  tel:03-3662-0236

- 協同組合　日本映画監督協会【https://www.dgj.or.jp/】
  〒106-0032　港区六本木7-3-22　六本木やまうちビル2F
  tel: 03-6721-0955

> 音著作権（全般）

- 一般社団法人　コンテンツ海外流通促進機構（CODA）
  【http://www.coda-cj.jp/index.html】
  〒104-0045　中央区築地2-11-24　第29興和ビル別館2F
  tel:03-3524-8880
- 公益社団法人　著作権情報センター【https://www.cric.or.jp/】
  〒164-0012　中野区本町1-32-2　ハーモニータワー22F
  tel: 03-5333-0393
- 有限会社　日本ユニ著作権センター【http://jucc.sakura.ne.jp/】
  〒105-0001　港区虎ノ門5-13-1　虎ノ門40MTビル2F
  tel:03-5472-6620
- 文化庁長官官房著作権課【https://www.bunka.go.jp/】
  〒100-8959　千代田区霞が関3-2-2／tel:03-5253-4111

> 著作権（複製・貸与）

- 一般社団法人　学術著作権協会【https://www.jaacc.org/】
  〒107-0052　港区赤坂9-6-41　乃木坂ビル2F／tel:03-3475-5618
- 一般社団法人　出版者著作権管理機構（JCOPY）
  【https://www.jcopy.or.jp/】
  〒101-0051　千代田区神田神保町1-32　出版クラブビル7F
  tel: 03-5244-5088

- 一般社団法人　出版物貸与権管理センター（RRAC）
  【http://www.taiyoken.jp/】
  〒101-0051　千代田区神田神保町2-5-4　開拓社ビル5F
  tel:03-3222-5339
- 公益社団法人　日本複製権センター（JRRC）【https://jrrc.or.jp/】
  〒105-0002　港区愛宕1-3-4　愛宕東洋ビル7F／tel: 03-6809-1281

....

出版契約トラブル相談（著作者―出版社間）

- 一般社団法人　出版ADR【http://www.taiyoken.jp/adr.html】
  〒101-0051　千代田区神田神保町2-5-4　開拓社ビル5F
  tel: 03-3556-3576

....

新聞・放送

- 一般社団法人　日本新聞協会【https://www.pressnet.or.jp/】
  〒100-8543　千代田区内幸町2-2-1／tel:03-3591-4401
- 公益社団法人　日本専門新聞協会
  【http://www.senmonshinbun.or.jp/】
  〒105-0001　港区虎ノ門1-2-12　第2興業ビル／tel:03-3597-8881
- 日本放送協会（NHK）【https://www.nhk.or.jp/】
  〒150-8001　渋谷区神南2-2-1／tel:03-3465-1111
- 一般社団法人　日本民間放送連盟【https://www.j-ba.or.jp/】
  〒102-8577　千代田区紀尾井町3-23／tel:03-5213-7711

官公庁

- 経済産業省【https://www.meti.go.jp/】
  〒100-8901　千代田区霞が関1-3-1／tel:03-3501-1511
- 国土交通省国土地理院【https://www.gsi.go.jp/】
  〒305-0811　つくば市北郷1／tel:029-864-1111
- 総務省【https://www.soumu.go.jp/】
  〒100-8926　千代田区霞が関2-1-2　中央合同庁舎第2号館
  tel:03-5253-5111
- 特許庁【https://www.jpo.go.jp/】
  〒100-8915　千代田区霞が関3-4-3／tel:03-3581-1101
- 文化庁【https://www.bunka.go.jp/】
  〒100-8959　千代田区霞が関3-2-2／tel:03-5253-4111
- 文部科学省【https://www.mext.go.jp/】
  〒100-8959　千代田区霞が関3-2-2／tel:03-5253-4111

図書館

- 国立国会図書館国際子ども図書館【https://www.kodomo.go.jp/】
  〒110-0007　台東区上野公園12-49／tel:03-3827-2053
- 国立国会図書館（東京本館）【https://www.ndl.go.jp/】
  〒100-8924　千代田区永田町1-10-1／tel:03-3581-2331
- 国立国会図書館（関西館）
  【https://www.ndl.go.jp/jp/kansai/index.html】
  〒619-0287　京都府相楽郡精華町精華台8-1-3／tel:0774-98-1200
- 公益社団法人　全国学校図書館協議会【https://www.j-sla.or.jp/】
  〒112-0003　文京区春日2-2-7／tel:03-3814-4317
- 公益社団法人　日本図書館協会【https://www.jla.or.jp/】
  〒104-0033　中央区新川1-11-14／tel:03-3523-0811

●日本音楽著作権協会(JASRAC)の著作権使用料規程より

第4節　出版等

　著作物を印刷、写真、複写その他の方法により可視的に複製する場合又は機器を用いて著作物を可視的に表示するために電磁的記録その他の方法により複製する場合(公衆送信を伴う複製を除く。)の使用料は、これにより製作される複製物(以下「出版物等」という。)の種類又は目的に応じ、次により算出した額に消費税相当額を加算した額とする。

1　販売用出版物等

(1)　歌詞集・楽譜集・ピース等主たる内容が歌詞又は楽曲である出版物等

　　歌詞又は楽曲それぞれの使用料は、当該出版物等の定価(消費税を含まないもの。)の10/100の額を当該出版物等に掲載されている歌詞及び楽曲の総件数で除した額に複製部数(一時に製作される出版物等の数をいう。以下本節において同じ。)を乗じて得た額とする。ただし、その額が12円を下回る場合は12円とする。

(2)　書籍((1)に該当する書籍を除く。)

　　歌詞又は楽曲それぞれの使用料は、当該出版物等の複製部数に応じ下表のとおりとする。

500部まで	1,000部まで	500部まで	2,500部まで	5,000部まで	50,000部まで
1,050円	1,200円	1,050円	1,300円	2,600円	6,500円
100,000部まで	300,000部まで	500,000部まで	500,000部を超える場合		
8,700円	13,050円	13,350円	13,650円		

(3) 雑誌、新聞（（1）に該当する雑誌、新聞を除く。）

　歌詞又は楽曲それぞれの使用料は、当該出版物等の複製部数に応じ下表のとおりとする。

2,500 部まで	5,000 部まで	10,000 部まで	50,000 部まで	100,000 部まで	300,000 部まで
4,550 円	5,100 円	5,550 円	11,100 円	14,800 円	18,500 円
500,000 部まで	1,000,000 部まで	3,000,000 部まで	5,000,000 部まで	5,000,000 部を超える場合	
27,750 円	37,050 円	55,550 円	56,800 円	58,100 円	

(4) その他の商品等

　茶碗、のれん、衣料品、玩具等（1）から（3）以外の商品等（当該商品に付随する化粧箱、ラベル等を含む。）の歌詞又は楽曲それぞれの使用料は、当該出版物等の複製部数に応じ下表のとおりとする。

100 部まで	1,000 部まで	2,500 部まで	5,000 部まで	10,000 部まで
1,900 円	2,150 円	2,350 円	4,700 円	7,800 円
50,000 部まで	100,000 部まで	300,000 部まで	500,000 部まで	500,000 部を超える場合
11,750 円	15,650 円	23,500 円	24,050 円	24,600 円

2　その他の出版物等

　1以外の出版物等の歌詞又は楽曲それぞれの使用料は、当該出版物等の複製部数に応じ下表のとおりとする。

100 部まで	1,000 部まで	2,500 部まで	5,000 部まで	10,000 部まで
1,600 円	1,800 円	1,950 円	3,900 円	6,500 円
50,000 部まで	100,000 部まで	300,000 部まで	500,000 部まで	500,000 部を超える場合
9,800 円	13,050 円	19,600 円	20,050 円	20,500 円

ただし、公に展示若しくは掲示され、又は電磁的方法により提示されることを主たる目的とする出版物等の歌詞又は楽曲それぞれの使用料は次のとおりとする。

　　　(ア)　書道作品、美術作品、工芸作品等の原作品1部あたり3,000円
　　　(イ)　歌碑等恒久的に設置される工作物1部あたり25,000円
　　　(ウ)　(ア)及び(イ)以外の出版物等複製部数にかかわらず7,500円

(出版等の備考)
① 1(1)の規定の「主たる内容が歌詞又は楽曲である出版物等」とは、音楽著作物が掲載されている頁数の総頁数(前付け、後付け及び広告頁を除く。以下本節において同じ。)に対する割合が50／100を超えるものをいう。
② 著作物の広告目的の利用又は外国の著作物の利用(利用目的を問わない。)について、使用料を委託者がその都度指定することとしているときは、本節の規定にかかわらず、その額とする。なお、「広告目的の利用」とは、広告主の名称・商品・商品名・商標・標語、企業形態、企業内容、企業イメージ等を広告主が必要とする間、広く一般に知らしめるため、広告主の発意により制作する広告、広報、又は意見広告等に利用することを目的として、書籍、雑誌、新聞、ポスター等の媒体に著作物を複製することをいう。
③ 1(2)から1(4)の規定が適用される場合において、複製部数が最少区分の10／100に満たないときは、該当する規定の最少区分の額の範囲内で減額することができる。
④ 1(1)の規定が適用される場合において、音楽著作物が掲載されている頁数の総頁数に対する割合が75／100までのときは、使用料を75／100に減額することができる。
⑤ 1(2)又は(3)の規定が適用される場合において、複製部数が少数の学術専門書・誌であるときは、該当する規定の額から20／100を限度として減額することができる。
⑥ 2の規定(ただし書を除く。)が適用される場合において、教育機関(文

部科学省が教育機関として定めるもの又はこれに準ずるものをいう。）、非営利団体又は個人が、営利を目的とせず、かつ、無償で出版物等を頒布するときは、使用料を50／100に減額することができる。ただし、備考②に該当するときは、この限りではない。
⑦ 出版等の利用のうち、利用の態様に鑑み本規定により難い場合における使用料は、利用者と協議のうえ、本規定の率又は額の範囲内で決定する。

確 認 書

　一般社団法人日本音楽著作権協会(以下「甲」という。)、一般社団法人日本雑誌協会(以下「乙」という。)及び一般社団法人日本書籍出版協会(以下「丙」という。)は、甲の使用料規程第4節出版等(以下「使用料規程」という。)の改定にかかる意見聴取の過程において、部分使用(歌詞の一番の半分以下)・極少使用(部分使用のうちのさらにごくわずか)の取扱い(以下、「本件取り扱い」という。)について相互の意見を交し、その内容を以下の通り確認する。

　　　　　　　　　　　　　記

1. 甲・乙・丙は、昭和58年(1983年)以来行われている本件取り扱いについて現状を維持する。
2. 甲は、乙、丙及び他の利用者団体に対する現行の使用料規程改定案(別紙)の意見聴取を経て文化庁長官に届け出た後、次の使用料規程改定に向けた意見聴取の中で、改めて本件取扱いについて検討し、合意を目指す。

　甲、乙及び丙は、本確認書締結の証として、それぞれ記名押印のうえ、各自1通を保持するものとする。

　　　　　　　　　　　　　　　　　　　　　　2013年10月1日

　　　　　　　甲　東京都渋谷区上原3丁目6番12号
　　　　　　　　　一般社団法人日本音楽著作権協会
　　　　　　　　　常任理事　大　橋　健　三

　　　　　　　乙　東京都千代田区神田駿河台1-7
　　　　　　　　　一般社団法人日本雑誌協会
　　　　　　　　　専務理事　勝　見　亮　助

　　　　　　　丙　東京都新宿区袋町6
　　　　　　　　　一般社団法人日本書籍出版協会
　　　　　　　　　専務理事　中　町　英　樹

2009年4月7日

ネットワーク音楽著作権連絡協議会
代表世話人　佐々木隆一　様

社団法人日本書籍出版協会
知的財産権委員会著作物利用分科会
　　座長　洪　性釿　様
　　座長　五木田　直樹　様

　　　　　　　　　　　　　　　　　社団法人日本音楽著作権協会
　　　　　　　　　　　　　　　　　送信部　部長　小島芳夫

インタラクティブ配信される電子出版物における歌詞使用の取扱いについて

拝啓
　時下益々ご清栄のこととお慶び申し上げます。日頃、当協会の業務にご理解、ご協力を賜り、厚く御礼申し上げます。
　さて貴協会からの「電子出版における歌詞使用に関する要望書」につきまして、当協会での検討結果を下記の通りご通知申し上げます。

　　　　　　　　　　　　　　　　　　　　　　　　　　　　敬具

記

1. 基本的な考え方
　　電子書籍・コミックは音楽利用の比率が少なく、かつ部分的な利用であることから、現行のインタラクティブ配信の規定(音楽以外の著作物を利用することを主たる目的として配信する場合)の範囲内で減額して取扱う。
　　また、社団法人日本書籍出版協会に加盟する出版社がコンテンツを提

供する配信については、出版社が元栓で一括して処理するものとする。

2. 適用範囲

　　音楽を利用することを主たる目的としない出版物(楽譜集など書籍の内容が主として歌詞又は楽曲の場合以外)について、原則として紙媒体から変更を加えず電子化して二次利用するコンテンツを対象とする。(インタラクティブ配信が紙媒体に先行する場合も含める。)

　　また、電子書籍・コミックの背景に音楽をループ利用する等の場合は適用対象外とする。

3. 適用料率
- ダウンロード形式(再生制限の有無に関わらず)
　　{情報料×0.2%} (又は0.2円、いずれか高い方) × リクエスト回数
　　　　但し、外国作品については、0.4%又は0.4円とする。
- ストリーム形式
　　　　ダウンロード形式に同じ
- ＊　情報料収入を得ないストリーム配信(立読み)については、販売促進を目的とするものに限り、当面の間、月額使用料に含める。

以上

公益社団法人日本文藝家協会
著作物使用料規程

平成15年10月1日 承継
一部変更　平成17年 2 月28日
一部変更　平成18年 3 月 9 日
一部変更　平成19年 4 月 6 日
一部変更　平成20年 1 月13日
一部変更　平成23年 4 月13日
一部変更　平成30年11月 2 日

第1章　総則

（区分）

第1条　本協会の管理する著作物（以下「著作物」という。）の使用料は、下記の区分により、第2章から第7章に定める額とする。

（1）出版等
（2）日本放送協会の放送等
（3）一般放送事業者等の放送等
（4）上演・映画化等
（5）録音・録画等
（6）その他

（減額措置）

第2条　本規程に定める使用料は、著作物の利用の態様に照らし特に必要であると認められる場合に限り、契約の促進等を図るため、別に定める基準に基づき、減額することができる。

（消費税）

第3条　本規程に特に定めがある場合を除き、使用料の支払に当たって、利用者は次の各章により算出した金額に、消費税率を乗じて得た額を加算して本協会に納めなければならない。

（複数の著作物等の利用）
第4条　著作物の利用に当たって、原作者が複数の場合又は複数の著作物が利用される場合は、その利用態様を踏まえ、利用者と本協会が協議して定める額とする。本協会に管理を委任していない者があるときは、その者に支払うべき金額を控除する。

（使用料の指定）
第5条　放送又は映画等の二次的な利用で著作物を利用する場合を除き、使用料を委託者が指定することとしているときはその額とする。

第2章　出版等

（出版における使用料等）
第6条　著作物を書籍として複製し、公衆に譲渡する場合の使用料は、本体価格の15％に発行部数を乗じた額を上限として利用者と本協会が協議して定める額とする。

（出版における一部利用等）
第7条　出版において著作物の一部を利用する場合は、著作物の利用方法、掲載される出版物の種類、販売価格及び発行部数等を参考に、利用しようとする著作物について、前条により著作物を出版する場合の使用料額の半額を上限として利用者と本協会が協議して定める額とする。

（教育を目的とした利用）
第8条　著作物を入試問題集・一般教養問題集・学習参考書・学校用図書教材等に複製し、公衆に譲渡する場合の使用料は次のとおりとする。
　（1）一作品の使用料は本体価格の5％に発行部数を乗じた額を本文総ページで割り、使用ページ割合を乗じた額もしくは2000円のいずれかの

高い額とする。
　　　　また使用ページ割合は1／4ページごとの面積計算とし、短歌、俳句は一首、一句を1／4ページとする。
　（2）発行部数1300部以下については、一作品の使用料は本体価格の5％に発行部数を乗じた額を本文総ページで割り、使用ページ割合を乗じた額もしくは1000円のいずれかの高い額とする。
　　　　また使用ページ割合は1／4ページごとの面積計算とし、短歌、俳句は一首、一句を1／4ページとする。
2　著作物を副読本に複製し、公衆に譲渡場合の使用料は、本体価格の6％に発行部数を乗じた額を上限として利用者と本協会が協議して定める額とする。

（教科用CD等における利用）
第9条　小学校又は中学校の教科用レコード、録音テープ、フロッピーディスク等に収録された著作物で、教科書に掲載したものの全部又は一部を利用する場合の使用料は、文化庁告示の補償金の2倍とする。
2　高等学校の教科用レコード、録音テープ、フロッピーディスク等に収録された著作物で、教科書に掲載したものの全部又は一部を利用する場合の使用料は、発行部数が1万部を超える場合は前項の規定を準用し、1万部未満の場合は2万円を上限として利用者と本協会が協議して定める額とする。
3　前項における発行部数は、レコード、録音テープ、フロッピーディスク等のそれぞれの発行部数を合算した部数とする。

第3章　日本放送協会の放送等

（全国中継における利用）
第10条　日本放送協会が、全国中継放送番組で著作物を利用する場合の使用料は、著作物1件1回につき、放送時間30分番組として利用する場合の料金を基準として、次に定める額とする。放送時間が30分未満又は30分を超

える場合の使用料は、基準使用料に対し5分を単位として増減し定める額とする。
　　(1) テレビジョン放送の場合　　10万円以上24万8千円以内
　　(2) ラジオ放送の場合　　　　　4万2千円以上12万5千円以内

（全国中継以外の放送における利用）
第11条　日本放送協会が、全国中継以外の放送（以下「ローカル放送」という。）に著作物を利用する場合の使用料は、前条に定める使用料に次の料率を乗じた額とする。
　　(1) 東京、地域拠点局のローカル放送 63％
　　(2) 上記以外の各放送局のローカル放送 36％
2　ローカル放送が、前項の各ローカルの2以上にまたがり行われる場合の使用料は、関係各ローカルのうちの最も高い使用料額を適用する。

（脚色・翻訳等における利用）
第12条　日本放送協会が、著作物を脚色・翻訳・構成又は編集して利用する場合の使用料は、前2条に定める使用料にそれぞれ次の料率を乗じた額とする。
　　(1) 脚色　85％
　　(2) 翻訳　80％
　　(3) 構成　50％
　　(4) 編集　40％以内

（リピート放送における利用）
第13条　日本放送協会が、全国中継放送番組をリピート放送する場合の使用料は、第10条から第12条の規定を準用する。ただし、国際放送及び学校放送番組においてリピート放送する場合で、そのリピート放送が放送の日から2週間以内に行われる場合の使用料は、第10条から第12条で定める額の50％の範囲内で、利用者と本協会が協議して定める額とする。
2　日本放送協会が、ローカル放送においてリピート放送する場合の使用料

は、第11条の規定を準用する。

（小品の利用）
第14条　日本放送協会が、詩、短歌、俳句及び川柳等を放送番組において利用する場合の1篇の使用料は、実使用時間5分を単位とし、次により本協会と協議して定める額とする。
　　(1)　詩　1万2千円を上限として定める額。
　　(2)　短歌、俳句、川柳など5千500円を上限として定める額。

第4章　一般放送事業者等の放送等

（全国ネットの放送における利用）
第15条　一般放送事業者等（日本放送協会を除く放送事業者等をいう。以下同じ。）が、全国ネット放送で著作物を利用する場合の使用料は、著作物1件1回につき放送時間30分番組として利用する場合の料金を基準として、次に定める額とする。この場合において、キー局が放送を行ってから6ヶ月以内に各ネット局が各1回その放送を行うことは、全国ネットによる著作物1回の同時利用とみなす。
　　(1)　テレビジョン放送の場合　　9万5千円以上26万2,500円以内
　　(2)　ラジオ放送の場合　　　　　4万円以上9万6千円以内

（全国ネット以外の放送における利用）
第16条　一般放送事業者等が、全国ネット以外の放送に著作物を利用する場合の使用料は、前条で定める額の範囲内で、利用者と本協会が協議して定める額とする。

（リピート放送における利用）
第17条　一般放送事業者等が、全国ネット放送でリピート放送する場合の使用料は、第15条の規定を準用し、そのリピート放送が放送の日から10日

以内に行われる場合の使用料は、同条で定める額の30％の範囲内で、利用者と本協会が協議して定める額とする。
2　全国ネット以外の放送でリピート放送する場合の使用料は、前条の規定を準用し、利用者と本協会が協議して定める額とする。

（小品の利用）
第18条　一般放送事業者等が、放送番組において詩、短歌、俳句及び川柳等の著作物を利用する場合の1篇の使用料は、実使用時間5分を単位とし、次により利用者と本協会が協議して定める額とする。
　　（1）　詩　テレビについては2万円を上限とし、ラジオについては1万円を上限として定める額。
　　（2）　短歌、俳句、川柳などは、前号の額の半額で、3,000円を下回らない額。
　　（3）　1回の放送番組中で、同一作品をくり返し利用する場合は、これを1回の利用とみなす。
　　（4）　同一著作者の著作にかかる短歌、俳句、川柳など数種を1回の放送番組中に利用する場合は、その料金を減額することができる。

（海外への番組提供）
第19条　放送番組を録音・録画し、又は国際通信衛星回線により海外に提供し、海外のテレビジョン放送局又は有線テレビジョン放送局において放送させる場合の使用料は、次の料率により算出した額とする。
　　（1）　ドラマ番組　　　　提供価格の3.5％以内
　　（2）　その他の番組　　　提供価格の2.0％以内

（CATVへの提供）
第20条　日本放送協会が制作した放送番組を、CATVで放送する場合の使用料は、次の料率により算出した額とする。
　　（1）　ドラマ番組　　　　（NHKの提供価格）×4.0％以内
　　（2）　その他の番組　　　（NHKの提供価格）×2.5％以内

2　一般放送事業者等が制作した放送番組を、CATVで放送する場合の使用料は、次の料率により算出した額とする。
　　（1）ドラマ番組　　　　　（提供価格×0.8）×3.5％以内
　　（2）その他の番組　　　　（提供価格×0.8）×2.0％以内
　なお、提供価格が2万円（60分番組の場合）に満たない場合の使用料は、提供価格を2万円とみなして使用料を算出する。
3　社団法人日本民間放送連盟の会員社は、次に定める使用料を本協会に支払うことにより、番組をCATVの局数及び放送回数にかかわりなく、2年間供給することができる。
　　（1）ドラマ番組（60分の場合）　　　　13,000円
　　（2）その他の番組（60分の場合）　　　7,500円
　460分以外の番組の使用料については、前3項の提供価格及び使用料を15分単位で時間比例して算出する額とする。

（放送事業者以外の者が制作したテレビ映画の放送）
第21条　放送事業者以外の者が制作したテレビ映画を、放送において利用（放送事業者に対する最初の放送契約終了後の放送での利用）する場合の使用料は、番組の提供価格に対して、次の割合で算出した額とする。
　　地上波放送　10％以内
　　BS放送　　　3.5％以内
　　CS放送　　　3.5％以内
　　CATV　　　　3.5％以内

（劇場用映画のテレビジョン放送）
第22条　劇場用映画を、テレビジョン放送において利用する場合の使用料は、次のとおりとする。
　　（1）初回テレビ放映
　　　　地上波放送（放送期間3年以内に行われる2回の放送を含む。）
　　　　　　　　　　　　　　　　　　　　　　　　　　　　　　30万円
　　　　BS放送（放送期間3年以内に行われる、放送事業者との契約で定め

る回数の放送を含む。）　　　　　　　　　　　　　　　20万円
　　　CS放送（放送期間3年以内に行われる、放送事業者との契約で定める
　　　回数の放送を含む。）　　　　　　　　　　　　　　　　4万円
　(2) 2回目以降の放映（上記以外の第二次配給）
　　映画の販売契約額に対して、次の割合で算出した額を使用料とする。
　　　地上波放送　4％以内
　　　BS放送　　　4％以内
　　　CS放送　　　4％以内
　　　CATV　　　　3.5％以内
　　　その他　　　2万円を上限として利用者と本協会が協議して定める額

（放送大学の放送における利用）
第23条　放送大学学園の行う放送において著作物を利用する場合の使用料は、著作物の性質、利用目的、利用方法等を考慮して同学園と協議して定める額とする。

第5章　上演・映画化等

（上演）
第24条　上演における1回当たりの著作物の使用料は、大劇場規模（定員1,000名以上）における25日間公演（昼夜2回公演）での利用を基準に、400万円を上限として利用者と本協会が協議して定める額とする。
2　中規模劇場（定員500名以上1,000名未満）での上演における1回当たりの著作物の使用料は、前項の額を基準として、その50％から100％を範囲として利用者と本協会が協議して定める額とする。
3　小規模劇場（定員500名以下）での上演における1回当たりの著作物の使用料は、第1項の額を基準として、その50％を上限として利用者と本協会が協議して定める額とする。

（映画化）
第25条　放送を目的として制作する映画以外の映画制作及び上映等における著作物の使用料は、番組制作費や提供価格等を斟酌し、1,000万円を上限として利用者と本協会が協議して定める額とする。

第6章　録音・録画等

（ビデオの複製・販売）
第26条　著作物が利用されている劇場用映画等をビデオ（「ビデオ・テープ」又は「ビデオ・ディスク」などの「ビデオグラム」をいう。以下同じ。）に複製し、その複製物を個人利用を目的として販売する場合における使用料は、ビデオ販売価格に販売数及び1.75％を乗じた額とする。
2　ビデオ映像中での著作物の朗読（画面表示等を含む。）については、ビデオ販売価格に販売数及び係数4.5％を乗じた額を、著作物の使用時間で按分して本協会が定める額とする。

（ビデオの業務用頒布、上映）
第27条　著作物が利用されている劇場用映画等をビデオに複製し、図書館等の施設、航空機その他の交通機関、ホテル、飲食店等公において上映させることを目的として、その複製物を頒布し、上映させる場合の使用料は、当該事業者等がこれにより取得する金額の3.5％とする。
2　ホテル内有線送信（CCTV）の使用料は、前項の取得金額から20％を控除した額の3.5％とする。

（ビデオのレンタル）
第28条　著作物が利用されているビデオを個人向けレンタル業務において利用させる場合の使用料は、当該事業者等がレンタル業者から取得する金額の3.35％とする。

（録音等）
第29条　著作物を録音しその複製物を販売する場合、及び上演、上映又は放送等において利用許諾された著作物を録音しその複製物を販売する場合の使用料は、録音物の販売価格に販売数及び6.0％を乗じた額を、著作物の利用時間及び利用する著作物数で按分した額とする。
2　著作物を原作とした歌詞を用いた楽曲を録音し、又はその複製物を販売する場合の使用料は、録音物の販売価格に販売数及び6.0％を乗じた額を、著作物を利用する楽曲の収録時間で按分した額とする。著作物を歌詞とした楽曲を使用する場合の使用料もこれに準じた額とする。

第7章　その他

（その他）
第30条　その他本規程の規定を適用することができない利用方法により著作物を利用する場合は、著作物利用の目的及び態様、その他の事情に応じて利用者と協議の上、その使用料の額又は率を定めることができる。

附則（実施日）
　この使用料規程は、平成15年10月1日、社団法人日本文芸著作権保護同盟より承継した。

附則（実施日）
　この使用料規程のうち、第2章 出版等の第6条および第8条の規定については平成17年4月1日から実施する。

附則（実施日）
　この使用料規程のうち、第4章 一般放送事業者等の放送等の第15条の規定については平成18年4月10日から実施する。

附則（実施日）
　この使用料規程のうち、第3章 日本放送協会の放送等の第14条の規定については平成19年5月7日から実施する。

附則（実施日）
　この使用料規程のうち、第5章 上演・映画化等の第25条の規定については平成20年2月13日から実施する。

附則（実施日）
　本協会は平成23年4月1日付けで名称変更した。この使用料規程は23年5月13日から実施する。

著作権関係条約締結状況　　※2022年3月末現在

ベルヌ条約：181ヶ国
WIPO：193ヶ国
万国著作権条約：100ヶ国
WTO設立協定受諾国・地域：164ヶ国

※各国の著作権関係条約締結状況の詳細は著作権情報センター（CRIC）のホームページで確認可能。
CRIC「著作権関係条約締結状況」URL→《https://www.cric.or.jp/db/treaty/status.html》

【著作権関係条約未加盟国】　　※2021年3月末現在

ベルヌ条約、万国著作権条約、WTO設立協定のいずれにも加盟していない国・地域は、以下の通りです。

アジア　―――　東ティモール
中　東　―――　イラク／イラン
アフリカ　―――　エチオピア／エリトリア／ソマリア
太洋州　―――　ニウエ／マーシャル諸島

また、WTO設立協定に加盟しているが、ベルヌ条約、万国著作権条約のいずれにも加盟していない国・地域は、以下の通りです（2021年3月末現在）。

アジア　―――　ミャンマー／モルディブ／台湾
アフリカ　―――　アンゴラ／ウガンダ／シエラレオネ／セイシェル
太洋州　―――　パプアニューギニア

登録の手引き(抄) ※全文は文化庁ホームページを参照のこと

令和3年1月
文化庁長官官房著作権課

(7) 出版権の設定等の登録関係

① 申請に当たっての留意事項

○ 著作権譲渡や質権設定等の場合と同様、第三者対抗要件を付与するための登録です。

○ 出版権制度というのは、著作権法で定められた特別な制度です(法第79条から第88条)。
従来は、紙媒体による出版のみを対象としていましたが、平成26年の著作権法改正において、インターネット送信による電子出版等を引き受ける者に対しても出版権を設定できることとなりました(平成26年法律第35号。平成27年1月1日施行。)。
出版権は、複製権等保有者(複製権又は公衆送信権を有する者)と出版者との出版権設定契約により発生するものです。
出版権者は、設定行為で定めるところにより、その出版権の目的である著作物について、次に掲げる権利の全部又は一部を専有することとされています。
　① 頒布の目的をもって、原作のまま印刷その他の機械的又は化学的方法により文書又は図画として複製する権利(原作のまま電子計算機を用いてその映像面に文書又は図画として表示されるようにする方式により記録媒体に記録された電磁的記録として複製する権利を含む。)(法第80条第1項第1号)
　② 原作のまま電子計算機を用いてその映像面に文書又は図画として表示されるようにする方式により記録媒体に記録された複製物を用いて公衆送信を行う権利(法第80条第1項第2号)

○ 著作物の出版、電子出版に当たっては、①複製権、公衆送信権の譲渡を受ける場合、②複製、公衆送信について(独占的)利用許諾を受ける場合、③出版権設定契約を締結する場合がありますが、出版権登録申請を行うことができるのは、③の場合のみです。

○ 次のような場合、登録を行うことで第三者対抗要件が付与されます。
　ア 出版権の設定、移転(相続その他の一般承継によるものを除く)、変更若しくは消滅(混同又は複製権若しくは公衆送信権の消滅によるものを除く)又は処分の制限
　イ 出版権を目的とする質権の設定、移転(相続その他の一般承継によるものを除く)、変更若しくは消滅(混同又は出版権若しくは担保する債権の消滅によるものを除く)又は処分の制限等

○ 登録の内容及び効果については、28ページの著作権の譲渡の登録及び43ページの著作権を目的とした質権設定等の登録を参照してください。

② 申請に当たっての必要書類等(◎:必須、○:必要に応じ、△:特別な場合)

◎ 登録免許税(収入印紙 30,000円)(出版権登録申請書左上に貼付)
◎ 出版権登録申請書(書き方は49ページを参照)
◎ 著作物の明細書(書き方は20ページを参照)
　＊ 出版権に関する前登録がある場合は、著作物の明細書は不要です。
◎ 登録の原因を証明する書類
　＊ 出版権設定契約書の写し出版権設定証書など(52ページを参照)
○ 登録権利者が単独で申請する場合は、その権限等を証明する書類
　＊ 登録義務者の承諾書(書き方は72ページを参照)
○ 代理人が申請する場合は、その権限を証明する書類

- ＊ 委任状（書き方は71ページを参照）
- △ 登録の原因について第三者の許可、同意又は承諾を要するときはこれを証明する書類（書き方は73ページを参照）
- ＊ 共同著作物など、著作者・著作権者が複数存在する場合に必要

③ 申請書の書き方

出版権登録申請書

令和〇年〇月〇日

収入印紙
30,000円

文化庁長官　　　　　殿

1　著作物の題号　　　　春の嵐（フリガナ　ハルノアラシ）

2　権利の表示並びに登録の原因及びその発生年月日
　　　令和〇年〇月〇日に下記の者の間に出版権の設定があった。
　　　複製権等保有者　東京都千代田区霞が関〇〇
　　　　　　　　　　　文部　翔
　　　出版権者　　　　大阪市中央区〇〇町〇〇
　　　　　　　　　　　株式会社文化商事

3　登録の目的　　　　出版権設定の登録

4　出版権の範囲　　　限定なし

5　出版権の存続期間　最初の出版行為等があった日から5年

6　出版権に関する特約　定めなし

7　前登録の年月日及び登録番号　なし

8　申請者
　（登録権利者）
　　住所（居所）　　〒×××-××××　TEL（××）××××-××××
　　　　　　　　　大阪市中央区〇〇町〇〇
　　氏名（名称）　　株式会社文化商事（フリガナ　ブンカショウジ）
　　　　　　　　　代表取締役　文化　千代　㊞　又は、本人の署名（フリガナ　ブンカ　チヨ）

　（登録義務者）
　　住所（居所）　　〒×××-××××　TEL（××）××××-××××
　　　　　　　　　東京都千代田区霞が関〇〇
　　氏名（名称）　　文部　翔　㊞　又は、本人の署名（フリガナ　モンブ　ショウ）

9　添付資料の目録　　著作物の明細書　1通
　　　　　　　　　　出版権設定証書　1通

（注）　記載例は、出版権の設定の場合です。出版権の譲渡の登録の場合は29ページ、出版権を目的とする質権に係る登録の場合は44ページ、信託に係る登録の場合は38ページの実務例を参考にしてください。

【出版権登録申請書】記載上の注意事項

1 著作物の題号

- ○ 著作物の明細書の 1 著作物の題号 欄の名称と一致していなければなりません。
- ○ 漢字には必ずフリガナをつけてください。
- ○ 題号がない場合等は次のように記載してください。

> ・題号がない場合：な　し
> ・不明の場合　　：不　明

2 権利の表示並びに登録の原因及びその発生年月日

- ○ 出版権の設定の場合は次のように記載してください。

> 令和○年○月○日に下記の者の間に出版権の設定があった。
> 　　複製権等保有者　東京都千代田区霞が関○○
> 　　　　　　　　　　　　文部　翔
> 　　出版権者　大阪市中央区○○町○○
> 　　　　　　　　株式会社文化商事

- ○ 出版権の譲渡の場合は次のように記載してください。

> 令和○年○月○日に下記の者の間に出版権の譲渡があった。
> 　　譲渡人　東京都千代田区霞が関○○
> 　　　　　　　　文部　翔
> 　　譲受人　大阪市中央区○○町○○
> 　　　　　　　　株式会社文化商事

　　＊　権利の消滅に関する定め（政令第30条）、持分の定め（政令第31条）及び政令第33条第2項に規定する事項があるときは、その旨を記載してください。

3 登録の目的

- ○ 登録の種類に応じて、次のように記載してください。

> ・出版権設定の登録
> ・出版権譲渡の登録
> ・出版権変更の登録
> ・出版権消滅の登録

4 出版権の範囲

○ 出版権が平成27年1月1日以降に設定されたものである場合であって、出版権者が法第80条第1項第1号に掲げる権利のみを専有するとき、同項第2号に掲げる権利のみを専有するときその他同項に掲げる権利の一部を専有するときは設定行為で定められた出版権の内容を記載し、出版権者が同項に掲げる権利の全部を専有するときは「限定なし」と記載してください。

   記載例は以下のとおりです。

   > ・限定なし
   > ・法第80条第1項第1号に掲げる権利
   > ・法第80条第1項第2号に掲げる権利
   > ・法第80条第1項第1号に掲げる権利のうち、紙媒体による出版についての権利
   > ・法第80条第1項第1号に掲げる権利のうち、CD-ROM等の記録媒体による出版についての権利

   ＊ なお、個別具体的な事例に対して、どこまで権利の一部のみを専有することが可能であるのかという点については、最終的には、裁判所において判断されるものとなります。

○ 出版権が平成27年1月1日より前に設定されたものである場合であって、範囲に限定があるときは、その旨を記載してください。

5 出版権の存続期間

○ 定めがなければ、次のように記載してください。

> 定めなし

6 出版権に関する特約

○ 定めがなければ、次のように記載してください。

> 定めなし

   ＊ 全集等への収録（法第80条第2項ただし書）、出版の義務（法第81条ただし書）に関し別段の定めがある場合はその旨を記載してください。

7 前登録の年月日及び登録番号

○ 13ページの 5 前登録の年月日及び登録番号 を参照してください。

8 申請者

○ 出版権設定の登録の場合

> ・ 登録権利者 ＝ 出版権者
> ・ 登録義務者 ＝ 複製権等保有者

○ 出版権の譲渡若しくは出版権を目的とする質権に係る登録の場合は、29ページ及び44ページを参照してください。
  * 共同申請が原則ですが、登録義務者の承諾書（72ページ）を添付したとき、又は判決による登録は登録権利者が単独で申請できます。また、債権者が民法第423条の規定により債務者に代位して申請するときは債権者及び債務者の氏名又は名称及び住所又は居所、代位の原因を記載してください（政令第29条）。

9 添付資料の目録

○ 申請書に添付した資料名を記載してください。

> ・著作物の明細書　1通
> ・出版権設定証書　1通

④ **著作物の明細書の書き方**　20ページを参照してください。
⑤ **登録の原因を証明する資料**
○ 契約書の写しを添付してください。
○ あるいは、登録の原因となる契約の際に登録用の証書を作成しそれを添付していただいても結構です。特に様式は定まっておりませんが、出版権の設定の場合の実務例としては次のとおりです。

出版権設定証書

令和〇年〇月〇日

登録権利者（出版権者）
　住　所　　大阪市中央区〇〇町〇〇
　名　称　　株式会社文化商事
　　　　　　代表取締役　文　化　千　代　殿

　　　　　登録義務者（複製権等保有者）
　　　　　　住　所　　東京都千代田区霞が関〇〇
　　　　　　名　称　　文　部　翔　㊞

下記の著作物に関する出版権を平成〇年〇月〇日に貴社に設定したことに相違ありません。

記

著作物の題号　　　春　の　嵐

著作者の氏名（名称）　文　部　翔
出版権の範囲　　　限定なし
出版権の存続期間　最初の出版行為等があった日から5年
出版権に関する特約　定めなし

○ 出版権の譲渡に係る登録については32ページ，出版権を目的とする質権に係る登録については47ページの記載例を参照してください。

〈参照条文〉

● 著作権法（昭和45年法律第48号）
（登録手続等）
第七十八条　第七十五条第一項、第七十六条第一項、第七十六条の二第一項又は前条の登録は、文化庁長官が著作権登録原簿に記載し、又は記録して行う。
2　著作権登録原簿は、政令で定めるところにより、その全部又は一部を磁気ディスク（これに準ずる方法により一定の事項を確実に記録しておくことができる物を含む。第四項において同じ。）をもつて調製することができる。
3　（略）
4　何人も、文化庁長官に対し、著作権登録原簿の謄本若しくは抄本若しくはその附属書類の写しの交付、著作権登録原簿若しくはその附属書類の閲覧又は著作権登録原簿のうち磁気ディスクをもつて調製した部分に記録されている事項を記載した書類の交付を請求することができる。
5　前項の請求をする者は、実費を勘案して政令で定める額の手数料を納付しなければならない。
6　前項の規定は、同項の規定により手数料を納付すべき者が国等であるときは、適用しない。
7　第一項に規定する登録に関する処分については、行政手続法（平成五年法律第八十八号）第二章及び第三章の規定は、適用しない。
8　著作権登録原簿及びその附属書類については、行政機関情報公開法の規定は、適用しない。
9　著作権登録原簿及びその附属書類に記録されている保有個人情報（行政機関の保有する個人情報の保護に関する法律（平成十五年法律第五十八号）第二条第三項に規定する保有個人情報をいう。）については、同法第四章の規定は、適用しない。
10　この節に規定するもののほか、第一項に規定する登録に関し必要な事項は、政令で定める。
（出版権の登録）

第八十八条　次に掲げる事項は、登録しなければ、第三者に対抗することができない。
　一　出版権の設定、移転（相続その他の一般承継によるものを除く。次号において同じ。）、変更若しくは消滅（混同又は複製権の消滅によるものを除く。）又は処分の制限
　二　出版権を目的とする質権の設定、移転、変更若しくは消滅（混同又は出版権若しくは担保する債権の消滅によるものを除く。）又は処分の制限
2　第七十八条（第三項を除く。）の規定は、前項の登録について準用する。この場合において、同条第一項、第二項、第四項、第八項及び第九項中「著作権登録原簿」とあるのは、「出版権登録原簿」と読み替えるものとする。

●著作権法施行令（昭和45年政令第335号）
（出版権の登録の申請書）
第三十二条　法第八十八条第一項の登録の申請書には、次に掲げる事項を記載しなければならない。ただし、当該申請に係る出版権に関する登録がされている場合において、当該申請書にその登録の年月日及び登録番号を記載したときは、この限りでない。
　一　設定された出版権の範囲
　二　設定行為で定められた存続期間（設定行為に定めがないときは、その旨）
　三　設定行為に法第八十条第二項及び第八十一条ただし書の別段の定めがあるときは、その定め

JPO出版情報登録センター　〜出版権情報の登録と利用方法〜

出版情報の登録（出版権情報を含む）

　2015年1月に施行された改正著作権法では、多様な形態での出版権の設定を可能としており、そのため、著作物における出版権設定の状況を明確化し、著作物の利活用の促進の観点からも出版権の登録・管理制度の整備が求められました。これを受けて、紙と電子に係る出版権に関する情報まで含めた書誌方法システム構築のため「出版情報登録センター（＝JPRO）」が設立されました。

　ここでは出版社と著作者との間で発行された出版物について、出版権が設定された場合、その出版権情報をJPROに登録し、公開することにより、あとから第三者が当該出版物についての権利をとろうとする行為を防止する効果があります。法的な「対抗要件」（文化庁への登録が必要）にはなりませんが、事実上の出版権登録制度としての役割としての機能をはたしているということです。なお、登録に際しては、著作権者との合意が必要です。JPROでできることはおおよそ以下のようになっています。

【出版権情報】
◆出版権情報、出版権者名と連絡先の登録と公開
【書誌情報】
◆近刊情報、書誌確定情報、既刊情報、販促情報、紙と電子の一体化情報の登録と提供

　以上の情報を登録することによって、権利の所在が明確化され、出版物の円滑な利活用が期待されています。また、書店、ネット書店、取次会社がこれらの情報を利用し、営業活動等での効率化を目指しています。

【利用方法／問合せ先】
■出版社
◎登録料
　・紙の書籍…書誌情報登録料1点　　　1,000円（税別）
　・電子書籍…書誌情報登録料1点　　　 200円（税別）
◎申込方法
　出版情報登録センターのHPより（https://jpro2.jpo.or.jp/）、①出版情報登録センター課金承諾書、②出版情報登録センター利用申込書をダウンロードし、必要事項を記入の上、送付します。

【出版情報登録センター／問い合わせ先・申請書郵送先】
　（一社）日本出版インフラセンター　出版情報登録センター
　〒101-0051東京都千代田区神田神保町1-32　TEL：03-3518-9860
　メールアドレス：info-2nd@jpo-center.jp
　ホームページ：https://jpo.or.jp

付録資料 9

文化庁ホームページより

著作権者不明等の場合の裁定制度

1 裁定制度の概要

他人の著作物、実演(歌手の歌唱、演奏、俳優の演技等)、レコード(CD等)、放送又は有線放送を利用(出版、DVD販売、インターネット配信等)する場合には、原則として、「著作権者」や「著作隣接権者」の許諾を得ることが必要になります。

しかし、許諾を得ようとしても、「権利者が誰だか分からない」、「(権利者が誰か分かったとしても)権利者がどこにいるのか分からない」、「亡くなった権利者の相続人が誰でどこにいるのか分からない」等の理由で許諾を得ることができない場合があります。

このような場合に、権利者の許諾を得る代わりに文化庁長官の裁定を受け、通常の使用料額に相当する補償金を供託することにより、適法に利用することができるのが本制度です。

2 裁定申請の対象となるもの

権利者若しくは権利者の許諾を得た者により公表され、又は相当期間にわたり公衆に提供等されている事実が明らかである著作物、実演、レコード、放送、有線放送(以下「著作物等」といいます。)が対象になります(法第67条第1項、同第103条)。

ここで、相当期間にわたり公衆に提供等されている事実が明らかである著作物等とは、権利者等により公表されているかどうかは不明であるものの、相当期間にわたり世間に流布されている著作物等のことをいい、具体的には童謡等が考えられます。

3 裁定申請を行うにあたって

本制度は、権利者が不明な場合に利用することができる制度であることから、権利者が不明であるという事実を担保するに足りる程度の「相当な努力」を行うことが前提となります(法第67条第1項、同第103条、令第7条の

7、告示第1条から第3条)。

　平成26年8月に「相当な努力」の内容を見直すとともに、「裁定の手引き」もあわせて見直し、運用の改善を図りました。(278KB) →付録資料10
　平成28年2月に権利者捜索の要件を緩和しました。(218KB) →付録資料11

4　裁定の決定前における利用(申請中利用制度)について
　文化庁に裁定申請を行い、文化庁長官の定める担保金を供託すれば、著作者が著作物の利用を廃絶しようとしていることが明らかな場合を除き、裁定の決定前であっても著作物等の利用が開始できます(申請中利用制度、法第67条の2、同第103条)。
　ただし、法定の要件を満たさなかった等の理由で、裁定を受けられなかった場合(「裁定をしない処分」を受けた場合)には、その時点で著作物等の利用を中止しなければなりません。
　本制度を利用すれば、裁定の決定を待って利用を開始する場合と比べて、早期に著作物等の利用を開始することができます。

【文化庁ホームページより】
(著作権者不明等の裁定制度)
https://www.bunka.go.jp/seisaku/chosakuken/seidokaisetsu/chosakukensha_fumei/
(裁定の手引き～権利者が不明な著作物等の利用について～)
https://www.bunka.go.jp/seisaku/chosakuken/seidokaisetsu/chosakukensha_fumei/pdf/saiteinotebiki.pdf

> 裁定に関する問い合わせ先
> 文化庁長官官房著作権課 著作物流通推進室 管理係
> 〒100-8959　東京都千代田区霞が関3-2-2
> TEL (03) 5253-4111 (内線:2847)
> FAX (03) 6734-3813
> https://www.bunka.go.jp
> 文化庁ホームページ内にも「裁定の手引き」を掲載しております。申請書の様式もWORD形式のファイルでダウンロードできます。

付録資料 10

権利者不明等の場合の裁定制度の見直しについて

見直しに先立った著作権分科会法制・基本問題小委員会でのヒアリング等における主な関連意見

- 権利者捜索のための「相当な努力」(以下、「相当な努力」)のうち、閲覧することとなっている名簿・名鑑類の更新版が発行されなくなっている傾向がある
- 「相当な努力」のうち、利用しようとする著作物等と同種の著作物等の販売等を行う者への照会により、権利者に関する情報を得られることがあまりない
- 「相当な努力」のうち、(公社)著作権情報センター(CRIC)への30日間の掲載期間中に権利者が判明することはないが、30日間経過後も掲載しておくことにより、権利者が判明したことはある
- インターネット公開のための送信可能化等については5年を利用期間の上限としており、この期間を経過すると、再度裁定を受けなくてはならないが、再申請時に新たな情報が判明することはほとんど期待できない
- 裁定申請に係る手続にかけることのできる人的資源や予算が限られている
- 著作物等の有効な利活用の面から、裁定を受けた著作物等をデータベース化するといいのではないか

告示の改正

【見直し前の「相当な努力」】

ア) 権利者の名前や住所等が掲載されている名簿・名鑑類の閲覧
イ) ネット検索サービスによる情報の検索
ウ) 著作権等管理事業者等への照会
エ) 利用しようとする著作物等と同種の著作物等の販売等を行う者への照会
オ) 利用しようとする著作物等の分野に係る著作者団体等への照会
カ) 下記のいずれかの方法で、公衆に対し広く権利者情報の提供を求める
・日刊新聞紙への掲載
・CRICのウェブサイトに30日間以上掲載

【見直し後の「相当な努力」】

① ア、イのうち適切なものを選択すればよい
② エの照会は不要とし、ウ及びオの照会をすれば足りる
③ カのうちCRICのウェブサイトでの広告について、申請に必要な掲載期間を7日以上に短縮する

運用の改善

① 利用期間は申請者が設定できることを明確化(5年を超える利用期間の設定も可能)
② 書籍の増刷や販売後の電子書籍化、電子書籍の配信期間の延長のように、同一の著作物等について、追加的な利用を予定する場合は、あらかじめ申請内容に含めておき、利用の数量や期間を区切って補償金を追加供託することにより利用が可能となることを明確化
③ CRICのウェブサイトへの広告掲載料を一律8,100円に減額(以前は、CRICのウェブサイトに広告掲載を行う場合は16,200円、申請者のウェブサイトからCRICのウェブサイトにリンクを貼る場合は14,256円)
④ 第三者に利用させることを内容とする裁定申請が可能であることを明確化
⑤ 標準処理期間を約3か月から約2か月に短縮(ただし、申請中利用を行えば、申請から約1～2週間で利用開始可能)
⑥ CRICウェブサイトにおける7日間の広告掲載後も引き続き、情報を掲載

著作権者不明等の場合の裁定制度が使いやすくなりました

1．裁定制度とは

　他人の著作物を利用しようとする場合には，権利者の許諾が必要となります。しかし，権利者が不明である等の理由で権利者と連絡することができない場合もあります。その場合は，文化庁長官の裁定を受け，補償金を権利者のために供託すれば，その著作物等を利用することができます。

　権利者捜索　▶　裁定申請　▶　裁定　▶　補償金供託　▶　適法利用

2．改正の内容

　今回の改正では，一度裁定を受けた著作物等をより利用しやすくするため，これらの著作物等について権利者捜索の要件を緩和しました。
　これにより，これまでは，過去に裁定を受けた著作物等を利用しようとする場合，初めて裁定を受ける際に必要な権利者捜索の措置と同様の措置を再度講じる必要があったところ，より簡便な措置を選択することができるようになりました。

改正前の措置

（1）権利者情報を掲載する資料の閲覧
　①名簿・名鑑等の閲覧　又は　②インターネット検索
（2）広く権利者情報を保有していると認められる者への照会
　①著作権等管理事業者等への照会　及び　②関連する著作者団体への照会
（3）公衆に対する権利者情報の提供の呼びかけ
　①日刊新聞紙への広告　又は　②著作権情報センターのウェブサイトへの広告

↓

改正後の措置（過去に裁定を受けた著作物等の場合）

（1）権利者情報を掲載する資料の閲覧
　①名簿・名鑑等の閲覧　又は　②インターネット検索
　　又は ③過去に裁定を受けた著作物等に関するデータベースの閲覧
（2）広く権利者情報を保有していると認められる者への照会
　①著作権等管理事業者等への照会　又は　②関連する著作者団体への照会
　　又は ③過去に裁定を受けた著作物等に関するデータベース
　　を保有する文化庁への照会
（3）公衆に対する権利者情報の提供の呼びかけ
　①日刊新聞紙への広告　又は　②著作権情報センターのウェブサイトへの広告

> 新たな選択肢により（1）（2）の措置を簡便に行うことができるように！

裁定制度を利用される場合は，「裁定の手引き」を事前に御確認ください。

付録資料 12

「出版ADR」について

■出版ADRとは

　出版業界団体（3団体）と著作者団体（11団体）の14団体で設立された、裁判外紛争解決手続機関（Alternative Dispute Resolution）です。出版活動を進めていく上で、著者と出版社間に起こりうる様々な法的トラブル（主に著作権の問題や出版に係る契約上のトラブル）について、当事者以外の公正な立場の第三者＝出版ADR（和解斡旋人＝弁護士）に仲介してもらい、和解、仲裁、調停、斡旋について、裁判によらない民事上の紛争解決方法を図るための手段・手続きです。相談及び和解に関する手続、内容等については秘密厳守かつ非公開となります。プライバシーが外部に公表されることなく、両者間での「和解」を行いトラブルの解決解消を目指します。

■利用方法

◎出版ADR相談窓口電話番号：03-3222-9055（第3・4水曜日／午後1時～4時）
◎「和解」斡旋の費用：1万円（申立手数料）
※相手方が「和解」斡旋に応じない等の理由で「和解」斡旋手続きが中断された場合は半額が返金されます。

■「和解」斡旋手続きの流れ

①**電話相談**→②**申立**（申立内容の検討後、申立受理が決まれば所定の書類を提出、申立手数料を支払い）→③**斡旋人（弁護士）**→④**斡旋期日**（相手方の「和解」斡旋への意思を確認、斡旋期日に申立人・相手方双方および斡旋人（弁護士）と話し合い。相手方が「和解」斡旋に応じない場合は手続きを進めることはできません）→⑤**「和解」成立**（申立人と相手方の署名、押印の若い契約書を作成）・**不成立**（ADRの手続き終了）

■扱わない事案

○自費出版に係る係争／法人間（ない）での紛争／私人間紛争
○表現・言論の自由等主に著作物の内容に係る紛争
○紛争当事者（どちらか一方）が出版ADRでの解決を望まないとしたもの

【問合せ先】
一般社団法人　出版ADR
〒101-0051　東京都千代田区神田神保町2-5-4開拓社ビル5F
電話：03-3556-3576（相談は専用電話03-3222-9055に電話してください）
ホームページ：http://taiyoken.jp/adr.html

図書館の障害者サービスにおける著作権法第37条第3項に基づく著作物の複製等に関するガイドライン

2010年2月18日
国公私立大学図書館協力委員会
(社)全国学校図書館協議会
全国公共図書館協議会
専門図書館協議会
(社)日本図書館協会

(目的)
1 このガイドラインは、著作権法第37条第3項に規定される権利制限に基づいて、視覚障害者等に対して図書館サービスを実施しようとする図書館が、著作物の複製、譲渡、自動公衆送信を行う場合に、その取り扱いの指針を示すことを目的とする。

(経緯)
2 2009(平成21)年6月19日に公布された著作権法の一部を改正する法律(平成21年法律第53号)が、一部を除き2010(平成22)年1月1日から施行された。図書館が、法律改正の目的を達成し、法の的確な運用を行うためには、「図書館における著作物の利用に関する当事者協議会」を構成する標記図書館団体(以下「図書館団体」という。)は、ガイドラインの策定が必要であるとの意見でまとまった。そのため、図書館団体は、著作者の権利に留意しつつ図書館利用者の便宜を図るために、同協議会を構成する権利者団体(以下「権利者団体」という。)と協議を行い、権利者団体の理解の下にこのガイドラインを策定することとした。

(本ガイドラインの対象となる図書館)
3 このガイドラインにおいて、図書館とは、著作権法施行令第2条第1項各号に定める図書館をいう。

（資料を利用できる者）
4　著作権法第37条第3項により複製された資料（以下「視覚障害者等用資料」という。）を利用できる「視覚障害者その他視覚による表現の認識に障害のある者」とは、別表1に例示する状態にあって、視覚著作物をそのままの方式では利用することが困難な者をいう。

5　前項に該当する者が、図書館において視覚障害者等用資料を利用しようとする場合は、一般の利用者登録とは別の登録を行う。その際、図書館は別表2「利用登録確認項目リスト」を用いて、前項に該当することについて確認する。当該図書館に登録を行っていない者に対しては、図書館は視覚障害者等用資料を利用に供さない。

（図書館が行う複製（等）の種類）
6　著作権法第37条第3項にいう「当該視覚障害者等が利用するために必要な方式」とは、次に掲げる方式等、視覚障害者等が利用しようとする当該視覚著作物にアクセスすることを保障する方式をいう。
　　録音、拡大文字、テキストデータ、マルチメディアデイジー、布の絵本、触図・触地図、ピクトグラム、リライト（録音に伴うもの、拡大に伴うもの）、各種コード化（SPコードなど）、映像資料のサウンドを映像の音声解説とともに録音すること等

（図書館間協力）
7　視覚障害者等のための複製（等）が重複することのむだを省くため、視覚障害者等用資料の図書館間の相互貸借は積極的に行われるものとする。また、それを円滑に行うための体制の整備を図る。

（複製の品質）
8　図書館は第6項に示す複製（等）の質の向上に努める。そのために図書館は担当者の研修を行い、技術水準の維持を確保する。図書館団体は、研修に関して積極的に支援する。

（市販される資料との関係）

9　著作権法第37条第3項ただし書に関して、図書館は次のように取り扱う。

（1）市販されるもので、次のa）〜d）に示すものは、著作権法第37条第3項ただし書に該当しないものとする。

　a）当該視覚著作物の一部分を提供するもの

　b）録音資料において、朗読する者が演劇のように読んだり、個々の独特の表現方法で読んでいるもの

　c）利用者の要求がデイジー形式の場合、それ以外の方式によるもの

　d）インターネットのみでの販売などで、視覚障害者等が入手しにくい状態にあるもの（ただし、当面の間に限る。また、図書館が入手し障害者等に提供できるものはこの限りでない。）

（2）図書館は、第6項に示す複製（等）を行おうとする方式と同様の方式による市販資料の存在を確認するため、別表3を参照する。当該方式によるオンデマンド出版もこれに含む。なお、個々の情報については、以下に例示するように具体的にどのような配慮がなされているかが示されていることを要件とする。

　また、販売予定（販売日を示したもの）も同様に扱う。

（資料種別と具体的配慮内容）

　　例：音声デイジー、マルチメディアデイジー（収録データ形式）、大活
　　　　字図書（字体とポイント数）、テキストデータ、触ってわかる絵本、
　　　　リライト

（3）前記（2）の販売予定の場合、販売予告提示からその販売予定日が1か月以内までのものを「提供または提示された資料」として扱う。ただし、予定販売日を1か月超えても販売されていない場合は、図書館は第6項に示す複製（等）を開始することができる。

（4）図書館が視覚障害者等用資料の複製（等）を開始した後に販売情報が出された場合であっても、図書館は引き続き当該複製（等）を継続し、かつ

複製物の提供を行うことができる。ただし、自動公衆送信は中止する。

(ガイドラインの見直し)
10　本ガイドラインは、社会状況の変化等に応じて随時見直し、改訂を行う。その際は、「図書館における著作物の利用に関する当事者協議会」における検討を尊重する。

以上

別表1

視覚障害	発達障害
聴覚障害	学習障害
肢体障害	いわゆる「寝たきり」の状態
精神障害	一過性の障害
知的障害	入院患者
内部障害	その他図書館が認めた障害

別表2
※ガイドラインに基づき、図書館職員が「視覚による表現の認識に障害のある者」を判断するための一助としてこのリストを作成する。以下の項目のいずれかに該当する場合は、図書館の障害者サービスの利用者として登録ができる。(本人以外の家族等代理人によるものも含む)

利用登録確認項目リスト

チェック欄	確認事項
	障害者手帳の所持　[　　]級
	精神保健福祉手帳の所持 　　[　　]級
	療育手帳(愛の手帳)の所持　[　　]級
	医療機関・医療従事者からの証明書がある

	福祉窓口等から障害の状態を示す文書がある
	学校・教師から障害の状態を示す文書がある
	職場から障害の状態を示す文書がある
	学校における特別支援を受けているか受けていた
	福祉サービスを受けている
	ボランティアのサポートを受けている
	家族やヘルパーに文書類を読んでもらっている
	活字をそのままの大きさでは読めない
	活字を長時間集中して読むことができない
	目で読んでも内容が分からない、あるいは内容を記憶できない
	身体の病臥状態やまひ等により、資料を持ったりページをめくったりできない
	その他，原本をそのままの形では利用できない

(障害の種類) 視覚、聴覚、平衡、音声、言語、咀嚼、上肢、下肢、体幹、運動 - 上肢、運動 - 移動、心臓、腎臓、呼吸器、膀胱、直腸、小腸、免疫

※最新版は、日本図書館協会のウェブサイト（https://www.jla.or.jp/）をご参照ください。

別表3

著作権法第37条第3項ただし書該当資料確認リスト（2021年12月22日現在）

1. 録音資料

（1）音声デイジー・マルチメディアデイジー

出版社名	電話番号	ホームページ
（株）音訳サービスJ	045-441-1674	https://onyakuj.com/
（社福）桜雲会	03-5337-7866	http://ounkai.jp/publish/daisy/

(2) オーディオブック

出版社名	電話番号	ホームページ
(株)音訳サービスJ	045-441-1674	https://onyakuj.com/
ことのは出版(株)	FAX 045-316-8037	https://www.kotonoha.co.jp
(社福)埼玉福祉会サイフクAVライブラリーオンライン	048-485-1277	http://www.saifuku-av.com/index2.html
(社福)桜雲会	03-5337-7866	http://ounkai.jp/publish/audio1/

2. 大活字資料

出版社名	電話番号	ホームページ
(NPO法人)大活字文化普及協会	03-5282-4361	http://www.daikatsuji.co.jp/
(社福)埼玉福祉会	048-481-2188	https://www.saifuku.or.jp/service-daikatuji.html
(有)読書工房	03-5988-9160	https://www.d-kobo.jp/

3. テキストデータ

出版社名	電話番号	ホームページ
(有)読書工房	03-5988-9160	https://www.d-kobo.jp/
(株)生活書院	03-3226-1203	https://www.seikatsushoin.com/order/index.html
(株)明石書店	03-5818-1171	https://www.akashi.co.jp/company/cc2250.html

上記のほか、「サピエ図書館」(https://library.sapie.or.jp)で、各種視覚障害者等用資料の出版物を検索できます。

2018年の改正により、著作権法37条の対象は、視覚障害・発達障害等で著作物を視覚的に認識できない者から、肢体不自由等を含め、障害によって書籍を読むことが困難な者に広く変更されています。

著作権法35条は2018年に改正されました。35条ガイドラインの最新版はSARTRASのウェブサイト改正著作権法35条の運用指針(https://sartras.or.jp/unyoshishin/)をご参照ください。

平成16年3月

学校その他の教育機関における著作物の複製に関する
著作権法第35条ガイドライン

著作権法第35条ガイドライン協議会

作成の経緯と趣旨

　平成16年1月1日施行の著作権法改正法によって、第35条(学校その他の教育機関における複製)による著作権の制限が拡大され、学習者による複製、遠隔地での授業への公衆送信等が著作権者等の許諾を得ずに行えるようになりました。

　この法改正に関して審議を行っていた文化審議会著作権分科会法制問題小委員会を受け、平成14年1月から同年9月まで、権利者、利用者双方によって「著作物の教育目的の利用に関する検討」の場が設けられ協議が行われました。この結果を踏まえ、法制問題小委員会において法改正を行うべき点が平成14年12月に公表された「審議経過の概要」に盛り込まれました。この中で、「当事者間の協議においては、改正法施行までに、利用者側の協力を得つつ、権利者側で第35条但し書きにある「著作権者の利益を不当に害することとなる場合」に該当するか否かのガイドラインを作成することとされている」と明記されました。

　これに基づいて、権利者側の各団体では協力して、このガイドライン作成についての検討を行いました。その過程では、平成14年当時の当事者間協議における利用者側参加者からの意見等も参考にし、相当の部分については利用者側との間でも一定の合意に達しました。ただし、権利者・利用者の連名によって公表するには、なお協議を要する箇所もあるため、当面、権利者側として、法施行後の最初の新年度が開始する平成16年4月の前にガイドラインを公表することとしました。

　権利者側としては、教育機関の各現場において当ガイドラインの趣旨を理解され、著作権法に照らして適切な著作物の利用が促進されることを強く希

望するものであります。ただし、教育現場における著作物利用の重要性については、権利者も十分認識しているところです。今後は、適切かつ簡便な利用許諾ルールに基づいた利用が促進されることに向け、さまざまな教育機関が参加した協議の場で、検討が続けられることを期待するものです。

目的

当ガイドラインは、著作権法第35条の改正によって追加された「授業を受ける者」による複製の範囲を明確にすることに加えて、「教育を担任する者」による複製の範囲も含めて明確にすることを目的としています。

著作権法や別の法律に定めのある場合、または別途契約を締結したり許諾を受けたりしている場合はこのガイドラインの限りではありません。

このガイドラインで許される範囲を超えて著作物を利用したい場合には、著作権者等の許諾を得てください。

著作権法第35条の適用される機関

事項	条件	内容
学校その他の教育機関	組織的・継続的教育活動を営む教育機関であって、営利を目的としないもの	○文部科学省が教育機関として定めるところ、及びこれに準ずるところ 　例：幼稚園、小中高校、中等教育学校、大学、短期大学、大学院、高等専門学校、盲学校、聾学校、養護学校、専修学校、看護学校などの各種学校、大学校、保育所 ○社会教育においては、上記教育機関と同等の年間教育計画を有するところ ×営利目的の予備校、私塾、カルチャースクール、営利企業の社員研修など ×学校開放などで教育機関以外の者が単に場所として学校を使用している場合

同条第1項に関するガイドライン

事項	条件	内容
教育を担任する者	授業を実際に行う人	○上記教育機関の「授業」を担任する教師、教授、講師 等（教員免許等の資格の有無は問わない）

授業を受ける者	授業を実際に受ける人	○「授業」を担任する者の指導の下にあることを要する （教育機関間での交流時の他校在校生、社会教育の授業を受ける者を含む） × 研究授業・授業参観における参観者
授業の過程における使用	「授業」は、学習指導要領、大学設置基準等で定義されるもの	授業の過程にあたるかどうかは、左記条件に照らして授業を担任する者が責任を持って判断すること。 ○ クラスでの授業、総合学習、特別教育活動である学校行事（運動会等）、ゼミ、実験・実習・実技（遠隔授業を含む）、出席や単位取得が必要なクラブ活動 ○ 部活動、林間学校、生徒指導、進路指導など学校の教育計画に基づいて行われる課外指導 × 以下の場合は、「授業」にはあたらない。 × 学校の教育計画に基づかない自主的な活動（例：サークル・同好会、研究会） × 以下の場合は、「授業の過程」における使用に当たらない。 × 授業に関連しない参考資料の使用 × 校内LANサーバに蓄積すること × 学級通信・学校便り等への掲載 × 教科研究会における使用 × 学校ホームページへの掲載
必要と認められる限度	授業の対象となる必要部分	範囲は必要最小限の部分とする。
公表された著作物	著作者の許諾を得て公に提供・提示された著作物	× 未公開の論文、作文、手紙、日記、美術、写真、音楽 等の著作物
著作権者の利益を不当に害する	著作物の種類・用途、複製の部数・態様等を考慮	以下の事例は、著作権者等の利益を不当に害すると考えられる。 ①著作物の種類と用途 a児童・生徒・学生が授業を受けるに際し、購入または借り受けて利用することを想定しているもの（記録媒体は問わない）を購入等に代えてコピーすること 　例1-1　その教室で使用されていない検定教科書（教師用指導書を含む） 　例1-2　参考書、問題集、ドリル、ワークブック、資料集、テストペーパー、白地図、教材として使われる楽譜

例1-3 高等教育（大学等）の教科書として利用される図書（参考書、演習書、問題集等を含む）
例1-4 読者対象に、高等教育における学生を含む専門書籍・雑誌を、当該教科の高等教育で使用すること
例1-5 ライセンス契約範囲を越えたソフトウェアのインストール使用（雑誌・書籍等の付録CD-ROMも含む）
例1-6 教材用の録音物・録音録画物（音楽用CD、CD-ROM等デジタル媒体の音声を伴う参考書、補助教材、教育機関での上映を目的として頒布されるビデオ）
例1-7 レンタル用として頒布されたビデオ、DVD

b 本来の授業目的を超えた利用が行われる場合
 例2-1 必要な期間を超えて教室内あるいは学校内の壁面等に掲示されることを目的とするもの
 例2-2 放送番組等をライブラリー保存を目的として録音・録画すること

②複製の部数と態様
原則として、部数は通常の1クラスの人数と担任する者の和を限度とする（小中高校及びこれに準ずる学校教育機関以外の場合、1クラスの人数は概ね50名程度を目安とする）。

a 大部数の複製等、多数の学習者による使用
 例3-1 大学等の大教室での利用
 例3-2 複数の学級で利用することで結果的に大部数の複製となる場合（社会教育等で、同一の著作物を繰り返して利用する場合を含む）
 例3-3 通信教育の教材（第2項に該当するものを除く）
 例3-4 放送による授業の教材

b 複製の態様が市販の商品と競合するような方法で行われる場合
 例4-1 複製して製本するなど市販の形態に類似すること
 例4-2 鑑賞用に美術、写真を複製すること

		c 継続的に複製が行われる場合 例5-1　授業のたびに、同一の新聞・雑誌などのコラム、連載記事を継続的に複製すること 例5-2　結果として大部分を複製する場合
著作者人格権を侵害しないこと		× 著作者の意図に反する著作物の内容の改変・編集 × 著作物に記載された著作権表示の消去・改ざん
出所明示	慣行ある場合	著作物を複製する場合には、複製物にその著作物の出所を明示する。 授業を受ける者による複製は、授業を担任する者が出所明示の指導を行う。 出所明示の内容としては、以下の項目を明示することが望ましい。 ・書籍の場合：書名、作品名、著作者名、出版社名、発行年 ・雑誌・新聞の場合：掲載紙誌名、記事・論文名、著作者名、発行年月日 ・放送番組の場合：番組名、放送局名 ・音楽（CD）の場合：曲名、作詞・作曲者名、実演家名、レコード会社名 ・映画の場合：題名、製作者名、監督名、実演家名

第2項に関するガイドライン

事項	条件	内容
「教育機関」 「授業の過程」 「公表された著作物」	第1項に準じる	
当該授業を直接受ける者	授業を担任する者と物理的に同じ場所で授業を受ける者	× 教師が授業を行う場所に学生がいない場合
原作品若しくは複製物を提供し、若しくは提示して利用する場合	第1項で認められる利用であること	× 主会場で提供・利用されていないものの送信

第38条第1項の規定により上演し、演奏し、上映し、若しくは口述して利用する場合	非営利・無料かつ実演家等に対し無報酬であること		「副会場」においても左記条件を満たしていること
当該授業が行われる場所以外の場所	上記の著作物の利用が行われている「主会場」に対応する「副会場」であること		× 主会場がなく、遠隔地への送信のみによって行われる授業
授業を同時に受ける者			○ 授業のリアルタイムの中継 × 登録された学生でない者 × 授業をあらかじめ録画しておき後日配信すること × オンデマンドで配信する授業における著作物・複製物の使用 × 授業終了後も利用できるように、著作物等をホームページ等に掲載すること
著作権者の利益を不当に害する	著作物の種類・用途、公衆送信の態様等を考慮		以下の事例は、著作権者等の利益を不当に害すると考えられる。 ①著作物の種類と用途 　第1項に準じる ②公衆送信の態様 　例6-1　授業を受ける者以外の者が閲覧できるように公衆送信すること 　　例）複数のPCに送信できるようなサーバ等のコンピュータへのソフトウェアの蓄積 　例6-2　送信された複製著作物を、受信側で二次的に複製すること 　例6-3　大教室での授業に相当するような人数への送信を行うこと。 　　例）学校のコンピュータと児童生徒の自宅のコンピュータがネットで結ばれている状態で、学校で使っているソフトウェアを自宅に送信して授業以外の目的で使うこと

※備考	右のような著作物の使用は、本条で認められる著作物の使用には該当しない。	● 学校のホームページにキャラクター、イラスト、新聞・雑誌記事などを掲載すること ● 一つのソフトウェアを学校内のLANで共有すること ● 校歌を学校のホームページで流すこと 　学校のホームページからパッケージソフトをダウンロードできるようにすること

著作権法第35条ガイドライン協議会　　（平成16年3月当時）

- 有限責任中間法人　学術著作権協会
- 社団法人　コンピュータソフトウェア著作権協会
- 社団法人　日本映像ソフト協会
- 社団法人　日本音楽著作権協会
- 社団法人　日本雑誌協会
- 社団法人　日本書籍出版協会
- 社団法人　日本新聞協会
- 社団法人　日本文藝家協会
- 社団法人　日本レコード協会

その他の主な関係団体連絡先

- 社団法人　教科書協会
- 社団法人　日本写真著作権協会
- 社団法人　日本図書教材協会
- 日本放送協会
- 社団法人　日本民間放送連盟
- 社団法人　日本複写権センター

付録資料 15

授業における著作物等の利用（2018年著作権法35条改正）については、SARTRASのFAQをご参照ください（https://sartras.or.jp/faqs/）。

学校その他の教育機関における著作物等利用に関するフローチャート

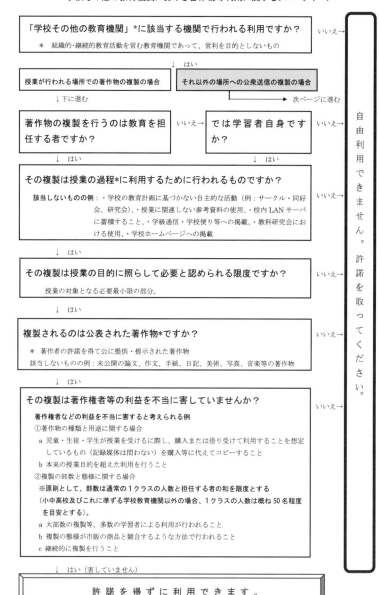

授業が行われる場所以外への公衆送信の複製の場合

↓ はい

授業を担任する者と同じ場所で授業を受けている者がいますか？
※主会場がなく、遠隔地への送信のみによって授業が行われる場合は該当しません。

　　　　　　　　　　　　　　　　　　　　　　　いいえ→

↓ はい

その利用は主会場で、第１項で認められる範囲で授業の過程に提供・利用されているものですか？
※ 主会場で提供・利用されていないものは送信できません。
※ 授業の目的に照らして必要な限度であること、公表された著作物であることは第１項と同様です。

　　　　　　　　　　　　　　　　　　　　　　　いいえ→

↓ はい

著作物の送信にあたって、上演、演奏、上映もしくは口述をともなう場合、それは非営利・無料かつ当該実演家等に対し報酬を支払わないものですか？

　　　　　　　　　　　　　　　　　　　　　　　いいえ→

↓ はい

主会場と同時に授業を受けている者への送信ですか？
該当しない場合の例：・登録された学生でない者を含む場合
・授業をあらかじめ録画しておき後日配信すること
・オンデマンドで配信する授業における著作物・複製物の使用
・授業終了後も利用できるように、著作物等をホームページ等に掲載すること

　　　　　　　　　　　　　　　　　　　　　　　いいえ→

↓ はい

その利用は著作権者等の利益を不当に害していませんか？
著作権者などの利益を不当に害すると考えられる例
①著作物の種類と用途に関する場合
　a 児童・生徒・学生が授業を受けるに際し、購入または借り受けて利用することを想定しているもの（記録媒体は問わない）を購入等に代えてコピーすること
　b 本来の授業目的を超えた利用が行われる場合
②公衆送信の態様に関する場合
　a 授業を受ける者以外の者が閲覧できるように公衆送信すること
　b 送信された複製著作物を、受信側で二次的に複製すること
　c 大教室での授業に相当するような人数への送信を行うこと。
③著作者人格権を侵害しないこと

　　　　　　　　　　　　　　　　　　　　　　　いいえ→

↓ はい（害していません）

許諾を得ずに使用できます。

ただし、著作物を複製する場合には、複製物にその著作物の出所を明示してください。

（右側）自由利用できません。許諾を取ってください。

付録資料 16

2017年改訂版

読み聞かせ団体等による著作物の利用について

－お話会でも、作者の許可がいるの？－

　近年、各地で子どもたちを対象とした読み聞かせやペープサート、パネルシアターなどの上演が盛んになっています。その際に、絵本や童話作品が使われていますが、これらの作品に作者の著作権がはたらいていることは意外に意識されていません。

　「著作権」とは、作品に付随する諸権利がそれぞれの著作権者（多くの場合、イコール作者ですが、故人の場合は遺族などが著作権を引き継ぎます）のものであることを認めたもので、これを法的に制度化したものが「著作権法」です。著作権には、作者がそこから経済的な利益を受けることができる「財産権」と、本人の意思に反して改変されたりしないなどという「著作者人格権」があります。

　ボランティアによる朗読会や上演会の場合などでも、入場料を取るなどの場合は作者の許諾が必要ですし、お金が介在しない場合でも著作者人格権との関わりで、作者の了解が求められるケースが少なくありません。

　著作者にとって自分たちが作り上げた作品が、さまざまな形で子どもたちのもとに届けられるのはうれしいことです。わたしたち児童書の作者と出版社では、そうした場での著作権の取り扱いがスムーズに運用されることを願って、このたび簡単な手引きを作成しました。絵本や児童文学作品の作り手と渡し手が、共に手を携えて作品世界の楽しさを子どもたちの心に届けられるよう、この手引きを活用されることを願っています。

2006年5月

旧　児童書四者懇談会／参加団体
（現：児童書出版者・著作者懇談会）
日本児童出版美術家連盟
日本児童文学者協会
日本児童文芸家協会
日本書籍出版協会児童書部会

日本書籍出版協会
TEL　03（6273）7061
https://www.jbpa.or.jp/

付録資料 17

「お話会・読み聞かせ団体等による著作物の利用について」

■下記の場合は、著作権者に無許諾で利用できます。

著作物	著作権の内容等	著作権法
A．保護期間の過ぎた著作物	●公有（public domain）といわれる。国民の財産とされ、無許諾で使える。	51～58条
1．日本人の著作物	●著作者の死後70年経過（死去の翌年の1月1日起算）すれば公有が原則。団体名義のものは公表後70年。	51条 53条
2．外国人の著作物	●海外著作物も日本の著作物と同様の保護がされているが（死後70年原則）、原著作者の他、翻訳者の二次的著作権がある場合が多いので注意が必要。また、第二次大戦前、大戦中刊行の連合国の著作物には戦時加算が最大約11年加算されるため、保護期間が長くなっているものもあり注意が必要。	58条
B．保護の対象にならない著作物	●憲法その他の法令など、著作物であっても国民に広く開放して利用されるものは、著作権法上の保護を受けない。	13条
C．「著作権の制限」規定により例外的に無許諾で利用できるもの（お話会等に関係するもののみ）	●著作物の利用には著作権者の許諾を得るのが原則だが、全てに適用すると、文化的所産である著作物の円滑な利用を妨げることになるため、例外的に著作権者の権利を制限して、著作権者に無断で著作物を利用できるルール。	30～49条
1．私的使用のための複製	●家庭内など限られた場所における少部数の複製は許されている。	30条
2．図書館等における複製	●図書館内において著作物の一部分のコピーを、1人につき1部提供すること。	31条
3．学校その他の教育機関における複製	●担任、授業を受ける者は授業に使う場合に限り、コピーすることができるが、部数及び態様が著作権者の不利益になるときは、この限りでない。	35条
4．点字による複製等	●営利・非営利にかかわらず、公表された著作物は点字により複製できる。	37条
5．視覚障がい者等のための複製等	●図書館、盲学校などでの視覚障がい者等のための録音・テキスト化等は認められている。ただし、同じ形式で作成されたものが市販されている場合や作成したものを他の目的で使うことは許されない。	37条3
6．非営利の上演等（上演、演奏、上映、口述、読み聞かせ等）	●営利を目的とせず、かつ観客から料金を受けず、かつ実演・口述する人（児童書を朗読する人）に報酬が支払われない場合に限り無許諾で利用できる。 ★なお、本手引きにおいては、実演・口述する人への交通費等の支払い、ボランティアの交通費・昼食代および資料費、会場費等のお話会の開催にかかわる経費に充当するために観客から料金を受ける場合は、無許諾で利用できることとします。	38条
7．引用	●公表された著作物は、公正な慣行（引用される部分が「従」で自ら作成する著作が「主」であること、引用文であることを明確に区分できること、出所の明示等）に合致した形であり、報道、批評、研究その他引用の目的上正当な範囲内であれば、引用することができるが、争いになることの多い微妙な部分もあるので要注意！	32条
以上の「著作権の制限」により無許諾で利用できる場合でも、変形・翻案しての使用は原則として許諾が必要（1．私的使用のための複製、3．学校その他の教育機関における複製、を除く）。　　　　　　　　　　　　　　　　★右ページの「▲」を参照ください。		50条 43条

■営利の場合の著作物の利用は、全て著作権者の許諾が必要です。
また、支払いも生じます。（出版社の許諾を要する場合もあります。）

➡ 出版社へ連絡　➡ 著作権者・出版社（条件交渉の後）の許諾を得る。

■下記の場合は、非営利でも著作権者の許諾が必要です。

利用形態	著作の内容等	対応	著作権法
A 1.絵本・紙芝居の拡大使用 　（複製を伴う場合） 2.ペープサート　3.紙芝居 4.さわる絵本　5.布の絵本 6.エプロンシアター 7.パネルシアター 8.人形劇　9.パワーポイント 10.その他、いかなる形態に 　おいても絵や文章を 　変形して使用すること 11.読み聞かせ動画の配信	●これらは全て原本に改変を加えて利用（二次的使用）するもので、著作者人格権（同一性保持権、名誉・声望を害されない等）に抵触。著作者の許諾を要す。 絵本等の拡大使用は、出版権に抵触することもあり、出版社の許諾を要する場合がある。	出版社（窓口）へ連絡 ⇅ 著作権者・出版社の許諾を得る	18〜21条 113条6
B 表紙以外の本文画の使用 （ウェブサイト、 　ブックリスト等）	●表紙以外の本文画を使用する場合は、引用にあたる場合を除き著作権者の許諾を要す。 著作権者へ支払いが生ずることもある。 ★ブックリスト、図書館内のお知らせ、書評等（ウェブサイト上含む）に、表紙をそのまま使用する場合は、商品を明示しているものとみなされ慣行上無許諾で使用できる（それ以外の表紙使用は要許諾）。 表紙写真に加え、作品名・著作者名(作・文・絵・写真など)・出版社名を必ず一体表記すべき。	出版社（窓口）へ連絡 ⇅ 著作権者の許諾を得る	21条
C その他	●ウェブサイト、教育委員会・人権団体等のパンフレット等に文章や絵を使用する場合は、引用にあたる場合を除き、著作権者の許諾を要す。 著作権者へ支払いが生ずることもある。	出版社（窓口）へ連絡 ⇅ 著作権者の許諾を得る	21条

www.bunka.go.jp/jiyuriyo

著作物利用許可申請書

各出版社へFAXでお送りください。

　　　　　　　　　　　　　　　　　　　　　　　年　　月　　日

出版元名＿＿＿＿＿＿＿＿＿＿＿＿＿＿＿

申請者名＿＿＿＿＿＿＿＿＿＿＿＿＿＿

団体名＿＿＿＿＿＿＿＿＿＿＿＿＿＿＿

申請者（団体のご担当者）の住所・電話・FAX・E-mail
〒
住所
電話
FAX
E-mail

下記のように著作物を利用したく、申請いたします。

1. 利用したい著作物

作品名・書 名 （短編集などの場合）	
作者（作・文・絵・写真 など）名	
出版社名	

2. 利用形態・目的（「脚色して朗読劇に」「拡大コピーして大型絵本に」「ペープサートにして演じる」など具体的にお書きください。）

[　　　　　　　　　　　　　　　　　　　　　　　　　　　　　　]

3. 利用方法（該当する場合はお書きください。）

対象者 人数（概数）		会場名	
主催者 （申請者と違う場合はお書きください）			
入場料等　（どちらかに✔を入れてください） □無料　・　□有料（　　　　円） ※開催にあたる必要最低限の経費に充当する場合は無料		謝礼の有無 ※交通費・昼食代程度であれば"なし"に✔を入れてください	□あり　・　□なし （　　　　円）
使用期間		上演予定回数	

出版社使用欄

・上記の著作物利用については、著作権者に無許諾で使用できます。

・上記の著作物利用について、著作権者より回答がありました。

　　　　・許諾します。　　　・許諾しません。

但し以下のことを条件とします。

　　　　年　　月　　日　　　出版社名
　　　　　　　　　　　　　　〒住所
　　　　　　　　　　　　　　電話　　　　　　　FAX
　　　　　　　　　　　　　　担当者名

付録資料17――271

出版権設定契約書ヒナ型1（紙媒体・電子出版一括設定用）一般社団法人 日本書籍出版協会作成2017

出版契約書

著作物名 _____

著作者名 _____

著作権者名 _____

_____（以下「甲」という）と_____（以下「乙」という）とは、上記著作物(以下「本著作物」という)に係る出版その他の利用等につき、以下のとおり合意する。

　　　　　　　　　　　　　　　　　　_____年___月___日

　　甲（著作権者）
　　　　住 所
　　　　氏 名　　　　　　　　　　　　　　　　　印
　　乙（出版権者）
　　　　住 所
　　　　氏 名　　　　　　　　　　　　　　　　　印

第1条（出版権の設定）
(1) 甲は、本著作物の出版権を乙に対して設定する。
(2) 乙は、本著作物に関し、日本を含むすべての国と地域において、第2条第1項第1号から第3号までに記載の行為を行う権利を専有する。
(3) 甲は、乙が本著作物の出版権の設定を登録することを承諾する。

第2条（出版権の内容）
(1) 出版権の内容は、以下の第1号から第3号までのとおりとする。なお、以下の第1号から第3号までの方法により本著作物を利用することを「出版利用」といい、出版利用を目的とする本著作物の複製物を「本出版物」という。
　① 紙媒体出版物（オンデマンド出版を含む）として複製し、頒布すること
　② DVD-ROM、メモリーカード等の電子媒体（将来開発されるいかなる技術によるものをも含む）に記録したパッケージ型電子出版物として複製し、頒布すること
　③ 電子出版物として複製し、インターネット等を利用し公衆に送信すること（本著作物のデータをダウンロード配信すること、ストリーミング配信等で閲覧させること、および単独で、または他の著作物と共にデータベースに格納し検索・閲覧に供することを含むが、これらに限られない）
(2) 前項第2号および第3号の利用においては、電子化にあたって必要となる加工・改変等を行うこと、見出し・キーワード等を付加すること、プリントアウトを可能とすること、および自動音声読み上げ機能による音声化利用を含むものとする。
(3) 甲は、第1項（第1号についてはオンデマンド出版の場合に限る）の利用に関し、乙が第三者に対し、再許諾することを承諾する。

第3条（甲の利用制限）
(1) 甲は、本契約の有効期間中、本著作物の全部または一部と同一もしくは明らかに類似すると認められる内容の著作物および同一題号の著作物について、前条に定める方法による出版利用を、自ら行わず、かつ第三者をして行わせない。
(2) 前項にかかわらず、甲が本著作物の全部または一部を、甲自らのホームページ（ブログ、メールマガジン等を含む。また甲が所属する組織が運営するもの、あるいは他の学会、官公庁、研究機関、情報リ

ポジトリ等が運営するものを含む）において利用しようとする場合には、甲は事前に乙に通知し、乙の同意を得なければならない。
- (3) 甲が、本契約の有効期間中に、本著作物を著作者の全集・著作集等に収録して出版する場合には、甲は事前に乙に通知し、乙の同意を得なければならない。

第4条（著作物利用料の支払い）
- (1) 乙は、甲に対し、本著作物の出版利用に関し、別掲のとおり発行部数等の報告および著作物利用料の支払いを行う。
- (2) 乙が、本出版物を納本、贈呈、批評、宣伝、販売促進、業務等に利用する場合（____部を上限とする）、および本著作物の全部または一部を同様の目的で電子的に利用する場合については、著作物利用料が免除される。

第5条（本出版物の利用）
- (1) 甲は、本契約の有効期間中のみならず終了後であっても、本出版物の版面を利用した印刷物の出版または本出版物の電子データもしくは本出版物の制作過程で作成されるデータの利用を、乙の事前の書面による承諾なく行わず、第三者をして行わせない。
- (2) 前項の規定は、甲の著作権および甲が乙に提供した原稿（電磁的記録を含む）の権利に影響を及ぼすものではない。

第6条（権利許諾管理の委任等）
- (1) 本著作物が以下の方法で利用される場合、甲はその権利許諾の管理を乙に委任する。
  - ① 本出版物のうち紙媒体出版物の複製（複写により生じた紙媒体複製物の譲渡およびその公衆送信、ならびに電子媒体複製等を含む）
  - ② 本出版物のうち紙媒体出版物の貸与
- (2) 甲は、前項各号の利用に係る権利許諾管理については、乙が著作権等管理事業法に基づく登録管理団体（以下「管理団体」という）へ

委託しその利用料を受領すること、および管理団体における著作物利用料を含む利用条件については、管理団体が定める管理委託契約約款等に基づいて決定されることを、それぞれ了承する。
(3) 乙は、前項の委託によって乙が管理団体より、本著作物の利用料を受領した場合は、別掲の記載に従い甲への支払いを行う。

第7条（著作者人格権の尊重）

乙は、本著作物の内容・表現または書名・題号等に変更を加える必要が生じた場合には、あらかじめ著作者の承諾を得なければならない。

第8条（発行の期日と方法）

(1) 乙は、本著作物の完全原稿の受領後＿＿ヵ月以内に、第2条第1項第1号から第3号までの全部またはいずれかの形態で出版を行う。ただし、やむを得ない事情があるときは、甲乙協議のうえ出版の期日を変更することができる。また、乙が本著作物が出版に適さないと判断した場合には、乙は、本契約を解除することができる。

(2) 乙は、第2条第1項第1号および第2号の場合の価格、造本、製作部数、増刷の時期、宣伝方法およびその他の販売方法、ならびに同条同項第3号の場合の価格、宣伝方法、配信方法および利用条件等を決定する。

第9条（贈呈部数）

(1) 乙は、本出版物の発行にあたり、紙媒体出版物（オンデマンド出版を除く）の場合は初版第一刷の際に＿＿部、増刷のつど＿＿部を甲に贈呈する。その他の形態の出版物については、甲乙協議して決定する。

(2) 甲が寄贈等のために紙媒体出版物（オンデマンド出版を除く）を乙から直接購入する場合、乙は、本体価格の＿＿％で提供するものとする。

第10条（増刷の決定および通知義務等）
(1) 乙は、本出版物のうち紙媒体出版物の増刷を決定した場合には、あらかじめ甲および著作者にその旨通知する。
(2) 乙は、前項の増刷に際し、著作者からの修正増減の申入れがあった場合には、甲と協議のうえ通常許容しうる範囲でこれを行う。
(3) 乙は、オンデマンド出版にあっては、著作者からの修正増減の申入れに対しては、その時期および方法について甲と協議のうえ決定する。電子出版物（パッケージ型を含む）についても同様とする。

第11条（改訂版・増補版等の発行）
　本著作物の改訂または増補等を行う場合は、甲乙協議のうえ決定する。

第12条（契約の有効期間）
　本契約の有効期間は、契約の日から満＿＿ヵ年とする。また、本契約の期間満了の3ヵ月前までに、甲乙いずれかから書面をもって終了する旨の通告がないときは、本契約は、同一の条件で自動的に継続され、有効期間を＿＿ヵ年延長し、以降も同様とする。

第13条（契約終了後の頒布等）
(1) 乙は、本契約の期間満了による終了後も、著作物利用料の支払いを条件として、本出版物の在庫に限り販売することができる。
(2) 本契約有効期間中に第2条第1項第3号の読者に対する送信がなされたものについて、乙（第2条第3項の再許諾を受けた第三者を含む）は、当該読者に対するサポートのために本契約期間満了後も、送信を行うことができる。

第14条（締結についての保証）
　甲は、乙に対し、甲が本著作物の著作権者であって、本契約を有効に締結する権限を有していることを保証する。

第15条（内容についての保証）
（1） 甲は、乙に対し、本著作物が第三者の著作権、肖像権その他いかなる権利をも侵害しないことおよび、本著作物につき第三者に対して出版権、質権を設定していないことを保証する。
（2） 本著作物により権利侵害などの問題を生じ、その結果乙または第三者に対して損害を与えた場合は、甲は、その責任と費用負担においてこれを処理する。

第16条（二次的利用）
　本契約の有効期間中に、本著作物が翻訳・ダイジェスト等、演劇・映画・放送・録音・録画等、その他二次的に利用される場合、甲はその利用に関する処理を乙に委任し、乙は具体的条件について甲と協議のうえ決定する。

第17条（権利義務の譲渡禁止）
　甲および乙は、本契約上の地位ならびに本契約から生じる権利・義務を相手方の事前の書面による承諾無くして第三者に譲渡し、または担保に供してはならない。

第18条（不可抗力等の場合の処置）
　地震、水害、火災その他不可抗力もしくは甲乙いずれの責めにも帰せられない事由により本著作物に関して損害を被ったとき、または本契約の履行が困難と認められるにいたったときは、その処置については甲乙協議のうえ決定する。

第19条（契約の解除）
　甲または乙は、相手方が本契約の条項に違反したときは、相当の期間を定めて書面によりその違反の是正を催告し、当該期間内に違反が是正されない場合には本契約の全部または一部を解除することができる。

第20条（秘密保持）

甲および乙は、本契約の締結・履行の過程で知り得た相手方の情報を、第三者に漏洩してはならない。

第21条（個人情報の取扱い）
　（1）　乙は、本契約の締結過程および出版業務において知り得た個人情報について、個人情報保護法（個人情報の保護に関する法律）の趣旨に則って取扱う。なお、出版に付随する業務目的で甲の個人情報を利用する場合は、あらかじめ甲の承諾を得ることとする。
　（2）　甲は、乙が本出版物の製作・宣伝・販売等を行うために必要な情報（出版権・書誌情報の公開を含む）を自ら利用し、または第三者に提供することを認める。ただし、著作者の肖像・経歴等の利用については、甲乙協議のうえその取扱いを決定する。

第22条（契約内容の変更）
　　本契約の内容について、追加、削除その他変更の必要が生じても、甲乙間の書面による合意がない限りは、その効力を生じない。

第23条（契約の尊重）
　　甲乙双方は、本契約を尊重し、解釈を異にしたとき、または本契約に定めのない事項については、誠意をもって協議し、その解決にあたる。

第24条（著作権等の侵害に対する対応）
　　第三者により本著作物の著作権が侵害された場合、または本契約に基づく甲または乙の権利が侵害された場合には、甲乙は協力して合理的な範囲で適切な方法により、これに対処する。

第25条（特約条項）
　　本契約書に定める条項以外の特約は、別途特約条項に定めるとおりとする。

(別掲）著作物利用料等について

著作物利用料	部数等の報告、支払方法およびその時期
本出版物について 　実売部数1部ごとに 　保証部数　　　　　　　　　　部 　保証金額　　　　　　　　　　円	保証金の支払いについて 保証分を超えた分の支払いについて
本出版物について 　発行部数1部ごとに	
電子出版について	
第6条の利用について 　乙への本著作物に係る入金額の	

以上

出版権設定契約書ヒナ型2（紙媒体出版設定用）一般社団法人 日本書籍出版協会作成2017

出版契約書（紙媒体）

著作物名 _____

著作者名 _____

著作権者名 _____

_____（以下「甲」という）と _____（以下「乙」という）とは、上記著作物(以下「本著作物」という)に係る出版その他の利用等につき、以下のとおり合意する。

　　　　　　　　　　　　　　　　　　　　_____年___月___日

　　甲（著作権者）
　　　　住　所
　　　　氏　名　　　　　　　　　　　　　　　　　　　印
　　乙（出版権者）
　　　　住　所
　　　　氏　名　　　　　　　　　　　　　　　　　　　印

第1条（出版権の設定）
 (1) 甲は、本著作物の出版権を乙に対して設定する。
 (2) 乙は、本著作物に関し、日本を含むすべての国と地域において、第2条第1項に記載の行為を行う権利を専有する。
 (3) 甲は、乙が本著作物の出版権の設定を登録することを承諾する。

第2条（出版権の内容）
(1) 出版権の内容は、本著作物を紙媒体出版物（オンデマンド出版を含む）として複製し、頒布することとする。なお、それらの方法により本著作物を利用することを「出版利用」といい、出版利用を目的とする本著作物の複製物を「本出版物」という。
(2) 甲は、乙に対し、本出版物の宣伝または販売促進を目的とする場合に限り、本著作物をインターネット等を利用し公衆に送信することを許諾する。
(3) 甲は、オンデマンド出版としての利用に限り、乙が第三者に対し、再許諾することを承諾する。

第3条（甲の利用制限）
(1) 甲は、本契約の有効期間中、本著作物の全部または一部と同一もしくは明らかに類似すると認められる内容の著作物および同一題号の著作物について、前条に定める方法による出版利用を、自ら行わず、かつ第三者をして行わせない。
(2) 前項にかかわらず、甲が本著作物の全部または一部を、甲自らのホームページ（ブログ、メールマガジン等を含む。また甲が所属する組織が運営するもの、あるいは他の学会、官公庁、研究機関、情報リポジトリ等が運営するものを含む）において利用しようとする場合には、甲は事前に乙に通知し、乙の同意を得なければならない。
(3) 甲が、本契約の有効期間中に、本著作物を著作者の全集・著作集等に収録して出版する場合には、甲は事前に乙に通知し、乙の同意を得なければならない。
(4) 本著作物の電子出版としての利用については、甲は乙に対し、優先的に許諾を与え、その具体的条件は甲乙別途協議のうえ定める。

第4条（著作物利用料の支払い）
(1) 乙は、甲に対し、本著作物の出版利用に関し、別掲のとおり発行部数等の報告および著作物利用料の支払いを行う。

(2) 乙が、本出版物を納本、贈呈、批評、宣伝、販売促進、業務等に利用する場合（＿＿部を上限とする）、および本著作物の全部または一部を宣伝の目的で公衆に送信する場合については、著作物利用料が免除される。

第5条（本出版物の利用）
(1) 甲は、本契約の有効期間中のみならず終了後であっても、本出版物の版面を利用した印刷物の出版または本出版物の電子データもしくは本出版物の制作過程で作成されるデータの利用を、乙の事前の書面による承諾なく行わず、第三者をして行わせない。
(2) 前項の規定は、甲の著作権および甲が乙に提供した原稿（電磁的記録を含む）の権利に影響を及ぼすものではない。

第6条（権利許諾管理の委任等）
(1) 本著作物が以下の方法で利用される場合、甲はその権利許諾の管理を乙に委任する。
　① 本出版物のうち紙媒体出版物の複製（複写により生じた紙媒体複製物の譲渡およびその公衆送信、ならびに電子媒体複製等を含む）
　② 本出版物のうち紙媒体出版物の貸与
(2) 甲は、前項各号の利用に係る権利許諾管理については、乙が著作権等管理事業法に基づく登録管理団体（以下「管理団体」という）へ委託しその利用料を受領すること、および管理団体における著作物利用料を含む利用条件については、管理団体が定める管理委託契約約款等に基づいて決定されることを、それぞれ了承する。
(3) 乙は、前項の委託によって乙が管理団体より、本著作物の利用料を受領した場合は、別掲の記載に従い甲への支払いを行う。

第7条（著作者人格権の尊重）
　乙は、本著作物の内容・表現または書名・題号等に変更を加える必要が生じた場合には、あらかじめ著作者の承諾を得なければならない。

第8条（発行の期日と方法）
(1) 乙は、本著作物の完全原稿の受領後____ヵ月以内に出版を行う。ただし、やむを得ない事情があるときは、甲乙協議のうえ出版の期日を変更することができる。また、乙が本著作物が出版に適さないと判断した場合には、乙は、本契約を解除することができる。
(2) 乙は、価格、造本、製作部数、増刷の時期、宣伝方法およびその他の販売方法を決定する。

第9条（贈呈部数）
(1) 乙は、本出版物の発行にあたり、初版第一刷の際に____部、増刷のつど____部を甲に贈呈する。オンデマンド出版については、甲乙協議のうえ決定する。
(2) 甲が寄贈等のために紙媒体出版物（オンデマンド出版を除く）を乙から直接購入する場合、乙は、本体価格の____％で提供するものとする。

第10条（増刷の決定および通知義務等）
(1) 乙は、本出版物のうち紙媒体出版物の増刷を決定した場合には、あらかじめ甲および著作者にその旨通知する。
(2) 乙は、前項の増刷に際し、著作者からの修正増減の申入れがあった場合には、甲と協議のうえ通常許容しうる範囲でこれを行う。
(3) 乙は、オンデマンド出版にあっては、著作者からの修正増減の申入れに対しては、その時期および方法について甲と協議のうえ決定する。

第11条（改訂版・増補版等の発行）
本著作物の改訂または増補等を行う場合は、甲乙協議のうえ決定する。

第12条（契約の有効期間）
本契約の有効期間は、契約の日から満____ヵ年とする。また、本契約の

期間満了の3ヵ月前までに、甲乙いずれかから書面をもって終了する旨の通告がないときは、本契約は、同一の条件で自動的に継続され、有効期間を＿＿＿ヵ年延長し、以降も同様とする。

第13条（契約終了後の頒布等）

乙は、本契約の期間満了による終了後も、著作物利用料の支払いを条件として、本出版物の在庫に限り販売することができる。

第14条（締結についての保証）

甲は、乙に対し、甲が本著作物の著作権者であって、本契約を有効に締結する権限を有していることを保証する。

第15条（内容についての保証）

（1）甲は、乙に対し、本著作物が第三者の著作権、肖像権その他いかなる権利をも侵害しないこと、および本著作物につき第三者に対して出版権、質権を設定していないことを保証する。

（2）本著作物により権利侵害などの問題を生じ、その結果乙または第三者に対して損害を与えた場合は、甲は、その責任と費用負担においてこれを処理する。

第16条（二次的利用）

本契約の有効期間中に、本著作物が翻訳・ダイジェスト等、演劇・映画・放送・録音・録画等、その他二次的に利用される場合、甲はその利用に関する処理を乙に委任し、乙は具体的条件について甲と協議のうえ決定する。

第17条（権利義務の譲渡禁止）

甲および乙は、本契約上の地位ならびに本契約から生じる権利・義務を相手方の事前の書面による承諾無くして第三者に譲渡し、または担保に供してはならない。

第18条（不可抗力等の場合の処置）

　地震、水害、火災その他不可抗力もしくは甲乙いずれの責めにも帰せられない事由により本著作物に関して損害を被ったとき、または本契約の履行が困難と認められるにいたったときは、その処置については甲乙協議のうえ決定する。

第19条（契約の解除）

　甲または乙は、相手方が本契約の条項に違反したときは、相当の期間を定めて書面によりその違反の是正を催告し、当該期間内に違反が是正されない場合には本契約の全部または一部を解除することができる。

第20条（秘密保持）

　甲および乙は、本契約の締結・履行の過程で知り得た相手方の情報を、第三者に漏洩してはならない。

第21条（個人情報の取扱い）

（1）　乙は、本契約の締結過程および出版業務において知り得た個人情報について、個人情報保護法（個人情報の保護に関する法律）の趣旨に則って取扱う。なお、出版に付随する業務目的で甲の個人情報を利用する場合は、あらかじめ甲の承諾を得ることとする。

（2）　甲は、乙が本出版物の製作・宣伝・販売等を行うために必要な情報（出版権・書誌情報の公開を含む）を自ら利用し、または第三者に提供することを認める。ただし、著作者の肖像・経歴等の利用については、甲乙協議のうえその取扱いを決定する。

第22条（契約内容の変更）

　本契約の内容について、追加、削除その他変更の必要が生じても、甲乙間の書面による合意がない限りは、その効力を生じない。

第23条（契約の尊重）

甲乙双方は、本契約を尊重し、解釈を異にしたとき、または本契約に定めのない事項については、誠意をもって協議し、その解決にあたる。

第24条（著作権等の侵害に対する対応）
　第三者により本著作物の著作権が侵害された場合、または本契約に基づく甲または乙の権利が侵害された場合には、甲乙は協力して合理的な範囲で適切な方法により、これに対処する。

第25条（特約条項）
　本契約書に定める条項以外の特約は、別途特約条項に定めるとおりとする。

(別掲) 著作物利用料等について

著作物利用料	部数等の報告、支払方法およびその時期
本出版物について 　実売部数1部ごとに 　保証部数　　　　　　　　　部 　保証金額　　　　　　　　　円	保証金の支払いについて 保証分を超えた分の支払いについて
本出版物について 　発行部数1部ごとに	
第6条の利用について 　乙への本著作物に係る入金額の	

以上

出版権設定契約書ヒナ型3（配信型電子出版設定用）一般社団法人 日本書籍出版協会作成2015

出版契約書（電子配信）

著作物名 _____

著作者名 _____

著作権者名 _____

_____（以下「甲」という）と_____（以下「乙」という）とは、上記著作物（以下「本著作物」という）に係る出版その他の利用等につき、以下のとおり合意する。

　　　　　　　　　　　　　　　　　_____年___月___日

　甲（著作権者）
　　　住　所
　　　氏　名　　　　　　　　　　　　　　　　　　　印
　乙（出版権者）
　　　住　所
　　　氏　名　　　　　　　　　　　　　　　　　　　印

第1条（出版権の設定）
（1）甲は、本著作物の出版権を乙に対して設定する。
（2）乙は、本著作物に関し、日本を含むすべての国と地域において、第2条第1項に記載の行為を行う権利を専有する。
（3）甲は、乙が本著作物の出版権の設定を登録することを承諾する。

第2条（出版権の内容）

(1) 出版権の内容は、本著作物を、電子出版物として複製し、インターネット等を利用し公衆に送信する（本著作物のデータをダウンロード配信すること、ストリーミング配信等で閲覧させること、および単独で、または他の著作物と共にデータベースに格納し検索・閲覧に供することを含むが、これらに限られない）こととする。なお、それらの方法により本著作物を利用することを「出版利用」といい、出版利用を目的とする本著作物の複製物を「本出版物」という。

(2) 前項の利用においては、電子化にあたって必要となる加工・改変等を行うこと、見出し・キーワード等を付加すること、プリントアウトを可能とすること、および自動音声読み上げ機能による音声化利用を含むものとする。

(3) 甲は、第1項の利用に関し、乙が第三者に対し、再許諾することを承諾する。

第3条（甲の利用制限）

(1) 甲は、本契約の有効期間中、本著作物の全部または一部と同一もしくは明らかに類似すると認められる内容の著作物および同一題号の著作物について、前条に定める方法による出版利用を、自ら行わず、かつ第三者をして行わせない。

(2) 前項にかかわらず、甲が本著作物の全部または一部を、甲自らのホームページ（ブログ、メールマガジン等を含む。また甲が所属する組織が運営するもの、あるいは他の学会、官公庁、研究機関、情報リポジトリ等が運営するものを含む）において利用しようとする場合には、甲は事前に乙に通知し、乙の同意を得なければならない。

(3) 甲が、本契約の有効期間中に、本著作物を著作者の全集・著作集等に収録して出版する場合には、甲は事前に乙に通知し、乙の同意を得なければならない。

(4) 本著作物の紙媒体出版としての利用またはDVD-ROM、メモリーカード等の電子媒体（将来開発されるいかなる技術によるものをも含む）に記録したパッケージ型電子出版としての利用については、

甲は乙に対し、優先的に許諾を与え、その具体的条件は甲乙別途協議のうえ定める。

第4条（著作物利用料の支払い）
（1）乙は、甲に対し、本著作物の出版利用に関し、別掲のとおり部数等の報告および著作物利用料の支払いを行う。
（2）乙が、本著作物の全部または一部を納本、贈呈、批評、宣伝、販売促進、業務等の目的で電子的に利用する場合については、著作物利用料が免除される。

第5条（本出版物の利用）
（1）甲は、本契約の有効期間中のみならず終了後であっても、本出版物の電子データもしくは本出版物の制作過程で作成されるデータの利用を、乙の事前の書面による承諾なく行わず、第三者をして行わせない。
（2）前項の規定は、甲の著作権および甲が乙に提供した原稿（電磁的記録を含む）の権利に影響を及ぼすものではない。

第6条（著作者人格権の尊重）
　乙は、本著作物の内容・表現または書名・題号等に変更を加える必要が生じた場合には、あらかじめ著作者の承諾を得なければならない。

第7条（発行の期日と方法）
（1）乙は、本著作物の完全原稿の受領後＿＿＿ヵ月以内に、第2条第1項の全部またはいずれかの形態で出版を行う。ただし、やむを得ない事情があるときは、甲乙協議のうえ出版の期日を変更することができる。また、乙が本著作物が出版に適さないと判断した場合には、乙は、本契約を解除することができる。
（2）乙は、価格、宣伝方法、配信方法および利用条件等を決定する。

第8条（修正増減への対応）

　著作者からの修正増減の申入れに対しては、その時期および方法について甲乙協議のうえ決定する。

第9条（改訂版・増補版等の発行）

　本著作物の改訂または増補等を行う場合は、甲乙協議のうえ決定する。

第10条（契約の有効期間）

　本契約の有効期間は、契約の日から満＿＿ヵ年とする。また、本契約の期間満了の3ヵ月前までに、甲乙いずれかから書面をもって終了する旨の通告がないときは、本契約は、同一の条件で自動的に継続され、有効期間を＿＿ヵ年延長し、以降も同様とする。

第11条（契約終了後の送信）

　本契約有効期間中に読者に対する送信がなされたものについて、乙（第2条第3項の再許諾を受けた第三者を含む）は、当該読者に対するサポートのために本契約期間満了後も、送信を行うことができる。

第12条（締結についての保証）

　甲は、乙に対し、甲が本著作物の著作権者であって、本契約を有効に締結する権限を有していることを保証する。

第13条（内容についての保証）

(1) 甲は、乙に対し、本著作物が第三者の著作権、肖像権その他いかなる権利をも侵害しないこと、および本著作物につき第三者に対して出版権、質権を設定していないことを保証する。

(2) 本著作物により権利侵害などの問題を生じ、その結果乙または第三者に対して損害を与えた場合は、甲は、その責任と費用負担におい

てこれを処理する。

第14条（二次的利用）

本契約の有効期間中に、本著作物が翻訳・ダイジェスト等、演劇・映画・放送・録音・録画等、その他二次的に利用される場合、甲はその利用に関する処理を乙に委任し、乙は具体的条件について甲と協議のうえ決定する。

第15条（権利義務の譲渡禁止）

甲および乙は、本契約上の地位ならびに本契約から生じる権利・義務を相手方の事前の書面による承諾無くして第三者に譲渡し、または担保に供してはならない。

第16条（不可抗力等の場合の処置）

地震、水害、火災その他不可抗力もしくは甲乙いずれの責めにも帰せられない事由により本著作物に関して損害を被ったとき、または本契約の履行が困難と認められるにいたったときは、その処置については甲乙協議のうえ決定する。

第17条（契約の解除）

甲または乙は、相手方が本契約の条項に違反したときは、相当の期間を定めて書面によりその違反の是正を催告し、当該期間内に違反が是正されない場合には本契約の全部または一部を解除することができる。

第18条（秘密保持）

甲および乙は、本契約の締結・履行の過程で知り得た相手方の情報を、第三者に漏洩してはならない。

第19条（個人情報の取扱い）

(1) 乙は、本契約の締結過程および出版業務において知り得た個人情報について、個人情報保護法（個人情報の保護に関する法律）の趣旨に則って取扱う。なお、出版に付随する業務目的で甲の個人情報を利用する場合は、あらかじめ甲の承諾を得ることとする。

(2) 甲は、乙が本出版物の製作・宣伝・販売等を行うために必要な情報（出版権・書誌情報の公開を含む）を自ら利用し、または第三者に提供することを認める。ただし、著作者の肖像・経歴等の利用については、甲乙協議のうえその取扱いを決定する。

第20条（契約内容の変更）

本契約の内容について、追加、削除その他変更の必要が生じても、甲乙間の書面による合意がない限りは、その効力を生じない。

第21条（契約の尊重）

甲乙双方は、本契約を尊重し、解釈を異にしたとき、または本契約に定めのない事項については、誠意をもって協議し、その解決にあたる。

第22条（著作権等の侵害に対する対応）

第三者により本著作物の著作権が侵害された場合、または本契約に基づく甲または乙の権利が侵害された場合には、甲乙は協力して合理的な範囲で適切な方法により、これに対処する。

第23条（特約条項）

本契約書に定める条項以外の特約は、別途特約条項に定めるとおりとする。

(別掲）著作物利用料等について

著作物利用料	部数等の報告、支払方法およびその時期
電子出版について	

以上

索 引

あ

意匠法（権）・・・・・・・・・・・・・・144, 186
1号出版権・・・・・・・101, 102, 117, 179
印税・・・・・・・・・・・・・・・・52, 127, 193
引用・・・・・・・135, 142, 146, 161, 172
写り込み→付随対象著作物
映画化・・・・・・・・・・・・・・35, 63, 165
映画製作者・・・・・・・・・・・・123, 147
映像化・・・・・・・・・・・・・92, 96, **97**
営利を目的としない上演等・・・・・・**173**
エージェンシー・モデル・・・・・・・・108
役務の提供委託・・・・・・・・・・・・・・89
応用美術・・・・・・・・・・・・・・・・・144
親事業者・・・・・・・・・・・・・・・89, **90**
及び・・・・・・・・・・・・・・・・・・・・・25

か

買切・・・・・・・・・・・・・・・・・・・127
解除・・・・・・・・・・・・・24, 56, **64**, 73
解除条件・・・・・・・・・・・・・・・・・24
価格の決定権・・・・・・・・・・・・・・108
歌詞・・・・・・・・・112, 122, **140**, 156
学校教育番組の放送等・・・・・**173**, 176
学校その他の
　教育機関における複製等

・・・・・・・・・・・・・・・・・**173**, 177, 259
紙媒体出版物・・・・・・・48, 54, 75, 100
管轄・・・・・・・・・・25, 194, 197, 203
期間の計算法・・・・・・・・・・・・・・27
期限・・・・・・・・・・・23, 27, 28,56, **106**
擬似著作物・・・・・・・・・・・・・・・150
● **教育目的利用**
　教科用図書等への掲載

・・・・・・・・・・・・・・・・・・・・172, 176
　学校教育番組での放送等

・・・・・・・・・・・・・・・・・・・173, 176
　試験問題としての複製等

・・・・・・・・・・・・・・・・・・・**173**, 177
共同著作物・・・・・・・・・123, 134, 169
極小使用・・・・・・・・・・・・・・・・141
クリエイティブ・コモンズ・・・・・・・131
掲載許諾→権利許諾
契約自由の原則・・・・・・・・・・20, 33
契約当事者・・・・・・・15, 22, 34 , 87
原作利用許諾契約・・・・・・・・・・・97
権利許諾・・・・・・・・・・・78, 122, 143
権利侵害・・・・・・・・・・183, 192, 204
● **権利制限**
　私的使用のための複製・・・・・・171
　図書館等における複製・・・・・・172
　引用・・・・・・・・・・・・・・・・・・172
　視覚障害者等のための複製等

・・・・・・・・・・・・・・・・・・・**173**, 176
　営利を目的としない上演等・・・**173**

公開の美術の著作物･･････145, 177	自由利用マーク･･･････････132
公衆送信権 ･････ 48, **100**, **164**, 202	主従関係･････････････････136
口述権･･･････････････162, **164**	出所の明示 ･･････････ 137, 176
公表 ･･････ 134, **136**, 147, **160**, 168	出版ADR ･･････････････････195
公表権･･･････ 34, **139**, 162, **166**	出版契約（書） ･･･ 14, **16**, **32**, **39**, 72
ゴーストライター ･･････････ 86	● **出版権**･･･････････ 101, 179
● 国立国会図書館	──者の義務 ･･････ 35, **180**
──への納本･････････112	──登録･････････181, 201
5条書類･･････････････････ 91	──に基づく差し止め請求 ･･･**201**
	──の消滅請求権 ･････ 24, 38
	──の存続期間･･･････････**181**
さ	──の内容･･････････ 38, **180**
	──の二重設定･･････････ 35
再許諾････････････ 49, **105**, **180**	出版権設定契約 ･････ 16, **34**, 47
債権 ････････････････････ 21	上映権･･･････････････････**164**
債権契約 ･･･････････････ 34	上演権・演奏権 ･･･････････**163**
催告 ････････････････････ 24	商業美術→応用美術
裁定制度･･････････････････**129**	肖像権･･････････ 143, **152**, 204
債務 ････････････････････ 21	譲渡権･･･････････････････**165**
債務不履行 ･･･････････ 21, 24	商標権･･･････････････ 152, **185**
雑誌の出版契約 ･････････ 75	情報成果物の作成委託･･･････ 89
雑誌の出版権設定 ･･････ **110**, 113	書影････････････････････ 77
サムネイル使用 ･･････････ 77	職務著作 ････････ 74, **79**, 123, 159
3条書面･･･････････････ 85, 91	署名記事 ･･････････････ 80
視覚障害者等のための複製等 ････**173**	侵害対抗措置･･････････････**182**
試験問題としての複製等 ･･･････**173**	人格権→著作者人格権
下請事業者 ･･････････････ 89	信義則･･････････････････ 31
下請法（下請代金支払遅延等防止法）	親告罪･･････････････････**184**
･････････････････････ 89	推定する･･････････････ 26
私的使用のための複製 ･･････**171**	速やかに ････････････ 27
自動公衆送信･････････ 100, **164**	制限規定････････････････**170**
支分権･･･････････････ 126, **161**	製造委託 ･････････････ 89, 91
氏名表示権 ･････････････**166**	戦時加算 ････････････ 135, **188**

創作的な表現・・・・・・・・・・・・・・・・**157**
送信可能化・・・・・・・・・・・・・・**100**, **163**
損害賠償請求・・・・・・・・・**36**, **187**, **200**

た

対抗問題・・・・・・・・・・・・・・・・・・・・**201**
対抗要件・・・・・・・・・**181**, **240**, **247**
第三者の権利侵害・・・・・・・・・・・・**204**
貸与権・・・・・・・・・・・・・・・・・・・・・・**165**
直ちに・・・・・・・・・・・・・・・・・・・・・・・**27**
団体名義の著作物・・・・・・・・・・・・**123**
遅滞なく・・・・・・・・・・・・・・・・・・・・・**27**
遅延利息・・・・・・・・・・・・・・・・・・・・・**91**
聴覚障害者等のための複製等・・・・**173**
著作権者・・・・・・・・・・・・・・・**123**, **159**
著作権譲渡契約・・・・・・・・・・・・・・・**33**
● 著作権法
　　支分権・・・・・・・・・・・・・・・・・・**161**
　　財産権・・・・・・・・・・・・・**159**, **162**
　　出版権・・・・・・・**34**, **38**, **101**, **179**
　　著作隣接権・・・・・・・・・・**162**, **182**
著作権（物）利用許諾契約・・・・・・・**33**
著作者・・・・・・・・・・・**72**, **86**, **123**, **159**
● 著作者人格権
　・・・・・・・・・・・**33**, **55**, **159**, **166**, **168**
　　――の不行使特約・・・・・・・・・・**34**
著作者名詐称・・・・・・・・・・・・・・・・・**87**
著作物・・・・・・・・・・・・・・・・・・・・・・**156**
著作物の利用・・・・・・・・・・・・・・・・**121**
著作物性・・・・・・・・・・・・**133**, **143**, **157**
TPP協定・・・・・・・・・・・・・・・・・・・**188**

停止条件・・・・・・・・・・・・・・・・・・・・・**23**
デジタル海賊版・・・・・・・・・・・・・・**202**
デジタルデータ・・・・・・・・・・・・・・**104**
展示権・・・・・・・・・・・・・・・・・・・・・・**164**
電子雑誌掲載合意書・・・・・・・・・・・**114**
電子出版・・・・・・・・・・・・・・・・・・・・・**99**
電子媒体出版物・・・・・・・・・・・・・・**101**
伝達権・・・・・・・・・・・・・・・・・・・・・・**164**
同一性保持権・・・・・・・・・・・・・・・・**166**
盗用・・・・・・・・・・・・・・・・・・・・・・・・**204**
独占的利用許諾契約・・・・・・・・・・・・**33**
図書館等における複製等・・・・・・・**172**
図書館のデジタル化・・・・・・・・・・・**112**

な

2号出版権・・・・・・・・・・**101**, **179**, **180**
二次出版・・・・・・・・・・**31**, **50**, **63**, **92**
二次的著作物
　・・・・・・・・・**97**, **126**, **140**, **144**, **165**
二次的利用・・・・・・・**32**, **34**, **35**, **62**, **96**
二重契約・・・・・・・・・・・・・・・・**35**, **199**
納本制度審議会・・・・・・・・・・・・・・**112**

は

配信事業者・・・・・・・・・・・・・・・・・・**107**
発行・・・・・・・・・・・・・・・・・・・・・・・・**160**
パブリシティ権・・・・・・・・・・**143**, **152**
パブリック・ドメイン・・・・・・・・・**133**
万国著作権条約・・・・・・・・・**169**, **239**

頒布権・・・・・・・・・・・・・・・・・165
非親告罪化・・・・・・・・・・・・・189
複製権・・・・・・・・・・・・100, 163, 176
複製物の目的外使用等・・・・・・・・177
● 付随対象著作物
　　──の利用・・・・・・・・・147, 171
付随的許諾・・・・・・・・・・・・・128
不正競争防止法・・・・・・・・・・・186
部分使用・・・・・・・・・・・141, 225
プライバシー権・・・・・・・・・・・152
文庫化・・・・・・・・・・・・・・・・93
ベルヌ（著作権）条約
・・・・・・・・・・・・・・158, 169, 239
編集プロダクション
・・・・・・・・・・・・・74, 81, 82, 90
編集著作物・・・・・・・73, 133, 142, 157
法定解除・・・・・・・・・・・・・・・24
法的拘束力・・・・・・・・・21, 192, 195
法定損害賠償制度・・・・・・・・・・190
ホールセール・モデル・・・・・・・・108
● 保護期間・・・・・・・・・133, 134, 168
　　映画の──・・・・・・・・・・・147
　　写真の──・・・・・・・・・・・146
　　著作隣接権の──・・・・・・・・183
　　──の延長・・・・・・・・・・・188
　　──の起算時・・・・・・・・・・161
　　──の相互主義・・・・・・・・・135
保護の対象となる著作物・・・・・・・158
保証（表明保証）・・・・・22, 61, 204
保全・・・・・・・・・・・・・・・・196
翻案（権）・・・・32, 34, 132, 165, 174
● **翻訳（権）**・・・・32, 34, 140, 162, 165
　　──権の10年留保・・・・・・・・140

ま

マスターデータ・・・・・・・・・・・111
又は・・・・・・・・・・・・・・・・・26
みなす・・・・・・・・・・・・・・・・26
民事調停・・・・・・・・・・・・・・194
無催告解除・・・・・・・・・・・・・・24
無方式主義・・・・・・・・・・167, 169
明瞭区分性・・・・・・・・・・・・・136
若しくは・・・・・・・・・・・・・・・26

や

約定解除・・・・・・・・・・・・・・・24
要約引用・・・・・・・・・・・・・・137

ら

リッチコンテンツ・・・・・・・・・・109
利用許諾→権利許諾
隣接権→著作隣接権

【執筆者・関係者一覧（執筆時）】
一般社団法人日本書籍出版協会
知的財産権委員会権利ワーキンググループ・出版契約ハンドブック
改訂サブワーキンググループ（各章執筆）：座長●村瀬拓男（新潮社、弁護士）
五木田直樹（元講談社、書協著作・出版権相談員）／酒井久雄（元有斐閣）
坂本 隆（元小学館、日本雑誌協会）／平井彰司（筑摩書房）／
樋口清一（書協事務局長）

査読チーム（出版契約書ヒナ型解説・索引作成）：
座長●村瀬拓男（新潮社、弁護士）／岩本祐輔（医歯薬出版）
原昇平（NHK出版）／田保宏記（三省堂）／新井宏（文藝春秋）

監修：上野達弘（早稲田大学法学学術院教授）

校閲：鷲尾徹（元三省堂）

編集協力：西山嘉樹（元文藝春秋）

装幀：坂川栄治＋鳴田小夜子（坂川事務所）

書協事務局：川又民男、小杉実和、大森龍太、吉野芳明（調査部）

新版　出版契約ハンドブック

2017年8月21日　初版第1刷発行
2022年7月20日　初版第2刷発行

定価：本体4,000円＋税

発行者：一般社団法人　日本書籍出版協会
　　　　〒101-0051　東京都千代田区神田神保町1-32
　　　　電話 03-6273-7061　https://www.jbpa.or.jp

印刷・製本：平河工業社

©Japan Book Publishers Association 2017,2022　Printed in Japan
JCOPY〈出版者著作権管理機構 委託出版物〉
本書（誌）の無断複製は著作権法上での例外を除き禁じられています。複製される場合は、そのつど事前に、出版者著作権管理機構（電話03-5244-5088、FAX03-5244-5089、e-mail:info@jcopy.co.jp）の許諾を得てください。

ISBN 978-4-89003-144-3